Hipnosis, las profundidades de la mente
© 2012, Enrique de Miranda

ÍNDICE

INTRODUCCION

¿Puede funcionar y existir la mente independientemente del cerebro? ¿Es la mente subconsciente parte de la consciente o una entidad aparte y a veces antagónica de la primera? ¿Es la hipnosis un fluido, un magnetismo o simplemente una ilusión basada en la sugestión? Y si es real, ¿en qué parte del cerebro funciona, y cómo funciona?

Durante más de un cuarto de siglo, el autor ha investigado el fenómeno hipnótico para tratar de encontrar una respuesta a tales preguntas. Hipnoterapeuta clínico formado en dos reputados centros de estudio de hipnoterapia en California, ha sido invitado por la Escuela de Medicina de la Universidad de Miami a dar conferencias a los médicos sobre el tema, y ha participado en diferentes programas de radio y televisión, familiarizando al público con las posibilidades ilimitadas de la hipnosis.

Más allá de los espectáculos de teatro o televisivos, y demostraciones de simple entretenimiento, hay un fenómeno real, desconocido, que abarca la vida misma, el cerebro, el comportamiento, la enfermedad y la salud, y llega hasta las puertas mismas de la muerte, las traspasa, y nos permite entrar a ese mundo ignoto, temido y desconocido que llamamos el más allá.

"Parirás a tus hijos con dolor", dice la Biblia, pero el parto sin dolor es posible por medio de la hipnosis, al igual que complicadas operaciones quirúrgicas en las que se utiliza esta como único anestésico, con excelentes resultados. La hipnosis, y su modalidad clínica, la hipnoterapia, se han utilizado con sorprendentes resultados para resolver traumas, complejos y enfermedades psicosomáticas de todo tipo. Pero no solamente en este terreno puramente médico ha demostrado la hipnosis sus ilimitadas posibilidades, sino igualmente en esa tierra de nadie en que las fronteras no están delimitadas y la vida y la muerte, el sueño y la realidad, parecen fundirse en una sola e inquietante pregunta.

Nadie sabe lo que la hipnosis realmente es, aunque se le ha tratado de describir con nombres diferentes. Pero llamar al hombre "hombre" no describe lo que es el hombre. ¿En qué parte del cerebro, funciona la hipnosis si es que realmente funciona en el cerebro?

El fenómeno no es producto de nuestra época, y era conocido por los antiguos, griegos y romanos. Se le menciona incluso en la Biblia y en antiguos papiros egipcios, y más allá, mucho antes de existir ningún registro escrito, tal vez antes de que existiera la escritura, el hombre ha sabido que existe algo indefinible y desconocido, con el poder absoluto de eliminar el dolor, crear alucinaciones e imágenes mentales sin necesidad de hierbas o frutos alucinógenos. En los tiempos del sueño el hipnoterapeuta era el chamán, pero existía.

¿Qué produce la hipnosis? Contrariamente a la opinión popular, cualquier cosa puede producirla, desde el rítmico toque del tambor hasta la fe apasionada de la religión. Sólo es necesaria la sugestión, base y fundamento de la hipnosis. La fenomenología hipnótica no admite duda alguna. El Dr. Bernheim, en Francia, curó miles de enfermos con enfermedades completamente físicas, no sólo funcionales, incluyendo contracturas musculares y de tendones, problemas cardíacos, tumores y otras curaciones imposibles y muy difíciles de explicar.

Hay un punto en el que la parte puramente científica de la hipnosis cambia de forma y se convierte en un método único para investigar seriamente la permanencia de la existencia más allá del momento de la muerte. La llamada regresión de vidas pasadas abre nuevas posibilidades al estudio serio de una existencia sin un soporte físico, cuando termina la vida corporal. ¿Una farsa, un engaño inconsciente o un fenómeno comprobable y repetible? Para muchos médicos contemporáneos, como la Dra. Kübler Ross, los doctores Moody, Sabon y otros, una inquietante realidad. Pruebas muy convincentes debieron tener los mismos, para arriesgar su reputación, rango y estatus, por defender una idea rebatida ferozmente por el resto de la profesión médica, y mantener incólume la opinión de que había una continuidad de la vida y una existencia demostrable tras ocurrir la muerte física.

¿Qué somos? ¿Dónde vamos en realidad cuando el cuerpo muere y cesan las funciones físicas? *Polvo eres y en polvo te convertirás"*, palabras que se recuerdan y repiten y nos atenazan la garganta de terror. No ser, dejar de existir y fundirnos en la nada absoluta. Hamlet con su alucinante alternativa de "ser o no ser". Y sin embargo, la regresión de vidas pasadas parece demostrar que la vida es infinita, y que el ser participa de esa eternidad. Y el terror se disipa ante la frase mágica: *"Antes de ser has sido, y luego de ser serás".*

¿Pero cómo es posible realmente recordar una vida pasada, si al morir el cuerpo muere el cerebro, que es el centro de la memoria? Este es uno de los aspectos más problemáticos de la cuestión, pues la pregunta es lógica. Y sin embargo, los últimos avances de las técnicas de implantes de órganos, principalmente el corazón, han abierto una nueva posibilidad y respuesta a la pregunta: la memoria celular.

Una y otra vez ha quedado demostrado que el receptor del órgano donado, adquiere los recuerdos y preferencias del donante. El caso más sorprendente, una mujer que recibió un trasplante de corazón y pulmones y comenzó a tener recuerdos y tendencias que nunca fueron suyos, y pertenecían al donante, abrió una posible respuesta a la incógnita de dónde reside en realidad la memoria. La hipótesis de una memoria global, que no necesita del soporte físico del cerebro para manifestarse, había quedado demostrada. Y si la memoria puede residir en cualquier otra parte del cuerpo, ¿por qué no podría existir también fuera de él?

La hipnosis, esa desconocida, puede curar, y se ha usado en tratamientos para el cáncer y otras temidas enfermedades. Se le ha utilizado a distancia, y se ha logrado inducir el sueño hipnótico en personas ubicadas en sitios distantes simplemente dando la sugerencia en forma telepática. Se ha logrado despertar facultades premonitorias en ciertos sujetos en estado hipnótico, mientras otros han sido capaces de "ver" como en una radiografía el interior del cuerpo de un enfermo. y recetarle acertadamente los medicamentos que le curaron. La hipnosis es segura y altamente benéfica en manos de un profesional, pero puede tanto curar como matar.

Un deseo irrefrenable, potente y persistente de curarse, ha hecho desaparecer completamente un cáncer terminal, y un simple vaso de agua, imaginado como un potente veneno, ha matado a una persona. A un condenado a muerte se le ha ejecutado solamente con hipnosis, y ha muerto en pocos minutos.

El caso de la costurera tuerta, descrito por Bernheim en su clásico libro "Terapéutica de la Sugestión", no deja de resultar inquietante y constituir una incógnita en sí mismo. La mujer carecía totalmente de visión en uno de sus ojos, lo que le dificultaba extraordinariamente ensartar una aguja. Sabido es que la capacidad de visión espacial se debe a la combinación de lo que cada ojo ve, y cuando en el cerebro ambas imágenes se combinan en una sola, se forma la imagen tridimensional del objeto, lo que permite calcular su distancia exacta

En estado sonambúlico, a la mujer se le sugirió que sería capaz de ver perfectamente, y se le pidió que ensartara una aguja, cosa que realizó con destreza al primer intento. Y aquí se abre un mundo de posibilidades e incógnitas. Si la carencia de visión era total en aquel ojo, ¿cómo pudo crear la mujer una imagen tridimensional de la aguja y el hilo en su cerebro? Necesitaba dos imágenes diferentes, una por cada ojo, pero solamente tenía una. La única explicación posible abre nuevas incógnitas: *el cerebro creó una segunda imagen correspondiente al ojo ciego, y la desplazó exactamente en la forma necesaria como si estuviera recibiendo la imagen del ojo faltante.* Al combinar ambas imágenes, formó la final, totalmente tridimensional.

Las posibilidades de aplicar la hipnosis clínica a personas que hayan perdido la visión de un ojo, y restablecerles una visión al menos cercana a lo normal, es una idea que inmediatamente nos asalta. ¿Por qué no? Como hemos dicho, la hipnosis es una tierra de nadie, un mundo aún desconocido por explorar, y si el desarrollo de las técnicas médicas hubiera ido en una dirección diferente, enfocando menos los aparatos de detección e imagen y los medicamentos a veces más dañinos que la propia enfermedad, tal vez hoy las escuelas de medicina serían diferentes. Tal vez los médicos serían capaces de curar males terribles trabajando en la mente en vez de en el cuerpo, puesto que los medicamentos no curan, sólo ayudan al cuerpo a realizar la curación.

¿De qué hablamos? ¿Qué tenemos entre las manos? ¿Qué es realmente ese fenómeno aún desconocido, elusivo y sorprendente que se llama hipnosis?

Personajes históricos como Rasputín, Stalin y otros, estuvieron relacionados con la hipnosis. Cada dictador, cada demagogo, cada astro de cine o personalidad importante siempre lo ha estado, consciente o inconscientemente. Hitler magnetizaba, por así decirlo, a masas de miles y millones de personas, Fidel Castro, en sus inicios, manejaba a la multitud con extrema facilidad. Los dictadores hereditarios de Corea del Norte fascinan y controlan a la masa con gestos estudiados, palabras incendiarias y frases escogidas.

¿Qué fuerza poseen esos líderes, dictadores demagógicos que además de la fuerza bruta de la represión necesitan ser adorados como semidioses para satisfacer un ego desmedido? Hitler era un hombrecillo de baja estatura, gris personalidad y un bigotito ridículo, que habría pasado desapercibido si las circunstancias y su convicción de ser un elegido no lo hubieran catapultado a convertirse en amo de Alemania y cambiar el destino del mundo y de la Historia creando una guerra atroz que dejó tras sí millones de muertos, hambre y destrucción.

Como vemos, la hipnosis se funde con otras materias y teorías, y se relaciona con la medicina, la psicología, la religión, el comportamiento, la salud, la ciencia, la justicia y el ámbito policial, y en última instancia con la vida y la muerte.

Entremos, amable lector, a esa tierra de nadie, que se llama hipnosis, y que como el viento, tan solo podemos conocer por sus efectos.

EDM

Hipnosis en la antigüedad

¿Hipnosis en la Biblia? – Referencias en el antiguo Egipto – Asclepios y los templos del sueño Hipnosis en China y la   India antiguas – Los años negros de la Inquisición.

Aunque el nombre "hipnosis" es relativamente moderno, su uso se remonta a siglos atrás y en la Biblia, en el Antiguo Testamento, existe un pasaje que podría interpretarse como una referencia a la hipnosis curativa por el más tarde llamado "magnetismo animal". En el Libro de los Reyes, versículo 5, número 11, un tal Naamán, que era el jefe del ejército del rey de Siria, padecía de lepra y fue a ver al profeta Eliseo para que lo curara. Eliseo no fue a recibirlo. Antes bien, le envió un mensaje indicándole que se bañara 7 veces en el río Jordán y quedaría curado de la lepra. Naamán se indignó porque Eliseo no se dignó recibirlo, y aún más porque esperaba otro tipo de curación. Al mencionar lo que esperaba, sus palabras nos recuerdan mucho las técnicas del magnetismo animal: "Yo me había dicho que él saldría y estaría de pie e invocaría el nombre de Yahvé, su Dios, y movería su mano de acá para allá y me curaría de la lepra". Al parecer, ya en la antigüedad se conocían los pases magnéticos con propósitos curativos, y los profetas invocaban a Dios y hacían pases con las manos sobre el cuerpo de los enfermos para curarlos, pues eso esperaba Naamán como algo que era costumbre en sus tiempos.

Ya en el llamado *papiro de Ebers*, escrito hace más de 1,500 años AC, se mencionan técnicas curativas equivalentes al uso moderno de la hipnosis. Y en la Grecia antigua, los sacerdotes de Asclepios ponían bajo hipnosis a los enfermos y les sugerían que el dios los visitaría en sueños para indicarles cómo podían curarse. Obviamente, bajo hipnosis, resultaba fácil para los sacerdotes crear alucinaciones en las que los enfermos podían ver al dios indicándoles la cura de sus enfermedades; cura ésta indicada por los sacerdotes. Y lo más sorprendente es que según los escritos de la época, una cantidad inmensa de dolientes se curaban realmente luego de tales experiencias religiosas.

Imotep, el sacerdote médico al que se menciona como creador de los llamados Templos del Sueño en el antiguo Egipto, inducía un sueño artificial en los enfermos y la mayor parte de éstos curaban de sus dolencias. Simplemente despertaban completamente curados o sintiendo que ya la curación había comenzado. Estas referencias nos hablan del uso terapéutico de la hipnosis cerca de 4,000 años antes de Cristo. Hace más de 2,500 años, Wong Tai, uno de los creadores de la antigua medicina china, dejó importantes escritos sobre el uso de la hipnosis o "sueño total" para curar diferentes enfermedades. Wong Tai escribió acerca de una técnica que alternaba ciertos cantos y pases con las manos sobre el cuerpo del enfermo, curiosamente similares a parte de las técnicas del doctor Mésmer cuando desarrolló su teoría y práctica del magnetismo animal en el siglo XVI.

Es de sobra sabido que en la India, los yoguis y rishis utilizaron la autohipnosis, a la que llamaban *sammohan*. Tales prácticas han existido en la India desde los tiempos védicos, o sea, unos 1,500 años antes de Cristo.

Luego de una laguna histórica sin referencias directas a su uso, la hipnosis, definida como algo real y comprobable, resurge en la Grecia de los siglos IV y V antes de Cristo, asociada a los templos de Asclepios. Los enfermos acudían a tales sitios con sus ofrendas, en dinero o en objetos o alimentos, y se les aceptaba para permanecer en dormitorios en los cuales los sacerdotes a cargo de tales templos les ponían en un trance hipnótico. Al igual que en el antiguo Egipto, bajo tal estado supuestamente se les aparecía el dios, y les indicaba directamente en el sueño el modo de curarse.

La hipnosis, asociada a la idea de algo sobrenatural y hasta a veces diabólico, permaneció relegada al ocultismo en toda Europa. Durante la era de las tinieblas de la Inquisición medioeval, cualquier manifestación asociada a sueños inducidos se catalogaba como artes diabólicas, y esto no resultaba muy saludable teniendo en cuenta que las piras ardientes para quemar herejes siempre estaban listas para aceptar nuevos clientes.

En la ciudad de Padua, Italia, un destacado médico de nombre Pietro d'Abano, escribió en 1250 que la sugestión podía afectar y curar a los dementes. La Inquisición consideraba a los dementes como "endemoniados" y las teorías de d'Abano no fueron bien vistas. Por dos veces le sometieron a juicio, pero tuvo la enorme suerte de morir antes de que lo torturaran o lo quemaran vivo. No obstante, fue encontrado culpable y condenado por los tribunales del Santo Oficio de manera póstuma.

No resulta sorprendente que la hipnosis, no importa el nombre con el que se le designara en épocas antiguas, se asociara siempre a la religión o a los espíritus o demonios. En realidad, incluso en nuestros tiempos, resulta difícil comprender cómo mediante el uso de ciertas palabras o de objetos que enfocan la atención del sujeto, se le puede hacer entrar a éste en un extraño estado en el que puede reaccionar en forma curiosa al ambiente que le rodea. Bajo hipnosis, una persona puede hacerse inmune al dolor, controlar impulsos anormales, sufrir alucinaciones inducidas, escuchar sonidos o ver imágenes inexistentes, cambiar sus estados de ánimo, quedar rígida como una piedra o dormir durante largas horas.

Los antiguos chamanes y los yoguis practicaban la autohipnosis para lograr estados alterados de conciencia. Del mismo modo en que un hipnotista o hipnoterapeuta puede anular completamente el dolor de un paciente, un yogui puede auto hipnotizarse y anular el dolor. De ese modo, pueden atravesarse agujas a través de las mejillas y realizar otros aparentes prodigios que asombran a las multitudes.

Antes de continuar, queremos destacar que no pretendemos con esto negar resultados que pertenecen a otras ciencias o prácticas, como son las curaciones por la fe, los milagros o las prácticas metafísicas, religiosas, espiritistas o de medicina alternativa. Nos ocupamos en este libro solamente de la hipnosis, sus aplicaciones y modos operativos.

Por cierto que mientras más retrocedemos en el tiempo, más y más difícil resulta separar el fenómeno hipnótico de las prácticas religiosas, chamánicas, o el uso de hierbas o substancias que producen estados alterados de conciencia. Desde tiempos inmemoriales el hombre ha utilizado hierbas o sustancias alucinatorias para producir estados alterados en los que la mente es capaz de crear alucinaciones, y en ciertos casos fenómenos reales de videncia o premonición que la ciencia no puede explicar. En tales circunstancias, queda la duda de si el uso de productos que alteran la conciencia hace posible que se produzca un estado hipnótico espontáneo o inducido por el chamán, o si el producto alucinatorio produce por sí solo tal estado.

La hipnosis se manifiesta bajo el control del hipnotista de modos muy diversos, que pueden incluir el uso de un objeto brillante o una pequeña luz, la fijación de la mirada en un punto definido, el uso de sonidos o palabras específicas o la contemplación de formas geométricas en movimiento. El uso de tambores, un instrumento usado por el hombre desde tiempos inmemoriales, asemeja el latido de un corazón, y este sonido parece provocar en muchos casos un estado de trance que puede llegar a ser profundo.

Cuando hablamos de hipnosis, se menciona la frase trance hipnótico. El sujeto parece dormir, pero el estado es muy diferente al del sueño fisiológico. ¿Hay diferencia entre el estado de trance inducido por el uso de un tambor o un metrónomo y el trance hipnótico? En algunos casos ambos estados parecen producir los mismos resultados, dependiendo de los niveles de profundidad alcanzados en cada caso. No resulta por tanto aventurado suponer que los estados de trance más antiguos alcanzados por el hombre miles de años atrás, eran estados de trance hipnótico.

Los piróbatas, que bajo un estado de trance profundo caminan sobre brasas de fuego sin quemarse los pies, realizan cantos y toques de tambor para inducir dicho estado. Y la realidad es que logran caminar sobre una verdadera alfombra de fuego sin sufrir la más mínima quemadura en sus pies. No existe ninguna teoría realmente consistente para explicar tal fenómeno, aunque se ha mencionado la sudoración anormal para explicarlo. Por supuesto que dicha explicación resulta poco convincente, ya que requeriría una cantidad tal de sudoración que el cuerpo se deshidrataría en pocos minutos.

Fisiológicamente, además, las glándulas sudoríparas no son capaces de expeler tal cantidad de sudor. Y la realidad es que los piróbatas, aún en nuestros tiempos, continúan caminando sobre brasas de fuego en diferentes países, sin sufrir la más mínima quemadura.

No cabe duda alguna de que el hombre primitivo utilizaba los sonidos y los ritos mágico religiosos como inducciones hipnóticas, manejando técnicas de las que sólo conocía el resultado pero no las causas. ¿Quién podría dudar en los tiempos remotos, que el chamán o el nigromante que invocaba a los dioses o a los espíritus de los muertos, poseía poderes sobrehumanos para controlar las fuerzas invisibles? Cuando con cánticos o sonidos de tambores creaba un estado letárgico conducente a la alteración de los sentidos y el estado de trance, la inducción hipnótica se producía por medio de sonidos y palabras. La figura del chamán, su vestimenta o los objetos mágicos que utilizaba en sus ceremonias, creaban el punto focal conducente al estado de fascinación que complementaba la inducción hipnótica.

La mentalidad popular siempre ha asociado la hipnosis y el milagro. En la antigüedad, resultaba lógico asociar la sugestión a la religión. El chamán era depositario de los misterios, estaba en contacto con la divinidad y tenía el poder de lo desconocido y temido. Le era por tanto fácil crear un estado de profunda sugestión conducente a la hipnosis en la masa, que esperaba ansiosa los milagros como manifestación indudable de la existencia de los dioses.

Aunque los ritos mágico religiosos de la antigüedad incluían a veces sustancias psicodélicas, tales como el peyote y otras hierbas alucinatorias, la sugestión directa personificada por el chamán o brujo tribal, hacía posible la aceptación generalizada de todos los fenómenos alucinatorios o espirituales experimentados. Aún en nuestros tiempos, ciertas sectas o grupos religiosos de Brasil usan la llamada *"soga del muerto"* para crear estados alterados de conciencia en la que muchos de quienes han bebido este brebaje preparado a partir de esta liana vegetal, aseguran haber podido salir de sus cuerpos y visitar sitios lejanos. En algunos casos, ha sido posible comprobar que las descripciones de estos viajes astrales han correspondido con exactitud a la realidad.

Aun cuando admitamos que en estos casos el trance mágico se produce como consecuencia directa del uso de alucinógenos, queda por discutir si el producto químico que produce el estado alterado de conciencia es simplemente un catalizador conducente al estado de trance. El cerebro continúa siendo, incluso en nuestros tiempos, un terreno de incógnitas. Baste con recordar que la parte consciente representa apenas un 12% de nuestra mente, mientras que el subconsciente ocupa nada menos que un 88%. Resulta obvio por tanto, que en una lucha entre el consciente y el subconsciente, será este último el vencedor de la contienda.

En los años negros de la Inquisición, todo aquello que las mentes retrógradas y obtusas del fanatismo religioso no lograban comprender, era automáticamente condenado como algo diabólico. Los curanderos, los que tenían sueños premonitorios o eran capaces de experimentar estados alterados de conciencia, eran seguros candidatos a la hoguera o en el mejor de los casos a la tortura y al encarcelamiento. Cuántos miles de víctimas cuyos nombres se han perdido en el tiempo, no habrán sido condenadas por el simple hecho de lograr poner en estado de trance a un vecino o a un desconocido con el laudable propósito de aliviar un dolor o prevenir de un peligro. Como en los legajos de los autos de fe inquisitoriales la fantasía irracional constituía la medida y razón de su existencia, cuando mencionaban los pactos con el diablo y las conversaciones con los demonios, tal vez trataban de inculpar a quienes simplemente habían descubierto que la sugestión era capaz de lograr aparentes milagros. Los milagros, en esos años de horror, eran privilegio reservado a los santos de la iglesia, y cualquiera que fuera capaz de cualquier acto que pareciera semejar un milagro, sin ser un monje o un teólogo reconocido, era sin duda un hereje.

Poor Burton expresó una opinión en 1632 sobre los intentos de curar enfermedades, que constituye un monumento al dogmatismo. Es difícil en nuestros tiempos aceptar que una opinión así haya podido expresarse, pero está registrado en la Historia:

"El diablo, sin impedimento alguno, puede penetrar a través de todas las partes de nuestro cuerpo y curar tales males por medios desconocidos. Muchas curas famosas se llevan a

cabo diariamente de esta forma, y el diablo es un médico experto. Pero es preferible morir a ser curado de ese modo".

Galeno, el llamado "padre de la medicina" fue acusado de hechicería, Paracelso no se salvó de que lo acusaran de haber incursionado en las artes diabólicas y haber curado a muchos enfermos gracias a tener un pacto con el diablo. Si curar mediante el uso de medicamentos y plantas era considerado diabólico, resulta fácil imaginar cómo consideraban los fanáticos inquisidores a quienes curaban a los supuestos endemoniados mediante la sugestión. Evidentemente desplazaban a los exorcistas que tenían el monopolio de tales menesteres, y la competencia nunca es bien acogida.

Los primeros pasos

Fran Antón Mésmer y el magnetismo animal – El abate Farías y el "sueño lúcido" – La escuela de Nancy y la de La Salpetriére – Charcot, Bernheim, Puységur y Liébeault – Edgar Allan Poe y su cuento mesmérico – Rasputín y Stalin relacionados con la hipnosis.

La historia de la hipnosis como tal comienza con la figura de Fran Antón Mésmer, un médico vienés nacido en 1734. Mésmer fue el primero en crear una metodología e investigar seriamente la sugestión y sus leyes. Aunque bajo los influjos de los conocimientos de su época, mezcló cosas tan disímiles como el magnetismo de los imanes y la astrología, y fue considerado por muchos como un charlatán, introdujo en Europa los conceptos que evolucionaron hasta lo que hoy conocemos como hipnosis.

Mésmer, el creador de la teoría del magnetismo animal, predecesora de la hipnosis moderna, fue testigo de los exorcismos de un sacerdote conocido como el Padre Gassnar. Mésmer, que era médico, y nunca creyó que el sacerdote realmente estuviera expulsando demonios del cuerpo de los enfermos, quedó vivamente impresionado con el resultado de tales prácticas, ya que los supuestos posesos terminaban curados de sus males. Básicamente Mésmer postulaba que existía un fluido magnético misterioso y que dicho fluido existía en más cantidad en las personas sanas que en las enfermas. Este fluido, magnético en esencia según él, existía en los seres vivientes, tanto humanos como animales. Esto dio origen al término "magnetismo animal", con que se conoció su teoría. En un principio, Mésmer comenzó a utilizar imanes en sus curaciones.

Su primera paciente en recibir tratamiento magnético, una tal Fräulein Oesterline, sufría de crisis de tipo histérico, con síntomas difíciles de diagnosticar, y Mésmer decidió utilizar imanes para curarla. Le hizo ingerir un líquido mezclado con hierro y comenzó a colocar imanes en diferentes lugares del cuerpo de la mujer. Cuando ella comentó que sentía como corrientes de algún fluido recorriendo su cuerpo, Mésmer quedó convencido de que se trataba no solamente del magnetismo de los imanes, sino de un magnetismo producido por su propio cuerpo, al que llamó *magnetismo animal*. Poco tiempo después prescindió de los imanes, comenzando a crear la "imantación" mediante el uso de una cubeta llena de barras metálicas magnetizadas por él, que los pacientes tocaban con sus manos. Los efectos espectaculares derivados incluían risas histéricas, estupor y estados profundos de sueño. Posteriormente Mésmer comenzó a utilizar pases magnéticos longitudinales sobre el paciente o el simple toque de su mano para provocar los mismos fenómenos.

En una carta enviada por Mésmer a un colega, el primero describe sus trabajos en detalle, y he querido citar un fragmento importante de dicha carta:

"En el año 1766 publiqué un panfleto sobre la influencia que los planetas, principalmente del sol, la luna y la Tierra, tienen sobre el cuerpo humano. Traté de probar que estos grandes cuerpos celestes influyen en nuestro globo en general, y en partes del mismo en particular, del mismo modo en que (según las ideas de Newton) ellos gravitan el uno hacia el otro. Actuando como imanes gigantescos, los cuerpos celestes, especialmente el sol, se atraen mutuamente. Esta atracción mutua es proporcional a sus distancias y posiciones. Aceleran o retrasan sus movimientos respectivos, llevándoles fuera de sus órbitas y alterando el orden de sus movimientos.

Demostré que el sol y la luna – como resultado de sus posiciones y distancias relativas mutuas, y también respecto   a la tierra, producen un efecto en el cuerpo humano que resulta análogo al modo en que afectan las mareas, los diferentes mares y toda la atmósfera. Añadí que la fuerza de atracción   de estas esferas penetra profundamente en todas las partes que nos constituyen, sólidas y líquidas, y actúan directamente sobre los nervios de forma tal que producen un magnetismo   real en nuestros cuerpos. He llamado a esta propiedad del cuerpo animal que lo hace totalmente sensible a la gravitación universal "gravedad" (gravitatem) o "magnetismo animal" (magnetismum animalem).

No cabe duda alguna de que más allá de sus éxitos o fracasos Mésmer fue un médico honesto que creía firmemente sus postulados. Sus disertaciones y teorías se basaban en hechos reales que él registraba y anotaba cuidadosamente. Era un profundo observador y notaba los detalles y variaciones que le permitieron refinar y completar su teoría. En uno de los casos mencionados en su trabajo, notó que al acercarse o alejarse de uno de los sujetos de sus experimentos, la circulación sanguínea de éste variaba de forma notable. Repitió la prueba varias veces con los mismos resultados y concluyó que él (Mesmer) poseía algún tipo de poder magnético que actuaba sobre el sujeto. No obstante, no supuso que él era una especie de sanador espiritual dotado de un don divino; por el contrario, pensaba que este poder magnético existía también, en mayor o menor grado, en otras personas.

Mésmer señalaba que el sentido de la observación y análisis de los detalles y cambios era inherente al hombre, tanto como lo era a él mismo. Profundo observador, como ya hemos mencionado anteriormente, insistía en que el hombre, desde su nacimiento, se acostumbraba a observar para aprender a usar sus capacidades. Usaba como ejemplo el ojo humano, y decía que no sería útil si la naturaleza no lo hubiera hecho hábil para descubrir y notar las más mínimas variaciones y detalles de lo que veía. Añadía que la ausencia o existencia de luz hacía posible la visión, pero que esto por sí mismo no hacía posible comprender la distancia, el tamaño y la forma de los objetos vistos, a menos que el hombre comparara y combinara las impresiones de otros órganos que se relacionaban unos con otros.

Sus métodos curativos le hicieron famoso en Viena, pero también le enemistaron con otros médicos de su época, los que conspiraron hasta hacerle retirar su licencia para ejercer, por lo que se trasladó a París, donde alcanzó triunfos iguales o mayores. Allí, y tratando de evitar choques con sus colegas, similares a los que tuvo en Viena, pidió a la Academia de Ciencias Francesa que comprobase la efectividad de sus métodos. La Academia no encontró mejor modo de crear una comisión investigadora que nombrando para componerla a un diplomático americano (Benjamín Franklin), un químico, un botánico y nada menos que al inventor de la guillotina, el Dr. Guillotin, y varios otros miembros de similares características. La comisión ignoró completamente los resultados asombrosos obtenidos por Mésmer y las numerosas curaciones logradas, y se concentró en investigar lo que Mésmer llamaba el "fluido magnético, llegando a la conclusión de que dicho fluido no existía en absoluto, y que por tanto todo lo que Mesmer hacía carecía de valor. Pobre y amargado, Mésmer se retiró a Alemania y posteriormente a Suiza, donde murió en 1815.

Los trabajos de Mésmer fueron continuados por el marqués de Puységur, el cuál por casualidad descubrió lo que actualmente se conoce por el estado sonambúlico. Puységur descubrió que en dicho estado el hipnotizado podía abrir sus ojos, hablar y caminar aunque se encontrara profundamente en hipnosis, y al despertar no recordaba en absoluto lo ocurrido durante la sesión. Puységur transfería, además, su "fluido magnético personal" a otros objetos, al igual que Mésmer, y en una ocasión "magnetizó" un árbol que al tocarlo hacía entrar en trance a los sujetos. El marqués de Puységur murió en 1825.

Un paso verdaderamente importante en el desarrollo de la hipnosis lo constituyó el descubrimiento de la llamada sugestión post hipnótica, que es la que hace posible la existencia misma de la hipnoterapia. Este descubrimiento fue realizado por Phillipe Francois Deleuze, quien descubrió con sorpresa que podía darle una sugerencia al sujeto para que la cumpliera en estado de vigilia, una vez que hubiera despertado del estado hipnótico.

También destacó en la transformación de la hipnosis el abate Faría, un sacerdote portugués que afirmaba que el sujeto no podía ser hipnotizado si no lo deseaba y trataba de evitarlo, por lo que la colaboración del mismo era imprescindible para lograr el estado hipnótico. El abate Faría bautizó la hipnosis como "sueño lúcido", nombre con el que fue conocida durante un corto tiempo.

Elliotson es otro nombre importante en la hipnosis contemporánea. Era un cirujano inglés, inventor del estetoscopio, que comenzó a utilizar la hipnosis en sus operaciones, como única fuente de anestesia. Sus intervenciones resultaron enormemente exitosas, pero esto le granjeó la enemistad de sus colegas, envidiosos de sus triunfos, quienes lograron que se le condenase como charlatán y se le prohibiese el uso de la hipnosis en sus numerosas intervenciones quirúrgicas.

Otro cirujano, en esta ocasión escocés, el Dr. James Esdaile, leyó los trabajos de su predecesor, el Dr. Elliotson, y llevó a cabo más de 1,000 operaciones hechas bajo anestesia hipnótica. Diecinueve de ellas fueron amputaciones, y no sólo los pacientes no sintieron dolor alguno, sino que en todas las operaciones los porcientos de mortalidad disminuyeron increíblemente. No obstante, Esdaile también tuvo que chocar con la envidia de sus colegas que no querían aceptar la realidad de la hipnosis. Se le acusó de charlatán y se le canceló su licencia, y es curioso destacar que durante su proceso uno de los médicos acusadores arguyó que la anestesia era una blasfemia, puesto que *"el buen Dios quería que la gente sufriese dolores y que el dolor debería ser aceptado con fortaleza cristiana"*.

No podemos por menos que preguntarnos si este médico tan seguro de sus conceptos religiosos que afirmaba que los pacientes debían sufrir dolor porque "el buen Dios así lo quería", hubiera pedido que si hubieran tenido que amputarle una pierna, o extirparle el apéndice, lo hubieran hecho sin anestesia, para de ese modo predicar con el ejemplo la fortaleza de sus conceptos.

El médico francés Ambroise A. Liébault, que ejercía en un pequeño pueblo cercano a Nancy, leyó un libro escrito por Braid y se interesó por la hipnosis. Se mudó a Nancy, en el Este de Francia, y allí comenzó a curar a sus pacientes con la hipnosis, tanto de problemas funcionales como orgánicos. Hippolyte Bernheim, catedrático de la escuela de medicina de Nancy pensaba que Liébault era un impostor y trató de desenmascararlo, pero luego que observó una curación casi milagrosa por medio de la hipnosis, se convirtió en discípulo de Liébault y entre ambos fundaron la renombrada Escuela de Hipnosis de Nancy. En esta escuela, nada menos que 12,000 pacientes fueron tratados exitosamente con hipnosis. Es en la escuela de Nancy donde en realidad surge el concepto moderno de la hipnoterapia y la hipnosis pierde el aura de misterio para convertirse en una ciencia verificable al servicio de la salud de los pacientes. Berheim escribió un libro que incluye casos espectaculares de la escuela de Nancy: *Terapia de la Sugestión*. A finales del Siglo XIX, otro médico francés, el Dr. Jean-Martin Charcot, considerado el mejor neurólogo de su tiempo, se interesó en la hipnosis luego de observar a un hipnotista de teatro. No obstante, Charcot mantuvo que la hipnosis era una condición anormal casi patológica que sólo se producía en las mujeres histéricas.

Charcot también utilizó imanes en sus experimentos y fundó la Escuela de Hipnosis de La Salpetriére. La controversia entre ambas escuelas, la de Nancy y la de La Salpetiére duró 10 años, hasta la muerte de Charcot. Pero al final se impuso la teoría de la Escuela de Nancy: esto es, que la hipnosis se produce basada en la sugestión y que a cualquier persona se le puede hipnotizar, no sólo a las mujeres histéricas.

Hippolyte Bernheim, en su famoso libro Terapia de la Sugestión, menciona a M. Liébault con agradecimiento como su mentor. Liébault era un médico en la escuela de medicina de Nancy, como sabemos, opuesta en sus teorías a la de La Salpetriére, dirigida por el Dr. Charcot.

Durante más de 25 años, Liébault fue desarrollando su teoría, aceptada y practicada luego por Bernheim. Como Mésmer, tuvo que enfrentar ataques de todo tipo y fue ridiculizado por sus colegas de la profesión médica. Pero al final, estas teorías se impusieron, y con ellas surgieron los modernos conceptos de la hipnosis, desarrollados y perfeccionados posteriormente por otros profesionales.

El sistema descriptivo de los estados de trance hipnótico de Liébault y Berheim, menciona nueve estados diferentes, aunque la mayor parte de los hipnoterapeutas profesionales de nuestros tiempos favorece el reconocimiento de solamente tres: básicamente el estado hipnoide, el cataléptico y el sonambúlico. Los restantes estados son en realidad subdivisiones de estos tres, o simplemente manifestaciones más profundas de los mismos. Cada uno de estos estados posee sus características específicas y se manifiestan reacciones diferentes en cada uno de ellos, incluyendo reacciones nerviosas, musculares y mentales. Trataremos en capítulos posteriores sobre estos y otros estados.

En sus memorias, Bernheim nos describe casos interesantes de alucinaciones provocadas en estados de sonambulismo. Tres mujeres fueron puestas en ese estado y se les dieron distintas sugerencias respecto a trabajos manuales a los cuales estaban acostumbradas. Una de ellas comenzó a tejer una pieza invisible, la otra comenzó a coser una tela inexistente, dando puntadas cuidadosas con una aguja que sólo ella veía, y la tercera, con los ojos cerrados, iba plegando sábanas imaginarias. Este tipo de alucinaciones son llamadas positivas, y este término no debe interpretarse como algo bueno, afortunado o correcto, sino simplemente se usa para diferenciarlo de otro tipo de alucinaciones sonambúlicas llamadas negativas. Las alucinaciones positivas consisten en ver o sentir cosas que en realidad no existen, mientras que las alucinaciones negativas consisten en no ver lo que les rodea o determinados objetos indicados por el hipnotizador.

Resulta interesante la descripción que nos hace Bernheim de los esfuerzos que realizan los sujetos bajo hipnosis para justificar con lógica las sugerencias post hipnóticas cumplidas. En uno de los casos le sugirió a uno de sus pacientes, un niño con problemas cardíacos, que a una hora determinada tomara el libro que estaba sobre la cabecera de la cama y leyera la página número 100. Ya despierto, aproximadamente a la hora fijada, el niño tomó el libro y comenzó a leer precisamente esa página. Bernheim le preguntó por qué leía precisamente esa página, y el niño respondió que no lo sabía, que "en ocasiones abría los libros y leía cualquier página al azar".

En otro caso, Bernheim sugirió a otro paciente que al despertar fuera a la cama de otro enfermo al cuál no conocía y le preguntara cómo se sentía. El sujeto así lo hizo y regresó junto al médico. Éste le preguntó si conocía al otro enfermo, y ante la respuesta negativa, le preguntó por qué había ido entonces a interesarse en su salud

"No sé, se me ocurrió la idea"- respondió confundido. Y fue en este punto que la mente lógica y analítica del sujeto trató desesperadamente de encontrar una causa para la acción que había realizado, ya que al despertar no recordaba nada de lo que Bernheim le había sugerido que hiciera.

"Es que anoche no nos dejó dormir" – añadió con su más entera seguridad.

Notemos el curioso mecanismo de la mente consciente. Aunque su mente subconsciente, carente de lógica, le había obligado a cumplir la sugerencia dada por el médico, su mente consciente trató de buscar una explicación para lo que había hecho, y al no encontrarla, inventó una situación ficticia que justificara su acción.

Otro interesante caso es el de un sujeto al cuál Bernheim hipnotizó hasta el nivel sonambúlico, sugiriéndole ver objetos que no existían (alucinación positiva). Al mismo tiempo, el sujeto no debería verlo a él o a ninguna otra persona presente en la sala (alucinación negativa). Bernheim le sugirió que se robaría un reloj que había sobre la mesa. Al despertar, el sujeto miró hacia la mesa en que supuestamente había un reloj, a continuación miró en todas direcciones como para cerciorarse de que estaba solo y tomó en sus manos el reloj imaginario. Lo contempló, le dio vueltas como para verlo desde todos los ángulos, pero luego lo devolvió a la mesa y dijo en voz alta: "No, eso sería un robo" – y se alejó de allí rápidamente.

Este caso resulta más que interesante, ya que combina la sugestión de alucinaciones negativas y positivas y ambas ocurrieron al mismo tiempo: no ver a los que estaban presentes y ver objetos que no existían. El experimento demostró una vez más que a nadie bajo hipnosis se le podía obligar a realizar actos que fueran contra sus principios o conceptos éticos y morales. Sobre este punto, aclaremos un caso hipotético en el cual a alguien se le da un arma descargada, por ejemplo, y se le pide que dispare contra otra persona. ¿Cumplirá el sujeto lo sugerido? La respuesta es: depende. Si la persona es incapaz de matar a un semejante, no cumplirá la sugerencia hipnótica. Pero si se trata de un asesino, no dudará en cumplirla y apretará el gatillo de su arma descargada, pensando que va a matar a la víctima que le han indicado. ¿Por qué lo haría? Simplemente, porque sería capaz de matar en estado normal, sin estar bajo hipnosis.

Esto da lugar a otra pregunta interesante: ¿es entonces absolutamente imposible hacer que una persona incapaz de matar a un semejante intente hacerlo bajo la influencia de la hipnosis? La respuesta es: no. Supongamos que entregamos una pistola descargada a un hombre religioso, incapaz de matar a nadie en estado normal. Si le decimos que su vecino, el señor X es un peligroso asesino y que cuando lo vea notará que intenta entrar a su casa y matar a sus hijos, no dudará en apretar el gatillo de su arma descargada, pensando que al hacerlo está salvando la vida de sus hijos y actuando en defensa propia.

Muchos psicólogos e hipnoterapeutas actuales sostienen que toda hipnosis es realmente auto hipnosis, ya que es últimamente la mente consciente la que acepta "desconectar" los filtros críticos para permitir que toda sugestión o concepto, por poco lógica que pueda resultar, sea aceptada por el subconsciente. El subconsciente, carente completamente de lógica, acepta las sugerencias sin analizarlas, como una verdad absoluta, independientemente de si esa "verdad" está basada en la realidad o no. En otras palabras, el subconsciente interpreta *literalmente* toda sugestión.

No obstante, esta teoría no puede explicar cuando el sujeto ignora que se le está sugiriendo algo, y por lo tanto su mente consciente no puede "aprobar" ni rechazar lo sugerido. Veamos a continuación algunos casos que así lo demuestran.

Existe una anécdota interesante sobre algo que ocurrió en la Rusia soviética en tiempos del dictador Stalin. Stalin, conocido por su desconfianza y sus purgas de todos los que él pensara que podían desear eliminarlo, pidió en una ocasión a un conocido hipnotista que tratara de pasar a su despacho sin su permiso. El despacho del hombre más poderoso de la URSS se encontraba fuertemente vigilado y protegido en el Kremlin. La protección incluía a soldados fuertemente armados, miembros de la todopoderosa policía secreta, y miembros de su guardia personal. Y sin embargo, para sorpresa e incredulidad de Stalin, el hombre logró llegar a su despacho. ¿Cómo lo hizo? Simplemente, poniendo bajo hipnosis instantánea a los guardias y sugiriéndoles que era Beria, el temido jefe de la policía política del dictador.

Esto nos lleva a otro punto interesante. ¿Existe realmente algo como la hipnosis instantánea? Al parecer sí, y el caso anterior es buena prueba de ello. Aunque estos casos resultan sumamente extraños y poco frecuentes, la historia registra que ciertos individuos son capaces de hipnotizar instantáneamente a una o más personas. Un caso famoso es el de Rasputín, el monje loco de la corte de los zares de Rusia. Rasputín, un campesino inculto que se hizo *staretz*, monje predicante de los campos rusos, cobró fama de hombre santo que realizaba curaciones maravillosas entre los campesinos de su aldea. Su fama se extendió por toda Rusia hasta llegar a la corte, y los zares le llamaron para ver si lograba curar al pequeño *zarevitch*, que padecía de hemofilia. Rasputín siempre lograba controlar los episodios de la enfermedad del heredero al trono, y vivía en el palacio imperial una vida regalada. Tanta importancia llegó a adquirir en la corte, que algunos miembros de la nobleza, alarmados por la influencia que el santón llegó a adquirir sobre la zarina, conspiraron para asesinarlo y terminaron con su vida en 1916.

Rasputín, además de su poder curativo, hipnotizaba instantáneamente y subyugaba a todos cuantos le conocían. Incluso el príncipe Félix Yusupov, que urdió la trama para asesinarle, declaró una vez que al estar frente a él era difícil escapar a su poder. Rasputín, que poseía una desmedida y brutal sensualidad, subyugó a muchas damas de la nobleza, que acabaron siendo sus amantes. Se dice que hasta la zarina cayó bajo su poder, y aunque no hay pruebas concretas sobre esto, existe una carta muy sospechosa escrita por ella a Rasputín. En todo caso, a éste sus amoríos le costaron muchas enemistades y al final probablemente la vida.

Más allá del terreno histórico relacionado con personajes famosos, varios casos registrados en el ámbito profesional incluyen pruebas sorprendentes como el caso de una costurera a la que faltaba el ojo derecho. A causa de este problema, había tenido que dejar de practicar su profesión, ya que para la exactitud de las puntadas y especialmente para ensartar las agujas con el hilo, es necesaria la visión de ambos ojos. La visión binocular hace posible ver los objetos en forma tridimensional y calcular por tanto sus distancias de forma exacta. En estado de trance, a la costurera se le dijo que había recuperado la visión del ojo perdido, y para sorpresa de los presentes ensartó una aguja sin titubear, al primer intento. La única explicación posible resulta sorprendente: el cerebro creó otra imagen a partir de la captada por el único ojo existente, pero desplazó esa imagen ligeramente, tal y como se vería desde el ojo faltante. Luego unió ambas imágenes tal y como sucede con la visión normal de ambos ojos, para crear la tridimensionalidad.

Otro nombre importante en hipnosis es el de Pierre Janet. Janet fue uno de los discípulos de Charcot y trabajó junto con Freud cuando Charcot lo nombró director del laboratorio psicológico del hospital de La Salpetiére. Aunque al principio Janet aceptó la teoría de la hipnosis relacionada con la histeria, puso énfasis en el aspecto psicológico de la misma y creó la teoría de la disociación, que demuestra que una parte de la mente puede funcionar completamente separada del resto. Janet demostró que en estado hipnótico el sujeto podía recordar cosas que normalmente no recordaba en estado de vigilia, y que por el contrario, se le podía hacer olvidar cosas que normalmente recordaría perfectamente, como su nombre, edad o dirección en que vivía. Esto supuso un enriquecimiento en el caudal de conocimientos respecto a los efectos y modos de manifestación de la hipnosis.

El genial escritor norteamericano Edgar Allan Poe recoge en su cuento corto "El caso del señor Valdemar" el concepto de la época respecto a la hipnosis, a la que aún se refería como "mesmerismo". Las inducciones, de acuerdo con las costumbres popularizadas por Mésmer, consistían en "pases magnéticos" con las manos sobre el cuerpo del paciente. La imaginación desbordada de Poe le hizo concebir una situación en la que un moribundo, puesto en estado hipnótico, quedaba en un trance de sonambulismo que detenía la muerte indefinidamente. Aunque en la vida real tal cosa es imposible, la historia roza los bordes del terror y abre una incógnita respecto a las posibilidades aún desconocidas de la hipnosis.

Otro famoso escritor, Aldous Huxley, utilizó la hipnosis cuando María, su primera esposa, enfermó gravemente. Huxley la ayudó en sus días finales a eliminar sus dolores y náuseas y fue literalmente guiándola "hacia la luz". Es curioso el hecho de que las personas que han estado clínicamente muertas, al revivir, casi todas describen cómo avanzaban por un túnel al fondo del cuál había una luz. Y ellas sabían que si entraban en la luz no podrían regresar a la vida.

Sigmund Freud se familiarizó con los trabajos y conceptos de Berheim y comenzó a utilizar la hipnosis para explorar el subconsciente. En realidad su teoría del psicoanálisis fue el resultado de sus experimentos previos con la hipnosis. No obstante, Freud nunca comprendió completamente la verdadera naturaleza de la hipnosis y creó muchos falsos conceptos sobre la misma, por lo que abandonó su práctica y se dedicó a elaborar su teoría del psicoanálisis.

En tiempos modernos, la primera victoria de la hipnosis se produjo cuando en 1955 la Asociación Médica Británica reconoció la hipnosis como útil a la medicina, y en 1958 la Asociación Médica de Estados Unidos aprobó igualmente el uso de la hipnoterapia como una ciencia formal y útil a la ciencia médica.

El término "hipnosis" fue acuñado por el Dr. James Braid. El término procede de la palabra *hipno*, que significa sueño. Braid, quien al principio se opuso a aceptar la hipnosis, o "mesmerismo", como se le llamaba por aquel entonces, se convirtió en un seguidor y defensor de ella cuando fue testigo de una demostración ofrecida en Manchester, Inglaterra, por LaFontaine, un hipnotista suizo que visitó diversas capitales europeas. Braid utilizó el método de puesta en trance que hoy conocemos como "fascinación", consistente en hacer fijar la vista del sujeto en un punto focal situado por encima de él, para provocar el cansancio ocular. No obstante, al cabo de algún tiempo Braid comprendió que este era sólo un tipo de inducción y que podía provocarse la hipnosis mediante la fijación por medio de la palabra o la idea. Él fue el primero en demostrar que la hipnosis no se produce por ningún fluido misterioso que surge del hipnotizador hacia el hipnotizado, sino simplemente por la sugestión del sujeto.

El Dr. Braid murió en 1860 y puede en realidad considerársele como el padre de la hipnosis moderna. Su principal tratado sobre el tema consistió en un libro que él tituló

Neurohipnología, de gran difusión entre la clase médica y los interesados en el potencial de la mente.

La hipnosis como espectáculo

La hipnosis de teatro – Conceptos de la hipnosis en la mentalidad popular – El mito del poderoso hipnotista – Peligros de la hipnosis de salón – Difusión de la hipnosis por los medios de prensa.

Aunque la hipnosis usada como espectáculo para divertir al público puede ser algo peligroso y muchas veces desagradable, lo que ha hecho a muchos confundir la hipnoterapia clínica con espectáculos de mal gusto, no cabe duda de que estos espectáculos de teatro familiarizaron a la población con el poder de la hipnosis.

Infelizmente, cuando alguien ve en la televisión o en un teatro a un hipnotista que pone en ridículo a los sujetos, haciéndoles ladrar como a perros, declararle su amor a una escoba, o cosas de peor gusto aún, la reacción es temer a la hipnosis. Esto ha hecho un daño inmenso a las enormes posibilidades de la hipnosis como aliada de la medicina. Muchas personas que podrían beneficiarse con el uso de la hipnoterapia, rechazan la posibilidad de ser puestas en hipnosis, pues la asocian con lo que han visto en la televisión o el teatro; la hipnosis como diversión.

Veamos un caso que sucedió en Inglaterra en 1994. Una mujer madre de 7 hijos, llamada Lynn Howarth, fue puesta en trance por un hipnotista de espectáculos llamado Phil Damon en una fiesta de un club privado. A consecuencia de dicha puesta en trance, la señora Howarth dijo haber sido regresada a la infancia, recordando traumáticos abusos sexuales que le causaron depresión e incluso la llevaron hasta intentos de suicidio.

El caso no resulta completamente claro, pues aparentemente el hipnotista le sugirió sentirse como una niña pequeña, pero no *revivir su propia niñez*. De ser esto así, probablemente la experiencia no pudo desatar dichos recuerdos traumáticos. Sin embargo, posiblemente algo saliera mal o no quedara suficientemente en claro durante la sugerencia del hipnotista, y la mujer realmente hubiera regresado a su propia niñez, reviviendo realmente los recuerdos traumáticos.

La señora Howarth inició un pleito legal contra el hipnotista. Al cabo de varios años de discusiones legales, opiniones de profesionales y argumentos de los abogados, la mujer ganó el pleito y la corte de justicia le concedió una indemnización de £6,500.

Otro caso famoso fue el de Sharron Tarbarn, una joven de unos 20 años que accedió a ser puesta en hipnosis por un hipnotista en un teatro. Dicho hipnotista hizo a la mujer representar diferentes papeles, diciéndole que era Madonna, y haciéndola cantar como ella. Pero luego de esto, de por sí absurdo, el asunto comenzó a tomar un cariz más desagradable y de mal gusto, cuando le dijo a la joven que ella tenía visión de rayos-X y que podría ver desnudos a todos los asistentes al teatro. No contento con esto, le pidió que besara a un hombre del público (la joven estaba casada y su marido estaba presente), y finalmente para despertarla, le indicó, nada más y nada menos, que iba a sentir una descarga eléctrica de diez mil voltios. Cuando lo hizo, según los testigos, la mujer pareció saltar en el aire de la silla en que estaba sentada.

El grado de ignorancia del hipnotista, su desprecio por el respeto debido a cualquier persona y su desconocimiento de los peligros de lo que hacía, resultan difíciles de creer. Pero el hecho es que la mujer, al regresar a la casa, dijo sentirse mal y se fue a acostar, y a la mañana siguiente amaneció muerta. Aunque la causa de la muerte certificada por los médicos fue como de muerte natural, tal cosa sólo indica que no se trató de una muerte por violencia. Sin embargo, las "causas naturales" pueden haber sido provocadas por acontecimientos no relacionados con violencia física. La familia de Sharron inició una campaña destinada a prohibir el uso de la hipnosis con fines de entretenimiento en el Reino Unido y en otros países.

Una demostración muy popular en el siglo XIX consistía en provocar la catalepsia en sujetos sonambúlicos y poner el cuerpo apoyado sobre el respaldo de dos sillas. En una silla se apoyaba el cuello del sujeto, y en la otra sus pies. Dado que la rigidez era total y absoluta, el sujeto podía permanecer inmóvil y totalmente rígido durante largo tiempo, y para hacer más espectacular el espectáculo, a veces se pedía a un hombre corpulento del público que subiera al escenario y se sentara sobre el cuerpo rígido de la persona, que la mayor parte de las veces era una mujer. Podemos imaginar el daño a veces irreparable producido a las vértebras cervicales, a los discos de las vértebras dorsales y lumbares y a los tendones de los pies.

Tenemos por tanto, que la hipnosis de teatro puede resultar, y resulta, peligrosa cuando un hipnotista sin escrúpulos ni sentido común trata de divertir al público poniendo en situaciones ridículas, de mal gusto o peligrosas a los sujetos que acceden a sus sugerencias. No todas las demostraciones son como esas, afortunadamente. Algunos hipnotistas de espectáculos no van más allá de demostrar en forma respetuosa y simpática, el poder asombroso de la hipnosis. Por supuesto que tales hipnotistas deben cerciorarse primero del estado de salud de los sujetos, y las demostraciones que realicen deben ser simples, como por ejemplo decir a un sujeto hipnotizado que va a ver un paisaje hermoso, o que va a ver a un pequeño animal o mascota que le guste, o acercarle a la nariz un frasco vacío o lleno de agua y decirle que es un perfume exquisito. Tales demostraciones son inocuas, no perjudican a nadie y no rompen las reglas del buen gusto.

Una prueba interesante que demuestra los alcances de la hipnosis consiste en decirle al sujeto que al despertar no podrá recordar donde vive, su nombre o su número de teléfono, o que al contarse los dedos olvidará que existe el número 4, por ejemplo. En este último caso, veremos cómo el sujeto vacila luego de contar el número 3, e inmediatamente pasa al número 5, ya que ha olvidado que existe el 4. Al continuar contando, y llegar al número 6, el hipnotista le dice: "O sea, que tiene usted 6 dedos en la mano".

A veces se producen situaciones de cierta comicidad. En una ocasión en que yo realizaba esta prueba ante un auditorio, el sujeto pareció confundido cuando le dije que tenía 6 dedos, y comenzó a contar de nuevo, aunque con el mismo resultado. Entonces se volvió a mí con aspecto sorprendido y me dijo: *"No lo entiendo. Esta mañana cuando desperté, solamente tenía 5 dedos".* Este comentario provocó la hilaridad de los presentes, y el mismo sujeto acabó riendo también. Por supuesto, notemos que en este caso, se trataba de una sugerencia post hipnótica, ya que mientras estaba hipnotizado, le sugerí que cuando despertara olvidaría por completo que existía el número 4, y que no podría recordarlo *hasta que yo se lo indicara.*

Cuando le dije al sujeto que contara de nuevo sus dedos y que de ahora en lo adelante podría contarlos sin ningún problema, pudo hacerlo perfectamente. Había removido el bloqueo de su mente, por lo que a partir de ese momento pudo contar normalmente.

Es importante que cuando sugerimos algo como esto, nunca olvidemos *terminar la sugerencia* una vez demostrado lo que queremos demostrar. Siempre debemos remover la sugerencia para que el sujeto pueda recobrar su estado completamente normal. Imaginemos los problemas que alguien tendría si no pudiera recordar más la existencia de un cierto número, su dirección, nombre o número de teléfono. Poner bajo hipnosis a una persona constituye una enorme responsabilidad, y hemos de estar muy seguros de lo que hacemos, cómo y por qué lo hacemos. Una vez que el consciente analítico queda bloqueado y el subconsciente comienza a aceptar sugerencias, hay que analizar cuidadosamente cada palabra que decimos antes de decirla, ya que la mente subconsciente interpreta en sentido literal.

Cómo funciona la hipnosis

Definición de la hipnosis – La mente humana – Sugestión e hipnosis, definiciones – El caso de los falsos náufragos de Gustave Lebon – Más allá de la lógica – Lo que la ciencia no puede explicar. – Los diferentes niveles de la hipnosis – Hipnosis a distancia – La hipnosis en la publicidad – Pruebas simples del poder de la sugestión – La hipnosis en el campo militar y de inteligencia.

Hasta el momento, la hipnosis ha sido definida de muchos modos diferentes (lo que nos indica que en realidad se desconoce en general su esencia y mucho de su funcionamiento), desde la intervención de los dioses o los fluidos magnéticos a acepciones más modernas, como *estado de profunda sugestión*. Sin embargo, todos esos nombres definen el fenómeno hipnótico, pero no su esencia. Llamar al hombre "hombre", no define lo que es un hombre. Igualmente, dar un nombre a la hipnosis no nos aclara lo que la hipnosis es.

No siempre tuvo el hombre el mismo nivel de desarrollo mental y emocional. Los hombres primitivos desconocían muchos de los conceptos, emociones y sentimientos de que disfrutan los hombres y mujeres modernos. Lo más importante para ellos era la supervivencia, para lo cual debían enfrentarse a numerosos peligros que hoy desconocemos. Así, el hombre primitivo debía asegurarse la subsistencia por medio de la caza, y esto significaba enfrentarse a animales salvajes e incluso a otros grupos hostiles de hombres primitivos.

Los resultados de tales combates eran impredecibles y muy frecuentemente terminaban con la muerte del cazador o el guerrero a manos de sus enemigos humanos o animales. Su mente, por tanto, debió desarrollarse sobre la base de una precaria existencia, en la cual no existía mucho margen de tiempo para el análisis (una función mucho más sofisticada y moderna de la mente). Por tanto, sus decisiones debían de ser rápidas y binarias. Su respuesta al medio ambiente o situaciones peligrosas debería depender de "sí" o "no", sin "quizás" o "tal vez". El hombre primitivo entonces desarrolló dos reacciones frente al peligro: la lucha o la huida. Y funciones tan importantes, de las cuáles dependía la supervivencia, se convirtieron en instintos primarios y sus funciones realizadas a través del Sistema Nervioso Autónomo (SNA), conocido en inglés por sus siglas (ANS). Estas funciones se basaban en la improbabilidad de cometer errores de juicio. El único rudimento de análisis, en una fracción de segundo, consistía en decidir si podíamos destruir al enemigo o éste nos destruiría a nosotros.

El sistema autónomo comenzó entonces a dar los pasos adecuados para preparar al hombre primitivo para la lucha o la huida, y en ambos casos existía la eventualidad de serias heridas, por lo cual el sistema nervioso autónomo inmediatamente creaba la vasoconstricción, esto es, estrechar los vasos capilares, las venas y arterias para impedir el desangramiento en casos de heridas graves. La vasoconstricción produce un descenso en la temperatura en las extremidades, por lo cual las manos y los pies se enfrían, y aún en nuestros días el sistema nervioso autónomo continúa reaccionando igual ante el peligro, no importa si éste es físico o no: preparándonos para la lucha o la huida. Es por este mecanismo de supervivencia que cuando nos sentimos frente a una gran tensión o nos sentimos amenazados de cualquier forma en nuestro trabajo o por cualquier otra causa, se nos enfrían las manos y los pies.

Pero junto con el desarrollo del mecanismo de lucha y huida, el SNA creó los mecanismos de compensación adecuados. Evidentemente, si frente al peligro se producía la vasoconstricción y otras reacciones físicas, como la respiración más rápida y profunda (para elevar los niveles de oxígeno en la sangre y por tanto en los músculos y los órganos internos, principalmente el cerebro), así como la liberación en la sangre de mayores cantidades de "adrenalina", esta situación no podría durar indefinidamente. Decimos que nos aumenta el nivel de "adrenalina" en la sangre cuando algo nos excita o molesta sobremanera. No obstante, la "adrenalina" es un compuesto químico artificial, nombre comercial de una medicina elaborada para suplir precisamente la deficiencia de las glándulas suprarrenales en producir la epinefrina, que es la hormona segregada por dichas glándulas, y en cantidades mucho menores por otros tejidos del cuerpo. El efecto de la epinefrina es principalmente vasoconstrictor y a su mayor nivel en la sangre en casos de tensión (Lucha o Huida) se debe, como hemos dicho antes, la vasoconstricción de las extremidades y su descenso de temperatura. La epinefrina también actúa como un regulador del ritmo cardíaco, y en casos extremos de ansiedad, se han encontrado en la sangre niveles anormalmente altos de epinefrina. Esta hormona es también un relajante bronquial.

Hemos visto en términos generales los efectos de la lucha o huida creados por el sistema nervioso autónomo (SNA), pero el mismo se subdivide en otros dos sistemas: el sistema nervioso simpático y el sistema nervioso parasimpático. Las funciones reactivas que hemos mencionado anteriormente, como la hiperventilación (respiración corta y rápida típica de los estados de ansiedad y otras causas diversas), la vaso-constricción, etc., son producidas por el sistema simpático. ¿Cuál es pues la función del sistema parasimpático?

El sistema parasimpático es el mecanismo regulador del sistema nervioso autónomo. Si al disparar el SNA las reacciones de la lucha o huida las mismas se mantuvieran durante mucho tiempo, ciertamente no lograríamos vivir más allá de unas horas. Nadie podría vivir durante mucho tiempo bajo la vasoconstricción, la hiperventilación, etc., y es por ello por lo que una vez que han desaparecido las causas que provocaron la reacción de lucha o huida, el cuerpo debe volver al modo normal de funcionamiento. De esto se encarga el sistema parasimpático por medio del mecanismo llamado homeostasis. La homeostasis significa regresar a la normalidad.

El Sistema Nervioso Autónomo resulta el más importante para nosotros, porque las principales reacciones a la hipnosis se producen como respuesta a la activación de dicho sistema. Cuando observamos que el sujeto traga o comienza a respirar rápidamente, sabemos que tales reacciones son producto del sistema simpático, que es parte del Sistema Nervioso Autónomo. En realidad, el SNA está preparando al sujeto para la lucha o la huida. Si lucha pondrá defensas y se resistirá a entrar en hipnosis; si huye, huirá hacia la hipnosis.

En el método dinámico de hipnoterapia, creamos una sobrecarga de unidades de mensaje en la mente del paciente, que no puede procesar, y opta por huir y la única vía de escape en ese momento es la hipnosis. Los sistemas simpático y parasimpático son antagónicos; es decir, no pueden operar al mismo tiempo, cuando uno está activo, el otro está inactivo. Cuando decimos que se produce la homeostasis, queremos decir que ni el sistema parasimpático ni el simpático están activos. Ya hemos visto que el sistema simpático activo sin desconectarse nos "quemaría" en poco tiempo, pero el sistema parasimpático también activo durante mucho tiempo nos destruiría, puesto que no podríamos reaccionar frente al peligro. Un automóvil se acercaría a nosotros en la calle y no acertaríamos a correr y el auto nos atropellaría. En otras palabras, veríamos venir la destrucción hacia nosotros y no sabríamos escapar o luchar.

Los procesos inhibitorios del ser humano surgieron en fecha muy posterior. Los hombres primitivos carecían por completo de mecanismos inhibitorios. Tomaban lo que necesitaban y realizaban todo aquello que deseaban o necesitaban, puesto que actuaban completamente por instinto. Las nociones del bien y del mal se reducían a *"Si esto me molesta o me pone en peligro, es malo" "Si yo necesito o deseo esto o aquello, es bueno".* El hombre primitivo realizaba sus necesidades corporales en cualquier sitio y carecía de sentido de la propiedad. Tomaba lo que quería, gritaba para asustar a sus enemigos y fingía estar muerto si con ello confundía a sus atacantes. Comenzó a cubrir su cuerpo con pieles de animales, no para ocultar su desnudez, sino para ocultar su propio olor del olfato de sus enemigos y protegerse del frío. Igualmente, comenzó a realizar sus necesidades corporales en ciertos lugares solamente, también para evitar que sus enemigos le localizaran por el olfato. Estos fueron los principios de ciertos mecanismos de inhibición más modernos.

Pero el hombre primitivo comenzó a desarrollar una inteligencia mayor y comenzó a asociarse con otros hombres para derrotar a animales tan poderosos que él no podía derrotar solo, y de este modo comenzó a surgir el concepto de tribu. Al comenzar a desarrollarse la mente más moderna, el hombre primitivo comprendió que no podía reaccionar con la lucha o huida absolutamente frente a todo peligro real o imaginario, y comenzó a controlar su miedo cuando ni la lucha ni la huida eran absolutamente necesarios. Por ejemplo, al sentir un ruido en la noche, ya no tomaba su maza y corría hacia el sitio del ruido para luchar con el enemigo, ni escapaba para trepar al árbol más cercano, sino antes bien, permanecía quieto, controlando su miedo, esperando hasta obtener más unidades de mensaje de sus sentidos para decidir si se trataba efectivamente de un enemigo o simplemente de un animal cualquiera que no significaba peligro para él o bien se trataba del viento moviendo las hojas o de un fruto maduro que había caído de un árbol cercano. De este modo comenzaron a surgir dos nuevas reacciones más "modernas" que eran los equivalentes de la lucha o la huida: la ansiedad y la depresión.

En otras palabras, la acción del mecanismo de lucha comenzó a convertirse en la reacción de la ansiedad; una reacción más aceptable por la incipiente sociedad. Los mecanismos puramente físicos de acción se convirtieron en mecanismos emocionales de reacción: la lucha en ansiedad, y la huida en depresión. Pero no obstante, el sistema nervioso autónomo continuó activando las reacciones físicas inherentes a la lucha o la huida (vasoconstricción, frialdad en las extremidades, hiperventilación, etc.) frente a la ansiedad y depresión, exactamente igual como lo hacía antaño con sus equivalentes arcaicos de lucha y huida. De este modo el hombre comenzó a incorporar las reacciones del mecanismo de lucha: las abreacciones (movimientos involuntarios de respuesta a estímulos emocionales), la ansiedad y las acciones: correr, practicar deportes o bailar. Las reacciones del mecanismo de huida resultaron más aceptables para una sociedad constituida y se tradujeron en la represión y su posterior reacción: la depresión.

Cuando el hombre enfrentó peligros o situaciones que no podía controlar, y para las cuáles la lucha era imposible, respondió con la huida en forma de represión; esto es, ignorar la situación o ponerla a un lado para tratar con ella más tarde. De una forma u otra, ambas situaciones tenían como reacción la depresión, equivalente moderno de la huida. Los mecanismos de liberar las emociones tendían a evitar la depresión, cosa muy poco posible en los equivalentes modernos de la huida.

El hombre primitivo escapaba físicamente trasladándose de un sitio a otro o de un lugar peligroso a otro más seguro, o lejos del enemigo que le amenazaba. El hombre moderno que se ve acosado por deudas que no puede pagar, por ejemplo, no puede huir físicamente hacia ninguna parte y usualmente su escape se traduce en depresión (en casos extremos con manifestaciones de alcoholismo, drogadicción o impulsos suicidas), en ocasiones alternada con explosiones de violencia física hacia él o hacia otros que le rodeen.

En términos generales, sabemos que es necesaria la sugestión para que exista la hipnosis. Sabemos igualmente que el hipnotista o hipnoterapeuta aumenta gradualmente esa sugestibilidad mediante palabras, sonidos o imágenes, fijación de la vista, etc. Conocemos igualmente que la hipnosis trabaja sobre el hipotálamo, la parte del cerebro que controla el comportamiento. Pero queda en pie la pregunta: ¿qué es realmente la hipnosis? ¿Un fluido? ¿Una sugestión? ¿Un estado alterado de consciencia? La idea del fluido, magnético o no, ha quedado prácticamente desechada en los tiempos modernos. Nadie considera ya que sea necesario un misterioso fluido emanando del hipnotizador al sujeto para producir en éste la hipnosis. Sin embargo, salvo en casos excepcionales, es necesaria una especie de simpatía o empatía y que el sujeto *acepte* en primer lugar al hipnotizador, para que el hipnotismo pueda funcionar.

El Dr. Wolberg definió la hipnosis como *una reacción psicosomática provocada por factores fisiológicos y psicológicos.* De gran interés resulta la descripción que él nos da sobre los cambios o efectos de la hipnosis en el cuerpo, que incluirían una inhibición de los centros corticales más altos, lo que hace que durante el estado de trance, de manera funcional se desconectarían las zonas cerebrales dominantes, que abarcan el racionamiento y la crítica, comenzando entonces a funcionar en las zonas latentes, no accesibles a los sujetos en estado de vigilia, como son la imaginación, la fantasía, la creatividad y la espontaneidad.

Aunque la anterior descripción del fenómeno hipnótico está sujeta a discusión, indica un honesto esfuerzo de explicar este fenómeno. Otros hipnoterapeutas, psicólogos y psiquiatras, han tratado de explicar la hipnosis con teorías diferentes, pero recordemos que la hipnosis continúa siendo un fenómeno sólo parcialmente comprendido. Por otra parte, lo que Wolberg llama zonas latentes, sí se manifiestan en estado de vigilia, aunque tal vez de un modo diferente. Nadie duda que una persona totalmente despierta sea capaz de imaginar o crear, ya que por el contrario, es necesaria una total lucidez para poder realizar tales acciones. Si la teoría de Wolberg fuera totalmente cierta, cuando a un sujeto en hipnosis profunda se le pide que cambie el final traumático de una situación que le ha estado afectando, éste lo haría inmediatamente. Borraría el final de los hechos reales experimentados en el pasado, cambiándolos por otros no traumáticos sugeridos por el hipnotizador. Sin embargo, éste no es el caso, y la mayor parte de los sujetos hipnotizados rechazan y oponen resistencia a este cambio de la realidad, lo que parece indicar que las zonas corticales altas no quedan totalmente desconectadas, ya que subsisten el raciocinio y la capacidad crítica.

El sitio principal en que se manifiesta la hipnosis en el cerebro parece ser, como hemos dicho, el hipotálamo. Es en esta zona profunda del cerebro que radica la mayor parte de la mente subconsciente. Pero no es la única. El cerebelo controla las respuestas motrices aprendidas a través de nuestra vida, coordinando los movimientos de los músculos voluntarios. Todo esto se hace a nivel subconsciente, por lo que el cerebelo participa de este proceso. Pero es el hipotálamo el que controla la mayor parte del proceso subconsciente. Este proceso se produce cuando las emociones lo ponen en acción.

Igualmente, si un político demagogo hace un discurso mesurado e indica que sus oponentes no representan la voluntad del pueblo, muchos estarán de acuerdo y otros no, pero en todo caso no se producirá sugestión alguna. Es necesario el fuego de la pasión para que surja la sugestión colectiva. Si ese mismo político denuncia a sus oponentes como traidores a la patria y logra generar sentimientos de odio ciego en la multitud, ésta puede muy bien lanzarse sobre las personas designadas y despedazarlas. La historia antigua y moderna están llenas de tales ejemplos.

No usemos por tanto la palabra fluido. Pero ¿qué es lo que transmite el dictador o el político demagogo cuando logra poner a la masa bajo control y usarla como un arma destructora? Transmite *sentimientos;* en este caso, sentimientos de odio. Tenemos entonces que un sentimiento puede transmitirse y una emoción hacerse contagiosa. Bajo su influjo, la mente elimina sus defensas, la capacidad analítica desaparece y se acepta la idea o el concepto sugerido por la emoción. No es necesario que el dictador mencione necesariamente la orden de destruir a nadie. Bastará con que implante en la mente de la masa la idea de que todos los que no comparten sus ideas son enemigos del pueblo o del país y la mente de los así influenciados hará el resto.

Con relación a la hipnosis, existen diferentes creencias y conceptos, como los que analizaremos a continuación.

Las mujeres pueden hipnotizarse más fácilmente que los hombres.

Cierto. Es innegable que por lo regular las mujeres pueden entrar en hipnosis más fácilmente que los hombres. Ello se debe, principalmente, a que la mayor parte de las mujeres son más emotivas que los hombres, y la hipnosis trabaja sobre las emociones, no sobre la racionalización o el análisis. Esto da a las mujeres una ventaja natural sobre los hombres para entrar en hipnosis con mayor facilidad. No obstante, tanto las mujeres como los hombres pueden responder perfectamente a la hipnosis y recibir los múltiples beneficios derivados de su uso.

Los sujetos de mente débil pueden entrar en hipnosis, pero no las personas de mente fuerte.

Falso. En primer lugar, la mente no es un músculo del que podamos hablar en términos de fortaleza o debilidad. En segundo lugar, mientras más bajo es el coeficiente mental de una persona, más difícil es ponerla en hipnosis. Aquellos con retraso mental o problemas similares no responden a la hipnosis. Muchas personas imaginan que el concepto de *mente fuerte* se refiere al arquetipo del soldado: un tipo rudo que se enfrenta a la muerte y es capaz de matar sin pensarlo dos veces. Y sin embargo, los militares resultan ser sujetos ideales para la hipnosis. ¿Por qué? ¿No parece esto contradictorio? No lo es por la simple razón de que el militar no sólo está entrenado para mandar, sino también para obedecer.

En la escala militar siempre hay un superior cuyas órdenes hay que obedecer. El soldado obedece al cabo, éste al sargento, éste al teniente, éste al capitán, éste al comandante y éste al general. Y el general tiene un superior, un mayor general que a su vez responde, en los gobiernos dictatoriales al dictador y en los sistemas democráticos al presidente y al senado. El militar, por tanto, está entrenado para seguir indicaciones. Pero no solamente está entrenado el militar para obedecer, sino para hacerlo inmediatamente, sin discutir las órdenes. Los que han vestido el uniforme y se han visto envueltos en una batalla, están acostumbrados a obedecer las órdenes superiores en forma instantánea, sin discusión posible, sabiendo que les va la vida en ello. En el campo de batalla, la vida de todos depende de la pericia y experiencia del oficial al mando de la tropa. Un ligero error de cálculo significa la diferencia entre la vida y la muerte.

Las personas inteligentes e imaginativas resultan muy difíciles de hipnotizar.

Falso. Por el contrario, mientras más inteligente e imaginativa es la persona, mejor responde a la hipnosis. No obstante, una persona extremadamente analítica o que no quiera ser puesta bajo hipnosis, resulta un sujeto difícil para cualquier hipnoterapeuta. Pero esto nada tiene que ver con la inteligencia. En ocasiones las personas extremadamente analíticas lo son no por inteligencia, sino por falta de ella, ya que les cuesta trabajo comprender los conceptos e ideas y los analizan minuciosamente para tratar de comprenderlos.

Ninguna persona puede hipnotizarse contra su voluntad o sin su consentimiento.

Parcialmente cierto. Y lo es parcialmente, sólo porque existen métodos indirectos de producir la hipnosis sin que el sujeto perciba conscientemente que lo están poniendo en trance hipnótico. Hay por tanto una diferencia entre *no querer* que lo pongan a uno en hipnosis, y *no saber* que lo están poniendo a uno en hipnosis. En la hipnosis ericksoniana, los métodos indirectos se basan en una conversación aparentemente simple en la que muchas veces ni se menciona la palabra hipnosis. Pero en dicha conversación se usan ciertas palabras o frases que en forma extremadamente sutil van condicionando al sujeto a la puesta en trance.

Por otra parte, hipnotistas naturales como Rasputín y otros de memoria menos siniestra, podían poner instantáneamente en hipnosis a personas desconocidas sin necesitar el consentimiento de las mismas. En tales casos, su fama les precedía y creaba la sugestión en quienes aceptaban que el poder de aquellos, era irresistible.

No obstante, si alguien se resiste categóricamente a entrar en hipnosis, resultará difícil hacerlo. En mi experiencia personal, he tenido muchos casos de personas que comienzan por decir que "no creen que ellas puedan ser puestas en hipnosis". Pero tales personas resultan las que mejor responden a la hipnosis. ¿Por qué? Simplemente porque si *realmente* pensaran que no podían responder a la hipnosis, no estarían allí en ese momento. ¿Acudiría usted a un médico si realmente pensara que éste no podría curarle? ¿Llevaría su automóvil a un mecánico si realmente supiera que estaba perdiendo el tiempo y gastando dinero inútilmente porque su auto ya no tenía arreglo posible?

Siempre me han hecho sonreír los que han acudido a mí para probarse a ellos mismos que sus mentes eran más fuertes que la mía y podían resistir ser hipnotizados. Muchas personas no comprenden la futilidad de tal modo de pensar. La hipnosis no es un combate entre el hipnoterapeuta y su cliente. No se trata de ver quién es más fuerte, y tal concepto es ridículo por completo. Usualmente, uno descubre enseguida a quienes acuden a nosotros sólo para probarse a ellos mismos que no pueden ser puestos en hipnosis. Con la mayor diplomacia posible les explico que podían probarse a ellos mismos el punto en discusión ahorrando tiempo y dinero: si alguien no quiere que le ayuden nadie lo hará, por supuesto.

Algunas personas, sin embargo, realmente piensan que aunque puedan ser puestas en hipnosis, si no quieren hacerlo, no podrán ser hipnotizadas. En tales casos siempre proponía a la persona que si no lograba ponerla en hipnosis, no tendría que pagar absolutamente nada por la visita. Nunca dejé de cobrar mis honorarios, solamente cuando en casos justificados no los he cobrado voluntariamente a personas con dificultades económicas.

Muchas veces, los adultos actúan como niños. Una mujer a la que había tratado anteriormente con gran éxito para su insomnio, llegó un día a la conclusión de que anteriormente había entrado en hipnosis porque había querido hacerlo, pero que en esta ocasión podía probarme que si no lo quería "nada ni nadie lograría hacerla entrar en hipnosis". Le brillaban los ojos por el triunfo anticipado de demostrarme que me derrotaría. Cruzó los brazos sobre el pecho y me miró en forma retadora, y tuve que reír cuando le dije que mientras más tratara de evitar el sueño, más rápidamente entraría en hipnosis. Menos de dos minutos más tarde, dormía profundamente.

La hipnosis es en realidad lo mismo que el sueño normal.

Falso. Si utilizamos la palabra *sueño* para describir el trance hipnótico, es porque se trata del estado que más se asemeja al mismo. No obstante, existen enormes diferencias entre ambos. El estado de conciencia existente en la hipnosis no se manifiesta en el sueño normal. El ritmo cardíaco y el respiratorio durante la hipnosis son muy semejantes a los de la persona normalmente despierta, a diferencia del sueño normal. El reflejo galvánico de la piel también resulta completamente diferente durante el sueño normal y el trance hipnótico. Los sentidos físicos, casi desconectados durante el sueño fisiológico, permanecen activos durante el sueño hipnótico. Por ejemplo, el sujeto siempre escucha la voz del hipnoterapeuta, no importa cuán profundamente se encuentre en hipnosis. Una persona profundamente dormida en el sueño normal, podrá no escuchar la voz de nadie o ruidos que no sean lo suficientemente fuertes como para despertarle.

La hipnosis siempre resulta peligrosa.

Falso. Solamente en manos de personas inexpertas. Y hagamos aquí una aclaración importante. Existe una gran diferencia entre una persona inexperta y una persona "no licenciada". La hipnoterapia es, y por derecho propio debería ser, una profesión independiente y reconocida como tal. Los más interesados en que se regule el uso de la hipnosis, se establezcan reglas precisas para su uso, un cuerpo legal y reconocido, tal como existe un colegio médico o de abogados, son los propios hipnoterapeutas. No reconocer que la hipnoterapia es y debe ser una profesión independiente causa situaciones absurdas como prohibir su uso o limitarlo a médicos o psicólogos, o por el contrario, permitirlo a aficionados en exhibiciones de entretenimiento, lo que sí puede resultar peligroso. La hipnoterapia no compite con la medicina. Los hipnoterapeutas no diagnostican. Esto corresponde a los médicos. Los hipnoterapeutas no recetan medicamentos. Tal cosa corresponde a los médicos. Pero el hipnoterapeuta puede trabajar juntamente con el médico ofreciendo tratamiento de apoyo, que resulta usualmente efectivo y enormemente beneficioso para el paciente. El autor de este libro ha trabajado con muchos médicos con excelentes resultados. Los psiquiatras, principalmente, han recurrido a hipnoterapeutas profesionales para beneficio de algunos de sus más difíciles pacientes.

La ética profesional constituye un requisito básico para cualquier hipnoterapeuta. Cuando alguien le visita con problemas que escapan a su esfera de experiencia y de actividad, el hipnoterapeuta refiere a la persona al médico o especialista correspondiente. Y usualmente, ambos pueden trabajar, si esto resulta indicado, con el mismo paciente, el hipnoterapeuta ofreciendo apoyo al tratamiento médico que el facultativo haya diagnosticado y escogido para el paciente.

Por supuesto que no todas las enfermedades pueden tratarse con hipnoterapia. Los casos de paranoia y esquizofrenia responden mucho mejor a los medicamentos recetados por los siquiatras. Los paranoicos no sólo resultan casi imposibles de poner en hipnosis. Hacerlo resulta también peligroso. Los esquizofrénicos bajo tratamiento psiquiátrico pueden beneficiarse de la hipnosis solo si la enfermedad no se encuentra demasiado avanzada.

Si la hipnosis resulta tan efectiva, ¿por qué no está reconocida como una profesión independiente?

En los Estados Unidos, se ha tratado de que el congreso reconozca la hipnoterapia como profesión independiente y se establezcan regulaciones similares a las de otras profesiones. Esto permitiría crear una colegiatura de hipnoterapia, reconocida por el gobierno, con estrictos requisitos que obligarían a sus miembros a pasar estudios extensos y exámenes probatorios tal como hacen los médicos, psicólogos, abogados y otros profesionales. Tal medida no sólo evitaría el peligro de que sujetos inexpertos practicaran la hipnosis, sino que haría posible que muchas personas que hoy día no pueden beneficiarse de la hipnosis, pudieran estar cubiertas por sus planes de salud y recibir tratamiento adecuado. Por ende, muchos problemas simples que pudieran resolverse con hipnosis evitarían males mayores que no sólo costarían vidas, sino también billones de dólares en tratamiento a las compañías de seguro y planes del gobierno. El tabaquismo es el mejor ejemplo. El hábito de fumar resulta fácil de eliminar con la hipnosis. En términos económicos, casi la milésima parte de lo que costaría el tratamiento de un cáncer de pulmón, esófago o de útero. No obstante, cada vez que un proyecto de reconocimiento de la profesión de hipnoterapia y elaboración de estándares adecuados se ha presentado al congreso, los grupos de presión *(lobbists),* pagados por lo interesados en conservar el monopolio de la hipnoterapia para uso propio, corren en masa a clamar que esto es peligroso, ya que la hipnosis sólo debe ser utilizada por *personas licenciadas.* La falacia de esta afirmación es evidente: si ellos piden que sólo las personas *licenciadas* puedan practicar la hipnoterapia, ¿por qué se oponen a que se conceda dicha licencia a las personas debidamente entrenadas? ¿No sería más honesto pedir que se establecieran requisitos para conceder dicha licencia, que es lo mismo que los hipnoterapeutas están pidiendo?

Resulta extremadamente sospechosa esta actitud y respuesta. En nombre de "proteger al público" dichos grupos pretenden en realidad proteger sus beneficios económicos y mantener el monopolio del uso de la hipnosis para acrecentar sus ganancias. Por ejemplo, una de las afirmaciones completamente carentes de base es que una persona que fuera puesta bajo hipnosis para dejar de fumar *"podía recordar eventos traumáticos de la niñez, tales como violaciones o abusos sexuales que le causarían daños mentales o psicológicos".*

Hasta un hipnotista de teatro sabe que una regresión a la niñez no puede producirse a menos que específicamente se dirija al sujeto en esa dirección. Las regresiones, de cualquier tipo, no se producen a menos que el hipnotista o el hipnoterapeuta le sugiera tal cosa al sujeto en hipnosis. Y para hacer que una persona deje de fumar, no es necesario en modo alguno regresarla a la niñez, aun cuando hubiera comenzado a fumar a esa edad.

¿Existen casos de personas que hayan sido dañadas por hipnoterapeutas?

No existe ningún caso registrado, simplemente porque la profesión no está debidamente registrada en los Estados Unidos. Cualquier persona puede adjudicarse el título de "hipnoterapeuta" sin poseer los conocimientos necesarios. Incluso médicos y psicólogos con amplios conocimientos en medicina, psiquiatría o psicología pueden no tener el mismo nivel de conocimientos sobre la hipnosis, salvo si son además hipnoterapeutas. En casi todos los Estados de los Estados Unidos, la ley requiere que los psicólogos y psiquiatras que quieran utilizar la hipnosis estudien ésta por un mínimo de 10 horas, mientras que los estudios de un hipnoterapeuta requieren un mínimo de 300 horas.

La mayor parte de los psiquiatras no están interesados en estudiar hipnoterapia y prefieren concentrarse en su profesión. Existe un campo vasto para el uso de la hipnoterapia esperando porque se reconozca la profesión como es debido. Los quiroprácticos tuvieron que luchar arduamente para que se les reconociera la profesión, e igualmente los acupunturistas. Algún día, la hipnoterapia tendrá que ser reconocida como una profesión independiente, honorable y eficiente, sin conexión alguna con la hipnosis de teatro, ni dependencia de otras profesiones.

No obstante, existen casos registrados de profesionales de otras disciplinas que sin un conocimiento extensivo en hipnosis y solamente las pocas horas de estudio de hipnosis que requiere la ley actualmente para tales profesionales, han creado graves daños o incluso la muerte de sujetos a los que han puesto en hipnosis.

El conocido médico e hipnoterapeuta Dr. Bernard C. Gindes, nos refiere dos casos concretos en su libro (citado en la sección de bibliografía) *New Concepts of Hypnosis.* En el primer caso, un estudiante de psicología hipnotizó a una chica que tenía fobia a nadar, convenciéndola de que podría nadar perfectamente. Al hacerlo en presencia de otros estudiantes y amigos, trató de ganar prestigio ante ellos. El resultado fue que temprano, antes de que todos despertaran, la chica se fue al lago y se lanzó al agua convencida de que podría nadar. Cuando notaron su ausencia, se organizó una búsqueda, imaginando que se había alejado del sitio en que estaba el grupo. Su cadáver apareció flotando en el agua horas después.

El segundo caso se refiere a un famoso profesor de psicología que quiso demostrar a sus alumnos el poder de la hipnosis y colocó al sujeto en hipnosis profunda haciéndole cerrar las manos con los dedos entrelazados. Luego de sugerirle que en modo alguno podría separar las manos por sí mismo por más que quisiera, se las separó ligeramente y colocó un cigarrillo encendido entre ellas, cerrándole las manos nuevamente. El sujeto comenzó a aullar de dolor, tratando inútilmente de separar las manos sin lograrlo. Solamente cuando el olor a carne quemada se hizo notar y otros estudiantes protestaron, decidió el profesor hacer que su víctima pudiera separar las manos con quemaduras de segundo grado que requirieron atención médica inmediata. La excusa del profesor de que se trataba de un simple experimento, resulta absurda e inaceptable.

Si nadie puede prácticamente ser obligado a hacer nada que vaya contra su ética o voluntad, ¿cómo pueden los hipnotistas de teatro obligar a los voluntarios a realizar cosas ridículas o de mal gusto?

Porque al subir a un escenario y aceptar servir de sujeto a las demostraciones, la persona tácitamente da su aprobación a lo que quiera sugerir el hipnotista. Si un voluntario que subiera al escenario dijera, por ejemplo: *"Yo acepto servir de voluntario, pero usted no me obligará hacer nada que me ponga en ridículo, me dañe o sea de mal gusto"*, el hipnotista aficionado no podría obligarlo a hacer ciertas cosas.

Contaba mi abuela que en el siglo pasado, un hipnotista de teatro famoso fue a un teatro de la capital y pidió un voluntario para demostrar sus poderes hipnóticos. Aconteció que la persona que inmediatamente se brindó como voluntario fue un joven, hijo de un conocido político y empresario, perteneciente a una de las familias más ricas y aristocráticas de los medios sociales capitalinos. En estado de hipnosis, el joven fue convencido de que tenía entre sus brazos a una preciosa damisela con la que bailaría un vals. La damisela no era otra cosa que una escoba, y el público reía a rabiar ante el ridículo espectáculo del joven bailando con la escoba a la que miraba con ojos de admiración y ternura. Pero no contento con eso le dijo antes de despertarlo, que el domingo siguiente, a las tres de la tarde, iría al parque de la plaza principal de la ciudad, con una escoba al hombro como si fuera un rifle, y marcharía con paso militar con su escoba al hombro y un paraguas abierto en la otra mano, como si en ese momento estuviera lloviendo.

A la hora convenida, decenas de personas acudieron al parque para no perderse la diversión. El joven llegó a la hora convenida, con su escoba al hombro y el paraguas abierto y empezó a marchar militarmente por todo el parque repitiendo: "Un, dos, Un, dos". Las carcajadas del público allí reunido lograron despertar del trance post hipnótico al joven, que al comprender el ridículo enorme que había hecho frente a cientos de personas, corrió a la casa y con un revólver en el bolsillo comenzó a buscar por toda la ciudad al hipnotista guasón que tuvo que poner pies en polvorosa para salvar el pellejo.

***

¿Existe la hipnosis a distancia? Sin la más mínima duda. Si se ha condicionado a un sujeto a caer en trance cuando pronunciamos una cierta palabra, podemos hacerle entrar en hipnosis por teléfono, a través de una computadora u otro medio de comunicación. Por supuesto, hemos de tomar precauciones para asegurarnos de que la persona se encuentra acostada, o sentada en forma cómoda y segura, y que no le interrumpimos ninguna actividad importante ni le ponemos en peligro porque esté manejando un automóvil u operando una maquinaria peligrosa, etc.

Pero la definición de la *hipnosis a distancia* abarca mucho más que eso. También se refiere a poner en hipnosis *por primera vez* a una persona que se encuentra distante, lo que resulta mucho más difícil. No cabe duda alguna de que esto es posible con determinados sujetos, y ha quedado confirmado una vez tras otra. Aunque en muy pocas ocasiones he intentado hacer tal cosa, lo he logrado la mayor parte de las veces.

Hace años, en un programa de radio en una emisora local, a la que se me invitó para hablar sobre la hipnosis, una de las locutoras del mismo me preguntó si yo podría ponerla hacerla entrar en trance allí mismo, frente al micrófono. Le respondí que sí, y luego de cerciorarme de que no era epiléptica, comencé la inducción rápida diciendo que tenía que estar sentada bien cómoda y relajada. Hice hincapié en que la inducción sólo iba a ser posible a causa de esto, que si estuviera haciendo algo como manejar un auto o teniendo algo peligroso en las manos, no podría dormirla. *(Esto para evitar que algún oyente pudiera ser muy sugestionable y entrar en hipnosis mientras escuchaba el programa manejando su automóvil u operando herramientas)*

A falta de un objeto en que enfocar la vista, le pedí que mirara intensamente el micrófono y que a medida que lo hacía sentiría pesadez en la cabeza y un agradable calor en los ojos. Tratándose de un sujeto fácilmente sugestionable, y que *deseaba* experimentar la hipnosis, la puesta en trance fue casi instantánea. Le sugerí que ya el micrófono se le hacía difícil verlo, a causa del sueño que iba sintiendo, que se le cerraban los ojos y que no podía estar despierta. Entonces puso los brazos sobre la mesa, apoyó la cabeza en ellos y quedó profundamente dormida.

En dos minutos había logrado ponerla en trance profundo, cataléptico y luego sonambúlico. Un caso muy poco frecuente, pero que a veces he encontrado a lo largo de los años. Le dije entonces que quedaría así dormida y que sólo despertaría cuando yo se le indicara, o por ella misma si yo no pudiera hacerlo (una medida de seguridad que siempre debe mencionarse por una posible emergencia). A continuación pedí a la otra locutora y al periodista que conducía el programa que trataran de despertarla, y para sorpresa, incredulidad y alarma de todos ellos, ninguno pudo hacerlo.

Luego de tranquilizarlos, explicándoles que ella despertaría cuando yo se lo indicara, le sugerí a la chica que al despertar lo haría totalmente lúcida y alerta, con la sensación de haber dormido muchas horas, muy relajada y sintiéndose maravillosamente bien, y tan llena de felicidad y alegría como hacía tiempo no se sentía. La desperté con el método rápido de chasquear los dedos, y ella despertó radiante y sonriendo. Comenzó a reír y a pedir excusas por "haber dormido tanto tiempo", lo que al parecer le resultó algo tan cómico que comenzó a reír abiertamente.

Los compañeros del programa comenzaron a hacerle preguntas: ¿qué había sentido al dormirse? ¿qué sensaciones había experimentado mientras dormía? ¿qué podía recordar? etc. Luego de responder que no se había dado cuenta de cuándo se había dormido, que simplemente no podía seguir despierta, añadió que jamás en su vida se había sentido tan relajada y feliz. No podía creer que sólo había dormido un par de minutos y pensaba que se había quedado dormida durante todo el resto del programa.

El programa fue un éxito y cuando abrieron el micrófono, comenzaron a recibirse una enorme cantidad de llamadas de los oyentes haciendo preguntas y comentando sobre el tema. Para sorpresa de todos, cerca de una docena de radioyentes reportó que se habían quedado dormidos al mismo tiempo que la locutora, y habían despertado igual que ella, sintiéndose maravillosamente y llenos de gran alegría. Uno de los oyentes dijo incluso que en el momento de dormirse tenía un gran dolor de cabeza y había despertado sin él.

Esto demuestra que es muy posible la puesta en trance a distancia, de personas a las que nunca hemos visto o hablado antes. Más fácil aún resulta poner en trance hipnótico a distancia a alguien a quien ya hemos condicionado a hacerlo en sesiones anteriores realizadas en persona. En varios casos, pacientes a los que atendía tuvieron que viajar o irse a vivir a sitios lejanos y pude continuar la terapia por medio del teléfono. Simplemente, acordábamos el día y la hora de la siguiente sesión, pedía a la persona que permaneciera acostada y pusiera el teléfono en el oído, apoyado en la almohada o bien sobre la cama, activando el altoparlante integrado de escuchar a distancia, y realizaba la puesta en trance y la terapia exactamente como si el sujeto estuviera frente a mí en el consultorio.

Este tipo de tratamiento hipnótico y puesta en trance a distancia, incluso por la primera vez, es relativamente sencillo. Sin embargo, existen casos en los que se produce una fuerte empatía entre el hipnotista y el sujeto. Tan fuerte puede llegar a ser la misma, que si el hipnotista sugiere al sujeto *mentalmente* hacer algo, éste cumple la sugerencia recibida no importa la distancia a la que se encuentre. Bernheim describe varios casos en los que sugería mentalmente a los sujetos realizar diferentes actividades y éstos las realizaban exactamente tal y como se les había indicado. Pero a diferencia de las sugerencias post hipnóticas en las que el sujeto ignora por qué hace ciertas cosas, los sujetos a los que Bernheim indicaba qué hacer o sentir, *sabían* que era él quien les sugería dormir, o escribir o irse al jardín o sentirse alegres o llenos de energía.

Esto no resulta posible en todos los casos. Solamente si el sujeto puede llegar a los estados más profundos del sonambulismo en los que se le sugiere recibir mentalmente y cumplir cualquier indicación del terapeuta. No obstante, queda en pie la pregunta de cómo es posible que el sujeto reciba *mentalmente* las indicaciones del operador. No cabe duda alguna de que estamos tratando aquí con un caso indiscutible de telepatía provocada en el sujeto.

Años atrás, usé este método en una ocasión y la persona respondió perfectamente a mis sugerencias. Luego de haberle sugerido mentalmente que tomara un lápiz y papel, recibí una llamada telefónica, y al responder la persona me preguntó extrañada: *"¿Para qué me pediste que tomara el papel y el lápiz y no me dijiste lo que querías que escribiera?"*

No cabe duda alguna de que los sentimientos y emociones se contagian. Las ideas, por sí solas, requieren el análisis y la comparación para convertirse en acción. Los sentimientos y emociones, por el contrario, no requieren análisis ni comparación y pueden transformarse en acción con la rapidez del relámpago. Esa es la fuerza arrolladora de los motines, las revoluciones y los actos de violencia que han cubierto de sangre y destrucción a países enteros.

Un excelente ejemplo del contagio de los sentimientos y emociones lo menciona Gustave Le Bon en su legendaria obra *Psicología de las Multitudes,* donde narra un caso interesante en el que los marineros de un barco sufrieron una sugestión general que demuestra la fuerza de las mismas.

"La fragata, la Belle Poule, cruzaba el mar abierto con el propósito de encontrar al crucero Le Berceau, del que se había separado por una violenta tempestad. Fue a plena luz del día y a plena luz del sol. El vigía de la fragata observó a la distancia algo que flotaba entre las olas y dio la alerta enseguida. Dadas las condiciones de la observación, era difícil definir de qué se trataba, pero el vigía creyó ver un grupo de náufragos aferrados a un madero. Al dar la voz de alarma, la tripulación miró a la distancia hacia el sitio señalado y todos los oficiales y marineros observaron claramente una balsa llena de hombres remolcados por lanchas que hacían señales de auxilio. Sin embargo, esto no fue nada más que una alucinación colectiva. El Almirante Desfosses bajó un bote para ir al rescate de los marineros naufragados. Al acercarse al objeto avistado, los marineros y oficiales a bordo del barco vieron "grupos de hombres en movimiento, extendiendo sus manos, "y escucharon el ruido sordo y confuso de un gran número de voces".

Cuando el bote llegó al objeto, se encontraron sólo y exclusivamente en la presencia de unas ramas de árboles cubiertos con hojas que habían sido barridos por el viento fuera de la costa vecina. Ante una evidencia tan palpable, la alucinación desapareció.

El mecanismo de una alucinación colectiva del tipo que hemos explicado se ve claramente en este ejemplo. Por un lado tenemos una multitud en un estado de atención expectante, por el otro una sugerencia formulada por el vigía señalando en el mar a unos náufragos, una sugerencia que por un proceso de contagio fue aceptada por todos los presentes, tanto oficiales como marineros.

No es necesario que una multitud sea numerosa para que la facultad de ver lo que está ocurriendo ante sus ojos se destruya y los hechos reales se remplacen por alucinaciones ajenas a ellos. La facultad de observación y el espíritu crítico poseído por cada uno individualmente, enseguida desaparece".

¿Cómo explicar que marinos con experiencia pudieran confundir un tronco de árbol podrido con náufragos? El supuesto movimiento de los brazos puede explicarse por las ramas agitadas por el viento, pero y la forma de los cuerpos sumergidos en el agua? ¿Y los gritos de auxilio de los náufragos? Todo esto puede explicarse a partir de la voz de alerta dada por el vigía. Al aceptar todos lo que el vigía gritaba, la mente de cada uno dio forma a la sugestión y bastaba que uno creyera ver algo y lo dijera, para que la mente de todos lo aceptara y diera forma a una especie de alucinación colectiva.

Otros casos dignos de mención en el libro de Le Bon son los de madres que creyeron reconocer a sus hijos cuando en realidad se trataba de perfectos extraños.

"Mientras escribo estas líneas los periódicos están llenos de la historia de dos niñitas que encontraron ahogadas en el Sena. Para comenzar, estas niñas fueron reconocidas en la manera más inequívoca por media docena de testigos. Todas las opiniones fueron tan similares que no quedó duda alguna en la mente del juez de instrucción. El juez ya tenía listo el certificado de defunción, pero justo cuando el entierro de las

niñas iba a realizarse, una casualidad descubrió que las supuestas víctimas estaban vivas, y por ende, no tenían sino un remoto parecido con las niñas ahogadas. Como en varios de los ejemplos anteriormente citados, la afirmación del primer testigo, él mismo víctima de la ilusión, había bastado para influir en los otros testigos.

En otros casos similares, el punto de partida de la sugerencia es siempre la ilusión producida en un individuo por más o menos vagas reminiscencias, o contagio subsiguiente como el resultado de la afirmación de esta ilusión inicial. Si el primer observador es muy impresionable, a menudo será suficiente que el cadáver que él cree reconocer, presente, — sin relación con ninguna semejanza real — alguna peculiaridad, una cicatriz o algún detalle superfluo que pueda evocar la idea de que se trata de otra persona. La idea evocada entonces puede convertirse en el núcleo de una especie de cristalización que invade la comprensión y paraliza toda facultad crítica. Lo que el observador entonces ve ya no es el objeto en sí mismo, sino la imagen creada en su mente. De esta manera, pueden explicarse los reconocimientos equivocados de los cadáveres de niños por sus propias madres, como ocurrió en el siguiente caso. En el mismo, están presentes precisamente los dos tipos de sugestiones básicas de las cuáles acabo de mencionar el funcionamiento.

El niño fue reconocido por otro niño, que estaba equivocado. Entonces comenzaron una serie de reconocimientos errados. Y ocurrió algo extraordinario. El día después de que un estudiante había reconocido el cadáver, una mujer exclamó, '¡Dios mío, es mi hijo!' La llevaron al cadáver; ella examinó la ropa y observó una cicatriz en la frente. "No hay duda," dijo, "es mi hijo que desapareció el pasado mes de julio. Me lo han robado y lo han asesinado". La mujer era conserje en la Rue du Four; y su nombre era Chavandret. Llamaron al cuñado y cuando se le preguntó, dijo, "Ese es el pequeño Filibert." Varias personas que vivían en la misma en la calle, también reconocieron el niño hallado en La Villette como Filibert Chavandret, entre ellos el maestro de escuela del niño, que basó su opinión en una medalla desgastada usada por el jovencito. Sin embargo, los vecinos, el cuñado, el maestro y la madre estaban equivocados. Seis semanas más tarde se establecío la identidad del niño. El muchacho, que era de Burdeos, había sido asesinado y traído a París por una empresa de transporte."

Le Bon propugnó que la mente individual desaparecía cuando la multitud actuaba como un conjunto. De hecho, sostenía que la multitud adquiría una personalidad única y diferente a la de los individuos que la componían. Esto explicaba por qué personas que en forma individual hubieran sido incapaces de cometer ningún acto violento o ilegal, al unirse en grupo bajo la pasión de una idea, pudieran comportarse de forma completamente diferente y adquirir una personalidad grupal capaz de cometer atrocidades, y actos delictivos y violentos. Siguiendo esta línea de pensamiento, podemos postular que la nueva personalidad única de un grupo de personas es el resultado de la sugestión colectiva bajo los impulsos de sentimientos extremadamente poderosos y pasionales. Este cambio de personalidad lleva consigo un cambio de enfoque que borra por completo los conceptos individuales de ética, moral o justicia.

Los casos anteriormente descritos caen dentro de la definición de la sugestión. Aunque la sugestión constituye la base y principio de la hipnosis, la primera puede funcionar en forma independiente. Podemos decir por tanto que no puede haber hipnosis sin sugestión, pero sí puede existir la sugestión sin hipnosis. En los casos mencionados por Le Bon, tanto los marineros como las personas que creyeron reconocer a los niños, fueron víctimas de la sugestión, aunque no existiera un hipnotista o hipnoterapeuta poniéndolos en trance hipnótico. Cabe discutir si se encontraban en un estado de auto hipnosis o simplemente bajo una fuerte sugestión. En todo caso, una fuerte sugestión puede ser equivalente a un estado más o menos profundo de auto hipnosis, hasta el punto de remplazar lo que se ve con una imagen falsa creada por la mente (alucinación positivo-negativa). ¿Por qué la definimos de este modo? Porque una alucinación simplemente positiva consiste en ver algo que no existe, pero en los casos anteriores lo que sí existía fue remplazado por algo inexistente (alucinación negativa).

Las emociones, como el bostezo, pueden resultar enormemente contagiosas. Basta que en una reunión alguno de los asistentes exprese un punto de vista de rechazo y lo haga con ira, pare que todo el grupo cambie su forma de manifestarse y comiencen a surgir críticas más o menos apasionadas. Los líderes utilizan las emociones de la masa para inculcar sus ideas políticas y fanatizar a sus pueblos. No es mera coincidencia que Adolfo Hitler y Fidel Castro leyeran ávidamente a Gustav Le Bon y su libro *Psicología de las multitudes.*

Bajo las arengas alucinadas de los dictadores, la masa se convierte en cera moldeable que puede dirigirse a voluntad contra cualquier enemigo real o designado. El patriotismo, una de las más fuertes emociones, frecuentemente se transmuta, de amor a la patria, en odio hacia cualquier país o persona que la demagogia del dictador designe como el enemigo. Por tanto, todos los que conserven la capacidad analítica y discrepen de la opinión del dictador, se convierten en enemigos de la patria y en blancos vivientes para la masa enfebrecida. En la tristemente célebre *Kristalnatch* (la noche de los cristales rotos) en la Alemania de la preguerra, incitadas por los nazis las turbas atacaron los comercios judíos. En el sistema comunista cubano, las "brigadas de respuesta rápida" de Castro, apedreaban, golpeaban y mataban a los que trataban de escapar de Cuba o insultaban y atacaban a las "Damas de Blanco", mujeres que desfilaban en silencio vestidas de blanco para expresar su repudio al gobierno. En la noche medioeval, las turbas ciegas fanatizadas por la iglesia contra los supuestos hechiceros y brujas, aplaudían cuando los infelices que eran quemados vivos, lanzaban alaridos de dolor. Tanto los dictadores como los dirigentes religiosos en los sistemas teocráticos, han utilizado a las masas como un arma política capaz de destruir y silenciar a sus oponentes.

Más allá de la Historia y la política, la sugestión es la base misma de la hipnosis. Si los pacientes de Mésmer pensaban que curaban porque Mésmer poseía un poder magnético, o hubieran pensado que Mésmer era en realidad un profeta enviado por Dios, eso no cambia el hecho de que en ambos casos la sugestión era necesaria para que la hipnosis pudiera surtir efecto. Podemos definir entonces la hipnoterapia, o la hipnosis provocada por un hipnotista, como una *sugestión dirigida,* mientras que la hipnosis creada sin la dirección de un operador, puede considerarse como *autosugestión.* En ambos casos, sin embargo, la sugestión es necesaria como un primer paso conducente a la hipnosis.

***

Aunque muchos autores opinan que la hipnosis es imposible sin la colaboración del sujeto, esto es solamente una verdad a medias. Existen técnicas y procedimientos, como hemos visto en ejemplos anteriores, capaces de crear la hipnosis instantánea, sin que sea necesario el previo consentimiento del sujeto. En el caso de un personaje enigmático, como Rasputín, no resulta posible explicar científicamente su capacidad de subyugar sólo con la mirada a cualquier persona, aunque en este caso tal vez sería más conveniente hablar de autosugestión. Al igual que los líderes políticos, que arrastran a las multitudes con su palabra, pudiendo crear estados casi histéricos, los actores de cine pueden crear estados similares en sus fanáticos, y los jugadores de fútbol o de baloncesto suelen crear estados de fanatismo irracional que a veces degeneran en manifestaciones de salvajismo, caos y disturbios callejeros incontrolados, a veces de consecuencias trágicas.

¿Qué diferencia a un actor de cine o a un político de otra persona cualquiera? La aureola de poder que los hace distintos a la percepción de los demás. Hitler se proyectaba como un nuevo mesías. Sus gestos, su voz y sus ademanes electrificaban a las masas. Los faraones egipcios eran los supuestos hijos de Amón y de otros dioses. Los actores de cine son asociados con los héroes ficticios que encarnan en las películas y programas de televisión y esto los reviste de una aureola de prestigio. Es el *poder* el que convierte a un ser humano normal y corriente en un mesías, un héroe o un elegido de los dioses.

Las grandes supercherías llevadas a cabo por los falsos profetas han podido efectuarse porque los demagogos se revisten de una falsa personalidad de poder. Sólo así puede explicarse que personas inteligentes hayan podido ser estafadas, esquilmadas y engañadas por desaprensivos casi analfabetos que han usado historias pueriles para embaucarles. En circunstancias normales, nadie en su sano juicio habría comulgado con tamañas ruedas de molino, pero bajo el efecto de la sugestión, la percepción y el análisis quedan como en estado de suspensión. Un ejemplo de esto es el de los falsos médiums o adivinadores del futuro que han logrado estafar a tantas personas con un alto nivel de cultura y buen juicio. Basta que creamos que alguien posee poderes especiales para que no veamos lo que está patente ante nuestros ojos.

La sugestión se manifiesta de muchos modos diferentes. Tomemos el caso de una pareja de enamorados. Mientras existe la magia de la ilusión, cada uno ve al otro adornado de todos los encantos del universo. Físicamente, cada uno ve al otro lleno de belleza y perfección. Sin embargo, si surgen peleas y desavenencias que al fin arruinan la relación, cuando cada uno mira al otro, lo ve de un modo distinto. Imperfecciones que antes no se notaban, resaltan inmediatamente. La belleza se convierte en fealdad y las virtudes en defectos. La visión física queda comprometida por la percepción subjetiva del otro amante, y se puede ver lo que no existe o ver lo que siempre existió y nunca quisimos ver.

El genial poeta español Don Ramón de Campoamor, plasmó en su famosa poesía lo que realmente es la sugestión respecto al mundo de la realidad:

"En este mundo traidor
Nada es verdad ni es mentira
Todo es según del color
Del cristal con que se mira"

Notemos que tras la apariencia de ligero humor de la estrofa, yace una gran verdad. La mente es capaz de alterar la realidad de las cosas. Lo importante no es lo que las cosas son en sí mismas, sino cómo se las ve. Y es aquí donde la sugestión demuestra su enorme poder. Cabe preguntarse si todo lo que vemos es real o si podemos ver cosas que no existen en realidad. La hipnosis ha demostrado que podemos hacer ver cosas inexistentes a los sujetos hipnotizados, e igualmente que podemos hacerles dejar de ver cosas que existen a su alrededor.

Sin caer en un terreno puramente empírico, podemos decir también que incluso la ciencia ha demostrado que, sin que la sugestión juegue ningún papel en ello, podemos ver cosas que no existen en realidad. Sirva de ejemplo el caso de estrellas situadas a miles o millones de años luz de distancia en lejanas galaxias. Muchas de esas estrellas pueden no existir en realidad en estos momentos, pues pueden haberse convertido en *novas,* haber literalmente estallado. Sin embargo, debido a la enorme distancia a que se encuentran, incluso a la enorme velocidad de la luz, la luz de esas estrellas puede tardar miles o millones de años en llegar hasta nosotros. Por tanto es posible que podamos observar a dichas estrellas e incluso fotografiarlas, cuando en realidad ya no existen. A un nivel más simple, podemos ver igualmente a una persona que ha muerto hace muchos años y cuya imagen ha quedado impresa en una fotografía, e incluso podemos verla moverse y hablar en una película. Si no tenemos conocimiento de que dicha persona ya no vive, la ilusión del sonido y el movimiento puede crear la ilusión o sugestión de que está viva.

¿Dónde "vemos" en realidad, en la retina o en el cerebro? No cabe duda de que vemos en el cerebro, que es donde se forman las imágenes. Cuando soñamos "vemos" lugares, personas, cosas y situaciones, y sin embargo, tenemos los ojos cerrados. ¿Podemos negar la realidad de lo que vemos en la mente, aun cuando no tenga existencia en el mundo real? Si la mente es capaz de hacer sentir dolor ante un fuego inexistente, morir por un veneno que nunca existió o curar un cáncer bajo una auto sugestión determinante, lo más importante no es la realidad, sino cómo llega ella a nuestra comprensión.

Existe un caso ampliamente documentado que ocurrió en Francia en 1643, en la localidad de Loudun, Francia. Un joven sacerdote llamado Urbain Grandier fue nombrado párroco del lugar. Según la historia, era apuesto y de palabra fácil y se sentía atraído por las mujeres de un modo que no resultaba acorde con su calidad de sacerdote. Por ende, y para su desgracia, su carácter era impetuoso y un tanto arrogante.

Cuando fue nombrado párroco de St-Pierre-duMarche, en Loudun, varias mujeres jóvenes comenzaron a acudir con más frecuencia a la iglesia en que Grandier hacía las confesiones.

La atracción de Grandier por el sexo débil iba más allá de las palabras, y poco tiempo después de su nombramiento como párroco y confesor, dos mujeres de la localidad quedaron embarazadas por él. Esta situación, peligrosísima para un sacerdote en épocas de la Inquisición, resultó más peligrosa aún debido a que ambas damas eran hijas de personajes de la corte, que juraron vengar la afrenta. Los primeros intentos de hacer caer a Grandier fallaron debido a que éste también tenía contactos a alto nivel que le protegieron, lo que le permitió quedar libre de un proceso que por inmoralidad se siguió en su contra. De este modo, fue restablecido en su condición de párroco y confesor. Tal vez este hecho le hizo pensar que estaba seguro y que sus enemigos nada podrían contra él, lo que resultó un error de cálculo que le costó la vida.

Grandier no solamente se enemistó con personajes de la corte, sino también con autoridades y ciudadanos locales, entre ellos el médico, Dr. Mannouri, quien posteriormente declaró falsamente haber encontrado "marcas diabólicas" en el cuerpo de Grandier cuando a este lo torturaron antes de su ejecución. Grandier se había burlado públicamente de Mannouri, llamándole estúpido.

Un enemigo poderoso, más poderoso que los que protegían a Grandier, fue el cardenal Richelieu, máxima autoridad religiosa de la Francia del siglo XVI. Grandier era el confesor del convento de monjas ursulinas de Loudun, y aunque no existen pruebas de ello, al parecer sedujo a algunas de las jóvenes monjas. El caso es que sus enemigos crearon una trampa basada en acusaciones absurdas y "pruebas" fantásticas para acusar a Grandier de pactos con el diablo. Para ello, no encontraron mejor modo de hacerlo que acusarlo de haber embrujado a las monjas, entre ellas a la madre superiora del convento, Jeanne des Anges. Según consta en el proceso, Grandier había arrojado sobre el muro del convento un ramillete de rosas embrujado, y de ese modo había logrado hechizar a las monjas.

Si bien al principio todo no fue más allá de acusaciones ridículas, como por ejemplo exhibir un supuesto pacto diabólico firmado con sangre por Grandier y "robado por el demonio Asmodeo del archivo en que Lucifer guardaba los pactos", llegó un momento en que las monjas que empezaron a representar el papel de poseídas, comenzaron a mostrar síntomas reales de histeria colectiva. Ante numerosos testigos, caían al suelo presas de convulsiones, gritaban y se retorcían en contorsiones imposibles de realizar bajo circunstancias normales. Todo fue adquiriendo un tinte netamente sexual, lo que no resulta extraño si tenemos en cuenta que muchas de las monjas eran jóvenes y llevaban años reprimiendo sus necesidades sexuales, aisladas de todo contacto masculino, excepto el confesor, que en este caso era precisamente el padre Grandier.

Cientos de curiosos fueron atraídos al sitio del proceso para ver a las monjas presas de histeria, levantarse las faldas e invitar a los inquisidores a tomarlas sin pudor alguno, y en los años 1600 todo este espectáculo no dejaba dudas en las mentes de los presentes de que Grandier había realmente hechizado a las monjas, las que llegaron a declarar que estaban poseídas por una multitud de demonios, recitando una larga lista de nombres aceptados por la Iglesia como pertenecientes a demonios.

Al cabo del tiempo las monjas parecieron recuperar la normalidad y comprender que la supuesta posesión había sido producto de la sugestión. Todas se retractaron de sus anteriores declaraciones y dijeron que Grandier era inocente. Sin embargo, esto de nada le valió al desgraciado sacerdote, quien aún bajo tortura extrema jamás reconoció que estuviera aliado al diablo o que hubiera embrujado a nadie, sólo reconociendo su delito de seducción con algunas mujeres. El 18 de agosto de 1634, Urbain Grandier, maltrecho y con los huesos rotos por la tortura, fue quemado vivo, no sin antes maldecir a sus torturadores y enemigos, prediciendo la pronta muerte de los mismos.

Lo curioso del caso es que la muerte de los implicados en la muerte de Grandier murieron rápidamente. Su principal atormentador, el Padre Lactance, quien se ensañó con él, ordenando las peores torturas y negándole la gracia concedida de ser estrangulado antes de encender la pira, murió exactamente antes de 30 días, plazo de tiempo mencionado por Grandier para él en sus últimas palabras. Lactance murió desesperado, gritando *"¡Grandier, yo no fui responsable de tu muerte!* El médico del proceso, el Dr. Mannouri y el otro inquisidor, el Padre Tranquille, murieron antes de 5 años completamente enloquecidos. El Padre Sarín, otro de los directamente implicados, enloqueció y padeció de parálisis, tratando de suicidarse años más tarde.

Ante los fenómenos aquí descritos, solamente caben dos posibles interpretaciones: que las maldiciones de Grandier, hechas *in articulo mortis,* realmente surtieran el efecto anunciado por efecto de leyes desconocidas, o que los responsables directos de la tortura y ejecución de Grandier, sabiéndose culpables de haber mentido y amañado las pruebas, se sugestionaran al maldecirlos su víctima. Si realmente pensaron que la maldición tendría efecto, la sugestión convenció a sus mentes subconscientes de que morirían sin remedio, cosa que sucedió tal y como predijo el condenado.

El médico Dr. Mannouri, que falsamente indicó que había pruebas de marcas diabólicas en el cuerpo del acusado, cayó de rodillas un día al entrar a su casa frente a algo que sólo él podía ver, pidiendo perdón a gritos a Grandier por haber mentido para perderle. Al parecer este extraño episodio fue el comienzo de la decadencia mental del médico, que perdió totalmente la razón y gritaba lleno de pánico cuando decía que el espectro de Grandier se le aparecía. ¿Alucinaciones provocadas por el remordimiento y la sugestión creada por la maldición? ¿Aparición real de algún espectro o forma de energía desconocida? Dejaremos en manos del lector sacar sus propias conclusiones.

***

Algunos de los experimentos realizados con la hipnosis crean innumerables incógnitas. Se ha demostrado repetidas veces, como ya hemos mencionado, que en estado sonambúlico se puede hacer ver al sujeto alucinaciones negativas o positivas. A los efectos de nuestra pregunta, resulta más importante la alucinación negativa (no ver algo que existe) que la positiva (ver algo que no existe). Si las imágenes se forman en el cerebro, no en la retina, si dejamos de ver un objeto que existe, estamos *viendo a través de él,* es decir, el objeto, a los efectos de su percepción, se ha vuelto invisible. Bajo hipnosis, ¿puede realmente el sujeto *ver* a través de objetos sólidos, como si no estuvieran allí, o es la mente la que recompone la imagen en el cerebro borrando la forma del objeto y remplazando ese vacío con la imagen de lo que hay detrás del objeto? Si esto es así, presupondría como un elaborado programa de computadora que remplazara los "píxeles" faltantes con otros creados por el cerebro. Para lograrlo, la mente compararía la parte visible de la imagen con la que debería existir tras el objeto y decidiría *como debería parecer* el pedazo faltante.

Las consideraciones anteriores nos llevan a nuevas preguntas. Si aceptamos la teoría del reemplazo de las partes faltantes, ¿cómo sabe la mente si ha habido algún cambio en la zona existente tras el objeto? Supongamos que sobre una mesa hay un jarrón y tras éste una pared. El sujeto no conoce el lugar ni ha estado nunca allí, pero se le crea la alucinación negativa de que el jarrón no está allí, y hay solamente una mesa vacía. Supongamos entonces que comienza el proceso de reemplazo. La mente comienza a remplazar la zona faltante basándose en la parte visible de la pared. Por comparación, puede crear la imagen mental de una superficie igual a la del resto visible de la pared para "rellenar" el espacio vacío dejado por el jarrón. No obstante, ¿qué sucede si tras el jarrón existe una mancha en la pared, que el jarrón impide ver? ¿Sabe la mente que existía allí una mancha, siendo que nunca había visto la pared, ni el jarrón ni la mesa ni el lugar en que estaba todo esto? ¿La imagen creada por reemplazo, incluye también la mancha que es sólo visible si el jarrón se quita de su sitio o no existe sobre la mesa?

El experimento anterior lo realizó el autor, con los resultados sorprendentes aquí narrados. Ninguna explicación lógica pude encontrar a dicho resultado.

Existe sin duda un amplio campo investigativo sobre el fenómeno hipnótico, en el que a veces hay más preguntas que respuestas. Del mismo modo en que la parapsicología llega a veces a un callejón sin salida tratando de explicar fenómenos inexplicables desde un punto de vista científico, la hipnosis, usada exitosamente como una eficaz herramienta de apoyo para la medicina, es capaz de producir una fenomenología muy difícil de descifrar desde un punto de vista estrictamente científico.

En la época moderna la sugestión, base y comienzo de la hipnosis, juega un papel capital en la publicidad. Si analizamos un anuncio de televisión, por ejemplo, podemos separar sus componentes con facilidad. La imagen juega un papel introductorio, dado que la televisión es eminentemente gráfica. La imagen capta nuestra atención y la fija el tiempo suficiente para que el mensaje pueda desplegarse en texto o en sonido, o en ambos a la vez, antes de que apartemos nuestra atención del anuncio y se pierda su contenido. Pero el mensaje es lo que realmente "vende" el producto. Imaginemos un anuncio de palomitas de maíz. Comienza con un fondo del espacio intergaláctico: negro de tinta, estrellas y galaxias lejanas, etc. De pronto aparecen las palomitas de maíz en primer plano, flotando en el espacio. Se mueven lentamente por la pantalla hasta situarse aproximadamente en el centro de la misma. Luego comienzan a alejarse mientras por el extremo derecho comienza a entrar un astronauta flotando igualmente, que se abalanza sobre las palomitas tratando de atraparlas. Aparece entonces el logo de la marca, se escucha el crujir de las palomitas que está comiendo el astronauta o alguien que no puede verse, mientras una voz nos dice: *"Palomitas de maíz XYZ, siempre frescas y crujientes, no importa dónde".*

Inútil es decir que para los amantes de las palomitas de maíz, esto no es necesario para que las compren, aunque tal vez no precisamente de dicha marca. Pero para aquellos que no sean fanáticos de las palomitas de maíz, el anuncio representa un reto. Por supuesto que la vista del espacio infinito atrae la atención de casi todo el mundo. Subconscientemente, lo asociamos a cosas que hemos leído o visto anteriormente: si el espacio es realmente infinito, los viajes futuros a otras galaxias, Star Trek (serial de TV Viaje a las Estrellas), los astronautas norteamericanos llegando a la luna, etc. Cuando las palomitas de maíz entran en escena, por supuesto que *sabemos* que las palomitas de maíz no andan flotando por el espacio, pero sentimos curiosidad por saber qué hacen allí. Antes de que podamos razonar lo absurdo de la situación, entra en escena el cosmonauta, lo que frena cualquier impulso analítico de rechazar la situación por ilógica. El cosmonauta es un elemento lógico en el espacio exterior, lo hemos visto cientos de veces en fotos y videos, es algo *conocido,* y por tanto aceptable. El cosmonauta se abalanza sobre las palomitas para agarrarlas, lo que pone una nota de humor en lo serio del tema. A continuación viene el verdadero mensaje comercial: el logo del producto y la frase decisiva.

¿Cuáles son los elementos que realmente "venden" el producto? El mensaje final, obviamente. Todo lo anterior es una simple preparación para mantener vivo el interés y aumentarlo con cada elemento, como en un *crescendo* de orquesta hasta llegar al final impactante. Salta el logo del producto que nos centra en la marca, mientras escuchamos a alguien comiendo las crujientes palomitas, y esta es la parte decisiva del anuncio, en que se manifiesta la sugestión con todo su poder. El crujido de las palomitas que alguien está comiendo nos hace imaginar el sabor. Y al imaginar el sabor *deseamos* disfrutarlo y comer las palomitas. A lo largo de todo este proceso, que comienza con la activación de recuerdos y asociaciones subconscientes, la sugestión va tomando un papel cada vez más protagónico, hasta desembocar en el gran final del sonido, asociado a una sensación física: el crujido de las palomitas que entonces imaginamos en nuestra boca. Si hemos comido palomitas antes, *recordamos* su sabor. Si nunca las hemos probado, lo asociamos al sabor de otros alimentos que sí hayamos conocido, como galletas u otros.

Tenemos entonces que lo que realmente vende un producto no es el análisis ni el razonamiento, sino la asociación con sentimientos, y éstos crean *emociones.* La emoción en el ejemplo de las palomitas, es el deseo de comerlas y sentir su sabor, todo esto generado por el crujir de las mismas al masticarse.

María Veloso, una conocida redactora de textos publicitarios, nos define la sugestión en la publicidad con estas palabras:

"Sugestiones u órdenes hipnóticas que se filtran a través de la mente consciente y vencen la resistencia de la misma".

Sin duda alguna, María nos está describiendo en una frase todo el proceso básico de la hipnosis, en este caso aplicado a la publicidad. Para que la hipnosis funcione, es necesario pasar sobre los filtros analíticos de la mente, y obviamente, tanto si se trata de un anuncio publicitario como de una puesta en trance hipnótica, la mente rechaza la sugestión inicialmente. Solamente el subconsciente, que es infinitamente más poderoso que el consciente, aunque carece de la capacidad analítica, puede anular este rechazo y aceptar la sugerencia, tanto si es para entrar en hipnosis como para comprar un determinado producto.

Sabemos que el hemisferio izquierdo del cerebro es lógico y allí reside la capacidad analítica, mientras que el hemisferio derecho regula las emociones y la creatividad, la capacidad imaginativa, en una palabra. Por tanto, es necesario   activar este hemisferio para generar en el público el *deseo* de comprar determinado producto. María Veloso nos resume el papel de las emociones generadas por la sugestión de esta manera:

"Las palabras narran, las emociones venden"

Más adelante, la autora nos describe acertadamente el proceso subconsciente de motivación en la publicidad masiva de nuestros tiempos.

Las emociones de las personas son el primer factor que las motiva a comprar. La gente compra por emoción y justifica la compra con la lógica. Tanto en la Internet como fuera de ella, una base fuerte del mensaje debe construirse con motivaciones emocionales probadas, tales como la ira, la exclusividad, el temor, la ambición, el sentido de culpa o la salvación, para citar unos cuántos.

La emoción juega un papel recíproco tanto en la formación de las creencias como en el remplazo de las antiguas por las nuevas. Mientras más se aferren emocionalmente los potenciales compradores a una cierta creencia, más difícil resultará cambiar sus mentes. Por el contrario, mientras el mensaje los vuelva más emocionalmente influenciados, más fácil será crear una opinión o creencia que haga simpatizar al cliente potencial con el producto.

La tarea de los redactores publicitarios y publicistas consiste precisamente en crear esas emociones. Si las emociones se crean, se comprará el producto, mientras que si solamente se describen sus beneficios, sin generar emociones, el mensaje caerá en el vacío. Este concepto dio origen a otros intentos publicitarios más relacionados directamente con la hipnosis. En 1975, un relacionista de mercados nombrado James Vicary imaginó un sistema publicitario consistente en intercalar en la pantalla de televisión un mensaje de tan corta duración que, como un relámpago, la mente consciente no tuviera tiempo de asimilarlo, pero fuera detectado por el subconsciente y allí quedara, traduciéndose en un impulso incontrolable a comprar el producto cuyo nombre había cruzado tan velozmente la pantalla.

Vicary llamó a esta técnica "publicidad subliminal", y luego de comentarla con algunos colegas, de algún modo el concepto llegó a oídos de la prensa y fue del conocimiento público. Varios grupos de protección al consumidor comenzaron a protestar y la algazara tomó tales proporciones que en Inglaterra se prohibió este método publicitario. Curiosamente, la prohibición llegó antes de que el método pudiera siquiera probarse, por lo que todo quedó como un simple proyecto. Sin embargo, pruebas posteriores han demostrado la efectividad indudable del sistema.

La fijación subliminal ha quedado demostrada en casos policíacos famosos, en los que se utiliza la hipnosis regresiva para que un testigo pueda recordar detalles que cons-cientemente escapan a su memoria normal. Bajo hipnosis, un testigo es capaz de recordar cosas tales como una pequeña cicatriz en la cara de un sospechoso, un tatuaje apenas visible, el número de matrícula de un automóvil, etc. Aunque la hipnosis no se considera una prueba aceptable a la hora de que un juez o un jurado decidan la culpabilidad de un acusado, en los Estados Unidos y muchos otros países sirve para que la policía pueda capturar al sospechoso, basándose en los detalles recordados por los testigos.

Uno de los más grandes publicistas de todos los tiempos, el legendario David Oggilvy, mencionó lo que él describía como "manipulación publicitaria" con las siguientes palabras:

"Mi segundo ejemplo de manipulación le hará temblar. Fui yo mismo el que estuvo a punto de hacer algo tan diabólico que todavía ahora, 30 años después, no sé si atreverme a confesar. Con la idea de que el hipnotismo podría usarse eficazmente en la publicidad, contraté a un hipnotizador profesional para hacer un anuncio. Los resultados fueron tan fuertes que cuando se proyectó el anuncio en la sala de las pruebas empecé a imaginarme a millones de consumidores sugestionados levantándose de sus sillones y corriendo como zombis entre el tráfico para comprar el producto en la tienda más cercana. Quemé el proyecto y nunca llegué a revelarle al cliente que había estado a punto de involucrarlo en un escándalo nacional"

Marcel Proust, en su famosa novela *En busca del tiempo perdido*, usó este recurso para dar forma a su obra. En este caso, usó el olfato y el gusto para remontar a su personaje a la infancia y desde allí desarrollar la novela. En su obra monumental, Proust comienza su retroceso en el tiempo al comer una magdalena y una taza de té. El olor y el sabor de la magdalena y el té le hacen retroceder a su niñez y recordar a su madre, recientemente fallecida, que horneaba para él las magdalenas. De este modo, una simple magdalena desata recuerdos enterrados muy profundos en la mente subconsciente, que es un registro indeleble de cada cosa que ha sucedido en nuestra vida. En circunstancias normales, estos simples detalles no pueden recordarse, pues la mente consciente se ocupa sólo de la memoria inmediata, que puede abarcar desde unas cuántas horas hasta quizá unos tres días antes. Sin embargo, en estado de hipnosis se puede recordar cada momento de nuestra vida pasada.

A partir del episodio de la magdalena, podemos descubrir que el escritor se encontraba en un estado parecido al trance lúcido, pues fue capaz de recordar cada detalle con una exactitud increíble, imposible de lograr en estados normales de consciencia. Pero al observar y degustar la magdalena y el té que tenía ante sí en aquel momento, Proust los compara con las magdalenas y el té que permanecían en su recuerdo, en su memoria remota. Sólo el poder de la sugestión podía hacer tal cosa posible, y esa sugestión casi hipnótica le permitió acceder al subconsciente y con ello a la memoria remota de los días de su infancia. Vemos aquí la calara relación existente entre los sentimientos desatados por el símbolo inmediato de la magdalena y la sugestión que hace posible la regresión a la infancia, algo común en la hipnosis regresiva bajo el cuidado de un hipnoterapeuta profesional. Pero Proust no fue puesto en hipnosis por nadie. El poder de la asociación fue tan fuerte y despertó sentimientos de tal calibre que provocaron un estado alterado de consciencia muy similar a la hipnosis.

***

La fuerza de la sugestión es más fuerte que la lógica de la mente consciente. Como hemos dicho antes, en una batalla entre la imaginación y la razón, la imaginación siempre ganará la batalla. Siendo además el componente inicial de la hipnosis, cuando la persona cree ver algo que no está allí en realidad, o lo ve de otra manera, se encuentra en un estado que podríamos definir como auto hipnosis. Existen algunos experimentos interesantes que pueden indicarnos si somos buenos sujetos hipnóticos o no. Para el primero, calculamos en el suelo dos monedas a una distancia aproximada de unos 10 pies (casi 3 metros y medio) de distancia en línea recta. Esto debe hacerse en un espacio abierto, es decir amplio, sin que haya muebles demasiado cerca. Coloque a continuación varias hojas de papel de escribir, una junto la otra, lo más rectamente posible, entre las dos monedas, de modo que asemejen como un pequeño camino. Coloque al sujeto al principio de ese camino, donde está la primera hoja. Haga que quede en pie sobre ella. Pídale que con cuidado, mirando hacia abajo, camine despacio hasta el fin de ese camino de papel y podrá hacerlo fácilmente.

Repita el experimento y haga que el sujeto regrese al punto de partida, pero por fuera de las hojas de papel. Si éstas han quedado desarregladas, arréglelas cuidadosamente para que queden de nuevo unidas unas con otras, sin separaciones

72

entre ellas, formando un camino lo más recto posible. Cuando esto esté hecho, y el sujeto en pie de nuevo sobre el principio de este camino de papel, pídale que mire de un extremo a otro de éste hasta imaginar que se trata de un tablón de madera. Pídale que se tome el tiempo necesario y mire de principio a fin del camino de papel hasta que en su mente vea o imagine lo más claramente posible, un tablón de madera del mismo largo que las hojas de papel. Cuando le diga que ya lo ha logrado, pídale que cierre los ojos y que imagine intensamente que ahora el tablón de madera está colocado entre dos edificios de 25 pisos de altura y que él o ella se encuentra en pie al principio de ese tablón.

Si el sujeto logra permanecer un instante en esa posición sin abrir los ojos, dígale que puede extender los brazos si lo desea, para mejor guardar el equilibrio. Dígale que imagine que está allí sobre el tablón y que debe imaginar que mira hacia abajo, hacia la calle, y ve allí a la gente, mirando hacia arriba para ver si él logra pasar al otro lado del tablón. Pídale que imagine el ruido del tráfico, y vea en su mente los automóviles y el tráfico de las calles alrededor de ambos edificios y le avise cuando haya logrado verlo o imaginarlo en su mente. Cuando lo haga, dígale que con mucho cuidado y sin abrir los ojos, vaya caminando lentamente hasta llegar al otro extremo del tablón. Dígale que imagine estar mirando siempre hacia abajo para estar seguro de que no coloca los pies fuera del tablón y pueda caer al vacío. Adviértale que esto es especialmente importante porque hay un poco de brisa y esto puede hacerle caer.

En todos mis años como hipnoterapeuta no he encontrado un solo caso de alguien que haya logrado llegar al otro extremo del "tablón". Cuando han dado unos pocos pasos, si logran darlos, pierden el equilibrio, abren los ojos y retroceden, no completan la prueba o se salen del camino de papel.

¿Qué sucedía? Simplemente que la imaginación, la mente subconsciente ganaba la pelea. La mente consciente sabía perfectamente que no existía tal tablón y que el sujeto caminaba sobre hojas de papel apoyadas en el suelo firme. Pero al cerrar los ojos, la mente consciente quedaba privada de un modo de verificar que realmente se trataba de hojas de papel sobre el suelo. La mente subconsciente, en tanto, quedaba libre para crear la imagen del tablón, los edificios, la calle abajo, etc. Y la imaginación creaba el resto, haciendo que el sujeto sintiera el temor de caer "al vacío" y estrellarse abajo en la calle.

(NOTA: No intente hacer este experimento con personas ancianas o que padezcan de algún impedimento físico que pueda hacerlas caer realmente al suelo, ni lo intente con usted mismo si se encuentra en esa situación)

El segundo experimento consistirá en pedir al sujeto que, preferentemente de pie, pero sentado si esto resulta más conveniente, coloque sus brazos extendidos hacia delante, uno junto al otro, con las palmas de las manos hacia arriba. Los brazos deben estar paralelos entre sí, con las manos a la misma altura y los músculos de los brazos lo más relajados posible. Haga que el sujeto cierre los ojos y dígale que imagine que usted va a colocarle en la mano derecha una guía telefónica gruesa, y en la mano izquierda, va a atarle en la muñeca un gran globo lleno de gas que comenzará a flotar y a tirar de su mano izquierda hacia arriba. En forma lo más convincente posible, sugiérale luego que sobre la guía telefónica, va a colocar además a continuación un pesado diccionario. Pídale que imagine lo más detalladamente posible el diccionario y la guía telefónica: el color de las cubiertas, el tamaño de los mismos, las páginas, etc. Pídale también que note el color del globo y del hilo o cordel con el que lo ha atado usted a su muñeca izquierda.

Haga una pequeña pausa siempre, para permitir que la persona pueda imaginar estos detalles. Si se fija usted, verá que ya en este momento, la mano derecha del sujeto ha comenzado a descender.

Continúe usted el experimento sugiriéndole al sujeto que sobre los dos libros pesados que ya tiene en su mano, va a colocar a continuación una caja de tamaño mediano, llena de herramientas. Si la mano del sujeto no cae enseguida y abre los ojos para protestar por el peso excesivo, espere unos instantes en silencio y verá descender la mano derecha mucho más aún. Pida entonces al sujeto que abra los ojos y verá su sorpresa al comprobar que la mano derecha se encuentra mucho más abajo que la izquierda, que ha tendido a subir en vez de bajar. Algunos sujetos se quejarán incluso de que sienten un gran cansancio en el brazo derecho, por el esfuerzo de mantener tanto peso en la mano de ese brazo.

Nuevamente, ha sucedido lo mismo que con el tablón. La imaginación ha ganado la batalla a la lógica. Y la ganará todas y cada una de las veces en que esta batalla se lleve a cabo. Es la mente subconsciente, esa vasta tierra de nadie desconocida, con su enorme poder imaginativo, la que ha hecho posible que se alcancen tales resultados.

Nuestro tercer experimento es fácil de realizar por usted mismo o con otras personas. Sentado frente a una mesa, el sujeto colocará sobre la misma una hoja de papel en blanco y sujetará con los dedos índice y pulgar de la mano derecha (o izquierda si es zurdo) el hilo o cadenilla de la que cuelgue un péndulo. Si no tiene un péndulo a mano, utilice un anillo y átele un pedazo de hilo o de cordel fino y flexible. El brazo debe estar colocado como en un ángulo de 45 grados respecto a la mesa, es decir, no debe estar demasiado vertical ni demasiado inclinado. El péndulo o el anillo no deben tocar el papel, sino quedar como a medio palmo de altura.

Estando la persona con los ojos cerrados, dígale que *no quiere* que el péndulo gire, pero que *sabe,* que al final va a comenzar a girar cada vez más rápidamente. Al cabo de unos instantes o de un par de minutos, el péndulo, efectivamente, comenzará a girar tal como se ha descrito. Es el momento de abrir los ojos y observar que una vez más, la imaginación ha salido victoriosa. Todos estos sencillos experimentos podrá hacerlos para usted mismo si lo desea.

Puesto que la sugestión es la base necesaria para producir la hipnosis, no es necesaria una clase específica de sugestión para que esta se manifieste. En ciertos casos, la sugestión puede ser coercitiva, y como tal ha sido usada en el terreno militar y por las agencias de inteligencia de todo el mundo. La usaron la Gestapo, la KGB soviética, el MI6 británico y la CIA norteamericana.

Aunque la Gestapo y la NKVD usaban por lo general la fuerza bruta de torturas físicas para extraer información, en determinados casos trataban la persuasión sugestiva. La trama clásica consistía a disponer de dos interrogadores, el "malo" y el "bueno". El "malo" golpeaba o maltrataba al prisionero, y el "bueno" intervenía deteniendo el castigo, hacía salir al otro de la habitación y confidencialmente le decía al prisionero que el otro era un salvaje. Se disculpaba por el maltrato, le ofrecía un cigarrillo, le daba a beber agua o un poco de café, y le decía que estaba tratando de evitar que lo torturaran, porque él no aprobaba esos métodos, pero que no sabía por cuánto tiempo podría intervenir para evitar que lo maltrataran, por lo que era mejor que confesara o dijera lo que ellos querían saber.

Si la persuasión no resultaba efectiva, el "malo" regresaba y hacía salir al "bueno", acusándolo de simpatizar con el prisionero y amenazándolo con acusarlo ante sus superiores. Luego de otra buena golpiza o aplicación de electricidad en zonas dolorosas o una buena zambullida de la cabeza en un barreño con agua hasta casi asfixiarlo, el prisionero era atado de nuevo a la silla y regresaba "el bueno", recriminando al otro por su salvajismo y haciéndolo retirarse. Nuevamente, trataba de convencer al prisionero de que le convenía más confesarle a él o darle la información requerida, porque él comprendía y no quería hacerle daño, pero si se negaba a hacerlo, tendría que dejarlo en manos del "malo". La técnica funcionaba casi sin excepción porque daba a la víctima la ilusión de que tenía alguna opción y de que en un sitio hostil y salvaje, alguien se compadecía de él y se comportaba humanamente.

No cabe duda alguna de que en una situación diferente el prisionero comprendería que nadie allí simpatizaba con él o trataba de evitar que le hicieran daño. Pero en situaciones sin escape, la mente comienza a reaccionar en forma extraña, y la lógica comienza a anularse buscando cualquier modo posible de escapar al peligro o al dolor. En tales condiciones, la persona acepta como posible lo que en situaciones normales rechazaría como absurdo e imposible.

En pocos casos se usó la hipnosis como método preferido. De acuerdo con informaciones norteamericanas, la KGB no usó métodos indirectos diseñados por científicos o profesionales, sino simples tácticas policíacas. Como norma general, los sistemas totalitarios no simpatizan con los psicólogos, los psiquiatras o los hipnoterapeutas. Los nazis despreciaban y desconfiaban de tales profesionales, y es sabido que el nazismo desarrolló teorías seudo mágicas y empíricas para crear su ideología. Tanto los médicos nazis como los soviéticos, trabajaron para descubrir métodos de destrucción, no de curación. Son conocidos los crueles experimentos realizados en los campos de exterminio nazis, pero los soviéticos no quedaron rezagados en tan nefastas prácticas.

Durante la II Guerra Mundial, Beria mantuvo un laboratorio secreto en Moscú en el que médicos, químicos y otros científicos elaboraron venenos difíciles de detectar como tales, para eliminar a sus víctimas. En términos generales, los médicos soviéticos solamente prestaban ayuda a los prisioneros interrogados por la KGB para evitar que murieran y pudieran continuar interrogándolos. Más que la hipnosis, los soviéticos confiaron en los reflejos condicionados de Pavlov, pero Beria experimentó por un corto tiempo con la hipnosis luego de quedar convencido de su efectividad. *(ver el capítulo 2).*

En Inglaterra y en los Estados Unidos, por el contrario, la hipnosis figuró como un elemento importante en los sistemas de inteligencia. En 1961 Martin Orne publicó un libro bajo contrato con la Fuerza Aérea de los Estados Unidos. El estudio, titulado *The potential uses of hipnosis in interrogation* (El uso potencial de la hipnosis en los interrogatorios). Los fondos para dicho estudio no solamente provinieron de la Fuerza Aérea, sino de una sociedad que operaba bajo control de la CIA llamada "Sociedad para la Investigación de la Ecología Humana".

Las investigaciones de Orne se centraron en los aspectos de "el uso potencial de la hipnosis en el personal capturado" y en "los usos defensivos de la hipnosis". Estos incluían las sugestiones post hipnóticas para producir amnesia en los capturados de modo que no revelaran información secreta. Igualmente investigaron el uso de la hipnosis para hacer que los soldados o agentes capturados por el enemigo resistieran mejor las presiones y el estrés. Orne era un psiquiatra y psicólogo, graduado de dos importantes universidades norteamericanas y catedrático de una tercera en el Estado de Pennsylvania.

En algunos de estos experimentos se usaron drogas psicoactivas junto con hipnosis. De acuerdo con documentos del senado norteamericano del año 1977, en 1958 la CIA reclutó a un psicólogo y a dos psiquiatras para realizar experimentos de interrogatorios a psicópatas a los que se había investigado previamente y sobre los que existían registros policíacos, médicos y psiquiátricos, historiales sociales y pruebas psicológicas *(Senado de Estados Unidos, año 1977, págs. 146 y 148)*. En un experimento que comprendió tres equipos distintos, uno de los equipos trabajó con un grupo escogido de pacientes usando interrogatorios regulares, hipnosis, e hipnosis combinada con LSD, así como un derivado del acetato de tetrahidrocanobinol. Los otros dos equipos, usaron interrogatorios normales, hipnosis y otras drogas diferentes.

Aunque el LSD y otras sustancias psicoactivas no las usan actualmente los científicos, en su momento formaron parte de las investigaciones militares relacionadas con el control del comportamiento. A los fines de ejemplo de estas actividades se cita el caso de un agente veterano de inteligencia, el "señor J". En el año 2002, la Publicación de Estudios del Estrés Traumático *(Journal of Traumatic Stress Studies)* publicó un caso de manifestación retardada de estrés postraumático de un veterano de la segunda guerra mundial en que se describía el uso de sugestiones post hipnóticas a los agentes de inteligencia *(Cassidy & Lyons, 2002)*.

El "señor J" había trabajado en inteligencia en el Pacífico de 1945 a 1947. Se incorporó de nuevo al servicio activo en 1950 y prestó servicios en el Lejano Oriente hasta 1951. En esas fechas fue capturado por el enemigo y torturado, aunque logró escaparse. Se le licenció por razones médicas y en su ficha constaba *que "no tenía historial psicopatológico anterior al combate, y había mantenido una exitosa carrera como ingeniero, armero y experto forense"*. Este individuo no tuvo síntoma alguno de PTSD (siglas en inglés del *Post Traumatic Stress Disorder)* Trastorno de Estrés Post-Traumático (TEPT) durante más de 37 años luego de experimentado el trauma.

En 1987, este militar sufrió un accidente cerebrovascular (ACV) y comenzó a tener pensamientos que irrumpían en su mente junto a recuerdos olvidados de la guerra, y comenzó a evitar todo lo que le trajera dichos recuerdos. Dejó de enseñar a los francotiradores y comenzó a revivir experiencias en las que sentía que se encontraba en medio de combates cuerpo a cuerpo. Llegó a la conclusión de que se trataba de alucinaciones. Posteriores daños cerebrales en 1988 y 1989 le debilitaron grandemente e incrementaron sus síntomas de TEPT. Comenzó a recordar más detalles de su captura y escape, así como su licenciamiento militar durante el que se le sometió a hipnosis para que olvidara sus experiencias de combate.

Aunque sus descripciones no fueron extremadamente detalladas, pudo recordar que se le sometió a sesiones hipnóticas casi a diario por varias semanas, recibiendo también medicamentos. La finalidad de todo esto era ayudarle a desarrollar una nueva identidad que excluyera recuerdos de su servicio en la inteligencia y otros hechos traumáticos. Los intentos de verificar el trabajo de inteligencia del "señor J" resultaron infructuosos, puesto que sus documentos militares públicos no contenían, obviamente, referencias a este trabajo secreto.

Como resultado de esta investigación del Senado, quedaron en claro 3 aspectos del asunto. (Lo que sigue es un resumen de dichos aspectos).

Aspecto N.º 1: Si resulta ético en operaciones de inteligencia militar y otras situaciones de seguridad nacional provocar la amnesia mediante el uso de la hipnosis o de drogas psicoactivas, y bajo qué condiciones de cooperación voluntaria del sujeto.

Aspecto N.º 2: Asumiendo que no se pueda provocar la amnesia por medio de la hipnosis o las drogas psicoactivas sin provocar daños cerebrales, ciertos investigadores sobre el control mental pueden haber usado sus posiciones militares para provecho propio. ¿Qué protección tienen los departamentos de defensa contra estas investigaciones oportunistas sobre tecnologías de control mental en situaciones en las que el secreto impide la revisión de tales investigaciones?

Aspecto N.º 3: Aunque el uso de la hipnosis y las drogas psicoactivas ya no se utilice, otras tecnologías como la detección de las ondas cerebrales y otras armas psicológicas pueden haber sido usadas por investigadores del control mental para provecho propio en el campo militar. ¿Qué defensa tienen las agencias de inteligencia contra estos experimentos oportunistas? En el caso nombrado *"Experimentos humanos con armas neurológicas"* ¿los psicólogos están realizando estos experimentos en aras de la defensa y está justificada su falta de respeto a los aspectos éticos e históricos de las técnicas de control mental?

(Resulta importante notar que en la referencia a los posibles daños cerebrales de los sujetos sometidos a hipnosis y al uso de drogas psicoactivas, sólo las últimas pueden haber causado dichos daños, ya que se refieren a daños físicos de tipo cerebrovascular, algo que jamás podría producir la hipnosis. Provocar amnesia por medios hipnóticos para borrar recuerdos traumáticos, es una de las formas más efectivas de ayudar a personas con tales traumas.)

En otro documento de la CIA de fecha septiembre 22 de 1993, titulado "La hipnosis en los interrogados", se hace un resumen de las diferencias del sueño hipnótico contra el sueño fisiológico, luego de considerar el punto de vista ruso basado en las teorías de Pavlov. La teoría pavloviana mantiene que el sueño, la inhibición cortical y la hipnosis resultan idénticos. Las investigaciones de científicos norteamericanos y de otros países demuestran que este punto de vista es incorrecto. Por ejemplo, Bass ha demostrado que el reflejo patelar de la rodilla, que desaparece en el sueño normal, permanece activo durante la hipnosis. A su vez, Barker y Burgwin demostraron por medio de la electroencelografía que los cambios que aparecen registrados durante el sueño normal, no se producen bajo el estado hipnótico, excepto cuando el sueño normal es el resultado de una puesta en trance hipnótica.

Esta teoría fue refutada por dos estudios rusos que afirmaron que los ritmos del electroencefalógrafo, característicos de la hipnosis eran similares a los del sueño ligero o el letargo, pero estas conclusiones no pudieron verificarse cuando se repitieron los experimentos.

El documento de la CIA continúa evaluando la utilidad de la hipnosis en los interrogatorios de personas renuentes a divulgar información, planteando tres preguntas: Primera, ¿puede lograrse la puesta en trance en las condiciones de un interrogatorio? Segunda: si lo es ¿puede obligarse al sujeto a revelar la información? Tercera: ¿cuán fiable puede resultar la información obtenida bajo esas circunstancias? El problema inicial se reduce a inducir el trance contra la voluntad del sujeto, o sin que éste tenga conocimiento de ello.

El paso siguiente consiste en plantear la posibilidad de inducir la hipnosis sin conocimiento del sujeto. Y en el estudio de la CIA se mencionan tres únicas situaciones posibles: si el sujeto está durmiendo normalmente, si está en la consulta de un psiquiatra, o espontáneamente, en personas que observan cómo otras personas son puestas bajo hipnosis.

(El autor de este libro difiere de la conclusión anterior, ya que bajo ciertas condiciones es posible la puesta en trance individual de un sujeto que nunca ha sido hipnotizado por ese hipnotista o hipnoterapeuta, o incluso por ningún otro, sin su conocimiento. Últimamente se ha denominado a este tipo de puesta en trance "hipnosis conversacional", lo que guarda relación con los métodos de la hipnosis indirecta de Erickson)

El documento se refiere a la posibilidad de inducir la hipnosis en un sujeto dormido, repitiéndole insistentemente la sugestión. Según conceptos antiguos, se podía inducir el sonambulismo con este método. Según estudios y experimentos modernos, tal posibilidad ha quedado descartada. En pruebas realizadas con cuatro sujetos diferentes, tres de ellos despertaron molestos, preguntando qué estaba sucediendo, y el cuarto continuó durmiendo tranquilamente.

El documento continúa describiendo diferentes aspectos interesantes que copiamos a continuación:

Frecuentemente, resulta posible que el terapeuta lleve a cabo la hipnosis sin que el paciente se dé cuenta de ello. Sugiriéndole al paciente que se relaje, que se sentirá más cómodo con los ojos cerrados, etc., el profesional puede ponerle en un trance profundo relativamente en poco tiempo, sin mencionar la palabra "hipnosis". Aun cuando el sujeto no haya consentido previamente en ser hipnotizado. Sin embargo, su relación con el hipnotista, en este caso un hombre de reputación y prestigio, se basaba en la confianza y la seguridad de recibir ayuda.

Aquellos que observan demostraciones hipnóticas pueden entrar en trance espontáneamente. Una de mis pacientes de psicoterapia, contó que había entrado en trance viéndome hacer una demostración del fenómeno hipnótico por televisión. Esta hipnosis espontánea ocurrió a pesar de que ella se encontraba en la compañía de sus amistades, y esto la avergonzó después. Pero de nuevo, aquí se trata de un sujeto en simpatía con los propósitos del hipnotista, y alguien que se siente seguro. Clínicamente se ha probado que las personas que tienen una actitud negativa hacia la hipnosis no son susceptibles de experimentar trances espontáneos...

La posibilidad de utilizar la hipnosis parece por tanto depender del éxito en el lento proceso de crear una relación positiva con el interrogado, o en llevar a cabo algún tipo de truco o superchería.

Watkins indujo a un soldado a golpear a un superior diciéndole que el mismo era un soldado japonés y a otro miembro de las fuerzas femeninas del ejército a revelarle una información "secreta" que ella le había dicho anteriormente que no podía revelarle...

Dado que ambos, Schneck y Watkins eran oficiales del ejército, los delitos o faltas cometidos no podían crear daños de importancia. A algún nivel, los sujetos deben de haber estado conscientes de esto.

Luego de describir la regresión a la infancia bajo hipnosis, basándose en conclusiones que en ocasiones resultan discutibles, el documento concluye que la hipnosis resulta de escaso valor para los servicios de inteligencia y los interrogatorios. El autor piensa que existen evidencias que ofrecen resultados completamente diferentes en experimentos realizados por psiquiatras, psicólogos e hipnoterapeutas, algunos de los que aparecen citados en el presente libro. Aunque la relación de estos documentos publicados por la CIA como de carácter público, despojándolos de su calidad de "confidencial", contienen algunos casos interesantes, (como el del oficial de inteligencia que recordó haber sido torturado por los enemigos durante la guerra), resultan de escaso interés histórico o militar por su intrascendencia. El estudio en general sólo contiene citas y relatos que pueden encontrarse en cualquier libro o estudio sobre hipnosis, y las conclusiones mencionadas como resultado de esta evaluación se encuentran en contradicción con las conclusiones de otros investigadores.

Es lógico suponer que existen muchos otros documentos todavía catalogados como confidenciales, en los que las conclusiones sean completamente diferentes y los casos mencionados mucho más interesantes.

Fuera de las tareas de los departamentos de inteligencia, la sugestión ha sido ampliamente usada en formas más burdas o directas para infundir terror en el enemigo. Todos los ejércitos de la antigüedad gritaban al lanzarse al combate para aterrorizar a sus oponentes. Se golpeaban tambores y escudos para demostrar que poseían armamento y lo iban a usar. Los gritos colectivos también servían para ocultar el propio miedo y crear una sensación de poder y seguridad basada en el número de guerreros que rodeaba a cada combatiente.

En las artes marciales, los combatientes hacen ciertos sonidos destinados a paralizar o neutralizar el sistema nervioso del oponente. Tales gritos o sonidos silbantes son típicos del judo y el karate. Realmente paralizan durante una fracción de segundo al contrario, el tiempo necesario para lanzar un ataque mortal que lo aniquile.

En épocas más moderna, la Luftwaffe alemana instaló dispositivos en las bombas que lanzaban sus aviones Stuka, que producían un agudo y angustioso sonido destinado a aterrar a los enemigos, que sabían que tras ese sonido la destrucción caería del cielo sobre ellos. La fuerza aérea de Estados Unidos, cuando atacaba las posiciones del Vietcong con los helicópteros Huey usaba potentes altavoces que transmitían música escogida especialmente para infundir terror. Contrariamente a lo que la mayor parte del público norteamericano imagina, la pieza musical no era "Las Walkirias" de Wagner, sino música fúnebre vietnamita. Los productores de la película *Apocalypse Now* escogieron la pieza de Wagner por ser más fácilmente reconocida por el público occidental y tener acordes un tanto grandiosos y siniestros.

Los estrategas militares rusos afirmarían sin duda que esta táctica demostraba la validez de la teoría de los reflejos condicionados de Pavlov, aunque desde un punto de vista basado únicamente en la sugestión y la psicología, podemos considerar las analogías y asociaciones de la mente. No dudamos por un momento que simplemente escuchar las notas de la música provocaría la desbandada de los que en tierra sabían que los helicópteros estaban en camino, y correrían a ponerse a cubierto. Aunque la música fuera tocada lejos desde un punto estacionario en tierra, muchos jurarían que ya se veían venir los helicópteros a la distancia, aunque nada de eso estuviera sucediendo en realidad.

***

En los tratamientos hipnoterapéuticos, los psiquiatras, hipnoterapeutas y psicólogos suelen utilizar libretos, creados por otros profesionales o por ellos mismos, para las sesiones de terapia. Esto se hace para evitar la posibilidad de cometer un error al hacer la inducción o durante el tratamiento, al realizar las sugerencias.

Pongamos un ejemplo: supongamos que el terapeuta está sugiriendo al sujeto que va a sentirse calmado *cuando* el tráfico esté denso y eso le haga sentir tenso. Dado que la mente subconsciente interpreta en sentido literal, posiblemente entienda la sugerencia como que debe esperar a la próxima vez que el tráfico esté así para sentirse calmado. La forma más apropiada hubiera sido usar las palabras "siempre que" en vez de "cuando", e igualmente usar la combinación "más calmado", puesto que esto incluiría la relajación experimentada en ese momento y a partir del mismo.

Especialmente en ciertos casos complicados, es esencial saber de antemano lo que se va a decir al sujeto en hipnosis.

Incluso aunque no se trate de cometer errores de significado, quedar en silencio y vacilante tratando de encontrar la palabra exacta, hace posible que el sujeto detecte la vacilación del hipnotista, lo que hace que "sienta" que éste no está seguro de lo que hace. A su vez, esto crea una duda respecto a la efectividad del tratamiento. En muchos casos, el sujeto despierta, o pasa de un trance profundo a uno ligero, pasa de la inmovilidad total a rascarse la cara, mover los pies o las manos, o cambiar de postura, etc.

Aunque algunos profesionales pueden, excepcionalmente, recitar de memoria sin equivocarse un largo libreto de terapia, es práctica común en la profesión utilizar libretos ya establecidos o creados específicamente para los casos tratados por él. Los libretos se usan *después* de la puesta en trance. Para la puesta en trance, ningún profesional se pondría a leer un libreto frente a su paciente despierto, ya que esto crearía una imagen de inseguridad y duda que haría imposible probablemente la efectividad de la propia puesta en trance.

Para que la hipnosis resulte efectiva, el hipnotista ha de proyectar una imagen de seguridad, calma y profesionalismo. Lo que era utilizado en forma espectacular y absurda por los hipnotistas de teatro para crear en el público la imagen de poderes misteriosos, debe utilizarse en forma diferente y profesional, pero basada en los mismos principios, por el hipnoterapeuta o psiquiatra que esté tratando a su paciente con hipnosis. El paciente debe sentirse seguro y confiar en los conocimientos de su terapeuta para que la terapia resulte efectiva.

Pero la confianza en el profesional que le atiende no sólo es importante en el terreno clínico relacionado con la mente. No sólo en la hipnosis o la psicoterapia es necesario que el paciente se sienta seguro respecto al profesional que le atiende. En la clínica Mayo de Estados Unidos, y en otros famosos hospitales de todo el mundo, se han realizado pruebas en las que un paciente era tratado por un médico que le recetaba cierto medicamento al cual el paciente reaccionaba muy posi- tivamente. Sin embargo, si le atendía otro médico y le recetaba el mismo medicamento, exactamente en las mismas dosis, el efecto resultaba completamente diferente.

El factor psicológico resulta vital en el campo de la salud. El efecto placebo se ha verificado ampliamente y en los tratamiento y estudios realizados a base placebos se ha comprobado un porciento de curaciones o mejorías inexplicables, sólo atribuibles al efecto de la sugestión.

Durante la terapia, y especialmente cuando el sujeto entra a niveles profundos de catalepsia o sonambulismo, muchas veces se produce la amnesia espontánea, es decir, al despertar, el sujeto no recuerda cómo entró en hipnosis. Esto constituye un elemento esencial para la efectividad de la terapia. Si el sujeto recuerda conscientemente las sugerencias del terapeuta, éstas pierden efectividad. Por eso resulta aconsejable sugerir al paciente mientras se encuentra en estado hipnótico que al despertar olvidará todo lo que le ha dicho el terapeuta, pero pondrá en práctica todas las sugerencias para que el tratamiento resulte efectivo.

Notemos cuán importante resulta escoger las palabras adecuadas. Si dijéramos al sujeto algo así como: "al despertar no podrá recordar nada", aunque asumimos que "nada" significa *"nada de lo sucedido en la sesión o dicho en el curso de la misma"*, el sujeto en hipnosis podría interpretarlo literalmente, y un sujeto sonambúlico despertaría sin recordar quién era, dónde vivía y por qué estaba allí. No recordaría quizá como conducir su auto, etc. Obviamente, la peligrosidad extrema de la hipnosis no radica en ella misma, pues es completamente inocua, sino en su uso por personas sin el conocimiento de sus efectos.

Si en estado de trance decimos al sujeto, por ejemplo, que al despertar, cada vez que vaya a fumarse un cigarrillo, le va a oler a acetona o a amoniaco, y al despertar éste lo recuerda, pondrá resistencia contra esta sugestión. Él quiere disfrutar el aroma de su cigarrillo, y al recordar la sugerencia del hipnotista, la rechazará y el tratamiento será inefectivo. Se habrá perdido "la magia" del efecto. Ahora bien, si el sujeto no puede recordar por qué luego de ir al terapeuta ya el tabaco no le sabe igual, puede suponer que el hipnotista "ha hecho algo", pero no sabrá qué, y la sugerencia continuará siendo efectiva, hasta que dejará de fumar.

Renglón aparte merece la referencia a la hipnosis infantil. Dado que la mente del niño no ha completado su pleno desarrollo y razonamiento, se diferencia grandemente de la hipnosis aplicada a sujetos adultos. Mientras a los adultos se les lleva a la puesta en trance principalmente por medio de la palabra hablada, el nivel de atención de los niños es limitado, por lo que usualmente se les hace fijar la atención en una luz o en un objeto brillante. Una linterna de tipo lápiz resulta ideal, manteniendo la luz por encima de sus ojos de forma que tengan que mirar hacia arriba, lo que produce el cansancio visual.

La imagen del hipnotista moviendo un péndulo de brillante cristal ante los ojos del sujeto no resulta efectiva en la mayor parte de los adultos, pero sí tratándose de niños. Los niños, a partir de los 6 años, suelen responder bien a la hipnosis, ya que son altamente imaginativos y la hipnosis se basa en la imaginación, Mientras más edad tiene la persona, más difícil resulta usualmente la puesta en trance y la profundización del mismo. Un niño de 9 ó 10 años de edad resulta por tanto el candidato ideal.

Típicamente, los procesos de inducción para los niños incluyen técnicas como el sitio favorito, el método de la televisión, la fijación visual, etc. La hipnosis resulta especialmente efectiva en los niños para casos como la enuresis, dificultades de aprendizaje y traumas emocionales.

La hipnosis por tanto, es una verdadera herramienta de apoyo a la psiquiatría y a la medicina en general. Se le ha conocido a través de la historia con nombres diferentes y se ha tratado de explicar su existencia por medio de la religión, la necromancia, el espiritismo, el magnetismo, los poderes sobrenaturales, la convicción y un estado mental específico. Pero nadie sabe en realidad lo que es. Como la electricidad, de la que sólo sabemos que son electrones en movimiento, pero ignoramos en sí qué es exactamente. Ello no nos impide beneficiarnos de los múltiples usos de la electricidad, e igual sucede con la hipnosis.

Uno de los fenómenos más notables de la hipnosis es la distorsión temporal. Cuando los sujetos puestos en trance hipnótico despiertan de su sueño, parecen confundidos respecto al tiempo que permanecieron en ese estado. La realidad es que media hora de sueño hipnótico equivale a varias horas de sueño fisiológico. Se dice que varios personajes históricos, como

Napoleón, que parecía incansable luego de dormir solamente un par de horas mientras sus generales apenas podían tenerse en pie del sueño, aprendieron a practicar alguna forma de autohipnosis.

Infelizmente, la hipnosis ha sido envilecida por charlatanes de toda laya y se le ha mezclado con supersticiones y absurdos increíbles. No cabe duda alguna de que si se le utiliza con seriedad y rigor científico, puede ayudar a descubrir la parte más desconocida de la mente y los misterios más profundos de ella, como en el caso de las regresiones de vidas pasadas. Pero cuando vemos a la hipnosis en manos de aquellos que desconocen totalmente de lo que están hablando, y la mezclan con las teorías más peregrinas de ángeles o contacto telepático con extraterrestres, se comprende que el público a veces la asocie con teorías extravagantes.

Conocí en una ocasión a un supuesto "maestro de hipnosis" que ofrecía unos cursos especiales sobre hipnosis que atrajeron a muchos curiosos. Este personaje vendía cintas de casete con sus discursos y "clases", y escuchar una de ellas era un reto a la sanidad mental. Su principal hazaña como hipnotista, según contaba, consistía en "sacar espíritus oscuros por la cabeza de sus clientes". En una ocasión le invité a visitarme en mi oficina para discutir sobre sus "teorías hipnóticas", pero nunca aceptó la invitación.

Hipnoterapia y aplicaciones médicas

Hipnosis e hipnoterapia – Sugestión y curaciones imposibles. – Soldados que mueren sin saber que han sido heridos – El Dr. John Kappas y su teoría de las personalidades hipnóticas. – Milton Erickson y su hipnosis indirecta – El Dr. Carl Simonton y sus milagrosas curaciones de cáncer con la hipnoterapia – Hipnosis en el control del dolor – El hipnosueño.

Más allá de propósitos de investigación o demostraciones científicas o populares, pocas aplicaciones tendría la hipnosis de no ofrecer resultados tangibles en la cura de enfermedades. Es en este punto donde ella se convierte en hipnoterapia.

La hipnoterapia usa la hipnosis y la terapia psicológica destinada a curar al paciente de su trauma, complejo o problema psicosomático. La hipnosis es el único medio conocido para llegar realmente a lo más profundo del subconsciente, que es precisamente donde radican los complejos, traumas, y en muchos casos las causas mismas de diferentes enfermedades físicas.

Las aplicaciones médicas de la hipnosis son tan variadas como enfermedades y situaciones hay. Bernstein menciona en su libro decenas y decenas de casos de pacientes curados solamente con hipnosis. Contrariamente a lo que pueda creerse, la hipnosis no solamente se ha usado con éxito para problemas mentales y psicosomáticos, sino para verdaderos problemas fisiológicos de diversas patologías. El Dr. Kingsbury, en su libro *La práctica de la sugestión hipnótica,* nos describe el caso de un paciente cardíaco afectado de dolor en el corazón y explica que lo más importante para la curación era borrar de la mente del paciente la idea de que su corazón estaba enfermo.

Sir James Paget citaba en pasados siglos en su libro *"Lecturas sobre patología quirúrgica"*, que no existía prácticamente ningún órgano del cuerpo que no fuera afectado por el pensamiento. A este propósito, refería el caso de una mujer que presentaba un tumor en el seno, aparentemente canceroso. Paget le aseguró en los términos más convencidos, que el tumor no era canceroso en lo absoluto, y que incluso desaparecería rápidamente. Aunque trataba de este modo de tranquilizar a la mujer con sus palabras, cuál no sería su sorpresa cuando comprobó poco tiempo después que el tumor había desaparecido por completo.

El doctor Maudsley, opinaba sobre el mismo asunto en su tratado *Patología de la Mente,* que a menudo los cirujanos militares comprobaban que en el fragor de la batalla, los soldados no se habían dado cuenta de haber sido heridos y seguían luchando hasta que se desplomaban a causa de las hemorragias. Evidentemente la mente, absorta totalmente en la lucha, había impedido sentir el dolor de las heridas.

En épocas más modernas, casos similares fueron comprobados en la guerra de Vietnam. Muchos soldados continuaban luchando hasta desplomarse muertos o inconscientes, sin haber notado que habían sido heridos. En tales casos, no cabe duda de que la mente había generado algún tipo de anestesia que les impedía sentir el dolor, e incluso los síntomas provocados por las heridas. Evidentemente la voluntad de luchar (nuevamente, un *sentimiento)* creaba una fuerte sugestión de normalidad o poder, que por momentos compensaba de algún modo la carencia de oxígeno del cerebro y otros órganos a causa de las hemorragias, la mayor parte de las veces mortales. Qué mecanismos usaba la mente para dirigir reservas de oxígeno de partes ignoradas del cuerpo en segundos o minutos, y mantener ese flujo constante, sigue siendo un misterio. Uno de los tantos misterios de la hipnosis.

El Dr. Hack Tuke, en su obra *Influencia de la mente sobre el cuerpo,* opinaba que *"la simple concentración de la mente puede acelerar y excitar algunas partes del cuerpo y hacer más lentas la función de otras".* Esto explicaría el mecanismo que hacía posible los casos anteriormente citados.

Dos nombres importantes en la historia de la hipnoterapia contemporánea son los del Dr. Milton Erickson y el Dr. John Kappas. Erickson, psiquiatra e hipnoterapeuta, creó el método ericksoniano de hipnosis en el cual se induce al paciente en la hipnosis sin una inducción formal, en forma muy indirecta y dándole la ilusión de opciones que no existen en realidad. Más adelante nos ocuparemos más ampliamente de la hipnosis ericksoniana.

El Dr. John Kappas fundó en California el Hypnosis Motivation Institute y cambió muchos conceptos vigentes en su época. Rompió con la antigua tradición de utilizar la relajación como método primario y universal, al cual sólo respondía un porciento de los sujetos. Kappas utilizó la tensión controlada como método de inducción, logrando resultados sorprendentes y predecibles.

La teoría convencional sobre la sugestibilidad y la reacción a la hipnosis, postulaba que solamente un 40% de las personas podía entrar en hipnosis y el restante 60% no respondía a ella. Kappas demostró que el 100% de la población era hipnotizable (excepto los que padecían de lesiones hipotalámicas o tumores cerebrales, o aquellos con un coeficiente mental tan bajo que no reaccionaban a las inducciones).

Esta teoría demostraba que las personas sanas que no respondían a la hipnosis y no podían ser puestas en trance hipnótico, no habían recibido la inducción correcta. Hasta entonces, los hipnoterapeutas o hipnotistas utilizaban un tipo de inducción para todos los sujetos, en vez de utilizar diferentes tipos de inducción para diferentes sujetos, de acuerdo con la personalidad hipnótica de cada uno. Kappas dividió a la población entre dos grandes grupos básicos: *emotivos* y *físicos*, creando inducciones diferentes para cada uno de ellos.

Llamamos unidades de mensaje a todas las impresiones que reciben nuestros sentidos. Cuando vemos algo, percibimos la forma u objeto visto como unidades de mensajes. Cuando escuchamos la voz del hipnoterapeuta, esas son otras unidades de mensaje. Cuando imaginamos o recordamos algo, hay otras unidades de mensaje diferentes interactuando con la realidad externa. Cuando sentimos frío o calor en nuestro cuerpo, esas también son unidades de mensajes. La teoría se basa en el hecho de que la mente solamente puede procesar un cierto número de unidades de mensaje. Cuando este número se rebasa, la mente comienza a perder contacto con la realidad y busca desesperadamente un escape. La hipnosis es este escape. Tenemos por tanto, que este método usado por Kappas no depende necesariamente de la relajación. Por el contrario puede, si es necesario, crear una tensión controlada en la que el individuo entra en hipnosis como un escape frente a un número de unidades de mensaje que ya no puede procesar.

Este sistema resulta de gran utilidad para sujetos difíciles, a los que cuesta trabajo relajar. Por tanto, no se intenta relajarlos, sino aumentar esa tensión, dirigirla del modo adecuado, y usarla como un modo de crear la puesta en trance o inducción.

***

Milton Erickson ha sido, sin lugar a duda, la figura más destacada en la hipnosis moderna. Su manejo del idioma, escogiendo cuidadosamente las palabras para lograr la puesta en trance y posteriormente la terapia necesaria, crearon una nueva escuela o sistema extremadamente efectivo. Él, como nadie, imaginó recursos cuando parecía no haber ninguno y lograba poner en hipnosis a los sujetos en una forma tan sutil e indirecta que ni siquiera se daban cuenta.

La historia de su vida es tan importante e increíble como sus descubrimientos y técnicas en el campo de la hipnoterapia. Milton Hyland Erickson nació en Nevada, Estados Unidos, el 5 de diciembre de 1901, pero creció en Wisconsin en una familia de granjeros. La vida no fue fácil para Milton, y su salud pareció ensañarse con él. Sufrió dislexia y daltonismo, y a los 17 años lo golpeó la polio. A consecuencia de la misma quedó casi paralizado y al borde de la muerte, logrando salvarse él mismo de manera por demás extraña. Ya anteriormente había logrado curarse la dislexia que le atormentaba.

Más adelante en su vida, cuando se hizo médico y comenzó a desarrollar sus métodos hipnoterapéuticos, se refirió a sus auto curaciones o a cómo se salvó a sí mismo de la muerte en su juventud como a "experiencias auto hipnóticas", aunque en aquellos momentos nada sabía de hipnosis, medicina o psicología. Milton había actuado en forma intuitiva, sintiendo el poder enorme de su subconsciente sobre las situaciones y sobre las reacciones de su propio cuerpo.

Con la polio destruyéndole totalmente, escuchó desde su lecho de moribundo cómo los médicos les decían a sus padres que no estaría vivo a la mañana siguiente. Y algo se rebeló dentro de él. Sin decir que había escuchado el veredicto de los médicos, pidió a su madre que moviera un espejo de modo que pudiera ver por la ventana la puesta de sol. Y entonces sucedió algo realmente extraño. Se concentró con todas sus fuerzas en ver la puesta de sol en todo su esplendor, tanto, que la cerca y un árbol que le impedían verla bien desaparecieron completamente de su vista, como si nunca hubieran existido. Nunca dejaron de estar allí, pero él no los veía, porque le impedían ver la puesta de sol. Era como si hubieran desaparecido o pudiera ver a través de ellos.

Milton Erickson se concentró en la puesta de sol en forma total, y al lograr su objetivo, cayó en la inconsciencia. Estuvo inconsciente durante tres largos días, pero sobrevivió. ¿Lo salvó la puesta de sol? ¿Lo salvó la tremenda voluntad que puso en verla? ¿Lo salvó el hecho de que podía, si se concentraba, hacer desaparecer las cosas como si no existieran? Nadie pudo decirlo, ni él mismo, pero él definió ese episodio decisivo en su vida como una experiencia auto hipnótica, como un estado alterado de conciencia.

La polio le inmovilizó en la cama. Prácticamente, sólo podía mover los ojos y escuchar. Perdió la facultad de hablar y fue descubriendo el significado de un tipo de comunicación que no dependía del habla. Y así, inmovilizado, sin poder hablar ni comunicarse, sólo podía observar todo a su alrededor. Observar los gestos y movimientos de sus hermanas y hermanos, de sus padres; sacar conclusiones sobre lo que cada movimiento o gesto significaba y reflejaba. Y aprendió a estudiar su propio cuerpo. Y tomó dos grandes decisiones: la primera, vencer la polio, levantarse, recuperarse y aprender a caminar y a moverse de nuevo. La segunda, estudiar medicina.

Durante su largo tiempo de parálisis, Erickson aprendió a estudiar y conocer cada posible movimiento de su cuerpo y la reacción de cada músculo, y comenzó a usar su aún rudimentario sistema de "auto hipnosis", para lograr una recuperación de su salud que parecía imposible. El método usado por Erickson parecía simple, casi infantil. Consistía en *recordar* cómo movía sus músculos cuando aún podía hacerlo, y concentrándose en esos recuerdos pudo realizar lo que parecía un milagro: recuperar poco a poco el movimiento de su cuerpo.

Pudo volver a hablar y luego mover los brazos, recordando cómo hablaba y movía sus brazos antes.

Habiendo logrado lo imposible, se propuso continuar recuperando sus facultades perdidas. Aún no podía caminar, pero se embarcó en un viaje de mil millas en canoa; algo que para un hombre normal resultaba un reto difícil de superar. Y una vez más logró lo imposible: recuperar el uso de sus piernas y caminar. Llamó a estas experiencias "ordalías" y las incorporó como parte de su teoría. Y se lanzó de lleno a estudiar medicina. Con todo derecho, pues había vencido por sí mismo una terrible enfermedad, sin más armas que su mente y una decisión inquebrantable de lograr lo imposible.

La mente privilegiada de este luchador contra la vida y el destino le permitió graduarse de psicólogo cuando aún no había terminado sus estudios de medicina. Posteriormente obtuvo su título de psiquiatra y revolucionó la psiquiatría, la psicología y la hipnoterapia con sus audaces teorías que se apartaban totalmente de las normas establecidas.

La vida fue cruel con Milton Erickson y después de haber cumplido 50 años, se le manifestó una deficiencia o secuela posterior a la polio con dolores generalizados y debilidad muscular que le dejó nuevamente paralizado. Una vez más puso en práctica su método de auto hipnosis y logró una recuperación parcial. Mucho más lenta esta vez a causa de la edad. Una vez más, tuvo que luchar contra la enfermedad y logró vencer, aunque no completamente, pues se vio reducido a vivir en una silla de ruedas.

Abundan las anécdotas sobre Milton Erickson. En la universidad, los estudiantes comentaban entre ellos que era necesario tener mucho cuidado con él, porque era capaz de dormir a cualquiera sin que se diera cuenta. *"Empiezas a hablar con él, y antes de que te enteres de nada, estás tieso en la silla dormido como una piedra y luego no sabes qué diablos te ha pasado".* Varios de sus casos se hicieron famosos. En una ocasión, tuvo una paciente difícil, que vino a verle acompañada por su hermana. Se resistía a entrar en hipnosis, y Erickson utilizó un método más que original para lograrlo.

Hizo sentar a ambas mujeres en sillas unidas una junto a la otra, y le explicó a la que necesitaba la hipnosis, pero le temía y luchaba contra ella, que no debería temer nada, y que si estaba de acuerdo, pondría en hipnosis a su hermana, no a ella, para que viera que se trataba de algo relajante y seguro. La chica aceptó enseguida y Erickson comenzó la inducción de su hermana, pero ocasionalmente mirándola a ella. Cuando hubo logrado una total relajación de su difícil paciente, cada vez se dirigía más y más a ella en vez de a la hermana. ¿Resultado? Cinco minutos más tarde ambas se encontraban profundamente dormidas.

En otra ocasión y ante un problema similar, Erickson usó un sistema improvisado con su paciente, en esta ocasión una enfermera. Le pidió que lo ayudara a tomar al dictado una conferencia que había escrito sobre su método de puesta en trance, y cuando ella comenzó a escribir lo que él le iba diciendo, quedó profundamente dormida sin haberse dado cuenta de que lo que estaba escuchando eran en realidad las instrucciones para entrar en hipnosis.

El Dr. Erickson resumió su técnica hipnótica en una frase que todo hipnoterapeuta debe recordar cuando encuentra a un sujeto que se resiste a entrar en hipnosis:

"No puede haber resistencia a la hipnosis si no se intenta producirla"

En otras palabras, esta especie de "hipnosis sin hipnosis" consiste en vencer la resistencia del sujeto utilizando su propia resistencia. En las artes marciales se utiliza la fuerza del contrario para vencerlo: por ejemplo si el oponente trata de golpearnos, utilizamos el propio impulso de su acción para dirigirla lejos de nuestro cuerpo y hacerle caer. Y mientras más fuerte es el intento del golpe, mayor es la caída. En la "hipnosis sin hipnosis" si la sugerencia del hipnoterapeuta de relajar al sujeto tropieza con la resistencia de éste a relajarse, el hipnotista utiliza un método indirecto en el que menciona la voluntad del sujeto, dando a éste la ilusión de que permanece en total control y que su voluntad impedirá la puesta en trance.

Un hipnoterapeuta experto manejaría un caso así, con sugerencias como:

Notemos que en la frase anterior se reta al sujeto a demostrar si realmente tiene una voluntad fuerte; algo que el mismo tratará de demostrar a toda costa. La idea se refuerza con la referencia a que las personas de voluntad débil no logran controlar sus músculos. La parte más sutil de la sugerencia consiste en decir que no logran controlarlos *ya sea para activarlos o para eliminar de ellos la tensión.* Esto presupone y hace pensar al sujeto que si no logra eliminar la tensión de sus músculos, su voluntad es débil. Y al querer demostrar que puede controlar esa tensión estará demostrando su fuerte voluntad. Pero controlar la tensión de los músculos significa en realidad relajarlos. Y el hipnoterapeuta habrá evitado cuidadosamente usar la palabra *relajación*, puesto que dicha palabra equivale en la mente del sujeto a dejarse hipnotizar y a tener una voluntad débil.

El secreto de todo buen hipnoterapeuta consiste en no ir contra la corriente, que es en este caso el sujeto. Un buen hipnoterapeuta convierte las aparentes dificultades en oportunidades de hacer entrar al sujeto en trance hipnótico. Una de las inducciones o puestas en trance más usadas en la hipnoterapia moderna, consiste en la levitación del brazo. En dicha técnica, se sugiere al sujeto que uno de sus brazos, apoyado en una mesa o escritorio, comienza a levitar por sí sólo. Cuando el sujeto trata de evitar la puesta en trance, por lo regular el brazo comienza a subir y se detiene a mitad de camino. Es muy raro que el brazo no se mueva en lo absoluto.

Cuando el hipnoterapeuta no logra que el brazo continúe subiendo, cambia la táctica rápidamente con sugerencias como éstas:

hacerse pesado… Tan pesado que le cuesta trabajo mantenerlo en esa posición… Ahora se hace tan pesado que no puede mantenerlo por más tiempo así, y el brazo comienza a bajar… Lentamente, lentamente… Bajando, bajando… El brazo sigue bajando más y más… Más y más, y al hacer contacto de nuevo con la mesa, el brazo quedará completamente sin tensión alguna… Los músculos de su brazo suaves y sin tensión alguna".

Al llegar a este punto, y haber logrado la relajación del brazo, resulta relativamente fácil lograr la relajación del resto del cuerpo. En el ejemplo anterior, el hipnoterapeuta ha logrado la relajación parcial inicial sin mencionar la palabra relajación. Existen infinitos métodos para la puesta en trance, y el éxito de toda sesión de hipnosis depende de la experiencia del hipnoterapeuta, de la empatía establecida entre éste y el sujeto, de la creatividad e imaginación del hipnoterapeuta, de su adaptación a los cambios rápidos requeridos en muchas ocasiones y la seguridad que siente de sí mismo y sus conocimientos.

La idea del "hipnoterapeuta fuerte", dominante y dueño de la voluntad del sujeto es tan ridícula como irreal. Los personajes como el Svengali novelesco, dueño y señor del alma y voluntad de su víctima, han captado infelizmente la imaginación del público. Salvo casos extremadamente raros de personas dotadas de gran magnetismo personal y una fama y reputación fuertes que les precede, es casi imposible poner a alguien en hipnosis instantáneamente contra su voluntad. Aún en el caso de un Rasputín, que podía hipnotizar instantáneamente a las personas, no olvidemos que los zares lo encumbraron en la corte de Rusia, y su fama como sanador y curandero que había salvado la vida del *zarevitch,* le creó una aureola de santidad y poderes misteriosos que predisponía a todos a sucumbir a su influencia.

Pero si bien la "personalidad fuerte" es un mito, sí es cierto que el hipnotizador debe demostrar que está seguro de sí mismo y confía totalmente en sus conocimientos. El sujeto detecta inmediatamente cualquier inseguridad de parte del hipnotizador, cualquier vacilación o contradicción de su parte.

Demostrar seguridad en sí mismo solamente significa no dudar de los propios conocimientos, tener flexibilidad para manejar todas las situaciones y aunque a veces las técnicas parezcan no resultar, no demostrar desaliento o dudar de los resultados. Incluso los gestos deben ser mesurados y tranquilos.

Cuando mencionamos anteriormente la personalidad de Rasputín, el "diablo sagrado" de la Rusia zarista, no existe mejor comparación que la de la sugestión colectiva. Los hipnotistas de teatro pueden saber muy poco de técnicas profesionales o de ética profesional, pero conocen muy bien el efecto de la sugestión. Escogen cuidadosamente a las personas que saben de antemano que resultan sujetos fácilmente hipnotizables, y si hacen subir al escenario a varios, ponen bajo hipnosis al más fácil de poner en trance. En ocasiones incluso el primer sujeto es "plantado", es decir, alguien que trabaja con el hipnotizador y se ofrece como supuesto voluntario para subir al escenario. De un modo u otro, cuando el primer sujeto se derrumba en la silla hipnotizado, tan pronto el hipnotista toca su frente, el subconsciente de los otros voluntarios acepta la idea de que nadie puede resistirse al hipnotista, y efectivamente, entrarán en hipnosis instantánea tan pronto éste toque sus frentes.

Gregori Efimovitch Rasputín llevó su fama de personalidad irresistible al terreno sexual y toda una legión de damas de la corte cayó bajo su poder. No obstante, sospechamos que aparte de su aureola de santón y de nigromante irresistible, sus aventuras amorosas se hicieron famosas en la corte y muchas de sus "víctimas" se sentían curiosas por comprobar si su fama de amante inigualable correspondía a la realidad.

Que no siempre su personalidad exuberante lograba imponerse sobre la voluntad de todos lo prueba el hecho de que el príncipe Yusupov y otros conspiradores, lo liquidaron en Tasrkoie Tselov con cianuro y varios tiros de revólver. Yusopov, que reconoció incluso que la personalidad de Rasputín era muy poderosa y era difícil escapar a su magnetismo personal, pudo hacerlo y no tuvo reparos en liquidar al llamado monje loco, al que consideraba un peligro letal para Rusia.

Tomemos como ejemplo algunas de las figuras históricas destacadas. En la guerra de la España medioeval contra los moros que dominaban parte del territorio, la fama del Cid

Campeador imponía respeto y temor en las huestes musulmanas. Su espada "Tizona" se convirtió en un símbolo de invencibilidad, y tan grande era su fama y el temor que infundía a sus enemigos como guerrero invencible que cuando murió, su viuda, Doña Jimena, pidió que le colocaran su armadura y lo ataran a la silla de su caballo como si estuviera vivo, poniéndolo al frente de las huestes castellanas para guiarlas a la victoria.

La aureola de poder dimana del prestigio de quienes tienen el poder en sus manos, ya sea económico, político, religioso o militar. Analicemos a algunas de las figuras cuyo prestigio les revestía de una aureola de invencibilidad o poder sobrenatural. De nuevo ¿quién era Adolfo Hitler en realidad? Un pequeño hombrecillo y una personalidad anodina. Padecía de depresiones y estallidos de furia, era irrazonable, supersticioso, y ciertamente la historia no registraría siquiera su nombre de no haberse producido una serie de circunstancias que colocaron a Alemania en sus manos.

Desde la reunión de los conspiradores en 1923 en el *Hitler-Ludendorff-Putsch,* y el fallido intento de golpe de estado tramado en la cervecería de Munich, Hitler comenzó a pasar del anonimato a una relativa celebridad. Luego de su detención y estadía en la cárcel, escribió su célebre *Mein Kampf* (Mi Lucha) y las ideas nazis comenzaron a propagarse por toda Alemania. El resto es historia.

Pero de no haberse producido las circunstancias precisas, una Alemania económicamente en bancarrota, con una inflación y un desempleo a niveles estratosféricos, y el sentido de humillación nacional producto de la derrota alemana en la primera guerra mundial, es dudoso que las ideas nazis hubieran fructificado como lo hicieron. Pero el hombrecillo del bigote ridículo se convirtió en el líder que movía a las masas con sus discursos electrizantes y sus gestos grandilocuentes. En otras palabras, se revistió de una aureola de poder y manejó a las masas a su antojo creando una sugestión colectiva que arrastró a todo un pueblo tras él.

Alejandro Magno vencía sólo con su fama de guerrero invencible. Las ciudades caían una tras otra a su paso sin oponer resistencia y logró establecer un imperio casi tan extenso como el del Imperio Romano. Napoleón ganaba batallas precedido por su fama. Su aspecto nada tenía de impresionante, pues era de baja estatura, semicalvo y algo barrigón. Pero sus éxitos militares y su oratoria rápida y aguda le colocaron en un pedestal de admiración y pasó a la historia como uno de los más grandes militares de todos los tiempos.

Los héroes históricos lo son cuando triunfan. Si Marco Antonio hubiera vencido en Egipto a las legiones de Octavio, la historia del mundo habría cambiado sin duda, y se le recordaría como un general tan famoso como César. Pero César fue un vencedor y son los vencedores quienes escriben la historia. César, viejo y deteriorado, calvo, de físico poco impresionante, y sin dotes oratorios, fue adorado en la apoteosis como un dios y se le ofreció la corona del imperio. Sus tropas y el pueblo de Roma lo adoraban y sus triunfos le convencieron a él mismo de los designios divinos que recaían sobre él.

Esto es importante, porque todos los dictadores, guerreros y figuras mesiánicas de la historia, han estado realmente convencidos de ser los elegidos del destino o los dioses para cambiar la historia y el mundo, y sin esa convicción no hubieran podido enfebrecer a las masas que les siguieron ciegamente. Tiene que haber previamente una auto sugestión para que el personaje común salte a la categoría de líder o de héroe. Una vez logrado esto, la auto sugestión salta a la masa y se convierte en sugestión colectiva que arrasa imperios y naciones.

***

El Dr. Carl Simonton, un famoso oncólogo norte-americano, ha logrado curaciones casi milagrosas en casos irreversibles de cáncer avanzado, utilizando principalmente la hipnoterapia. Fundador del *Simonton Cancer Center*, ubicado en Santa Barbara, California, se hizo famoso años atrás cuando comenzó a usar la hipnosis y a lograr curaciones completas o parciales de casos desahuciados por la ciencia. Su método, aparentemente simple como un juego de niños, consistía en lo que en inglés llaman *guided imagery* (imaginación guiada). En estado profundo de hipnosis, sugería a sus pacientes visualizar dos ejércitos, uno de ellos vistiendo uniformes y cascos color marrón, representando las células del cáncer, y otro vistiendo uniformes y cascos de color blanco, representando a los glóbulos blancos del sistema inmunológico. Ambos ejércitos luchaban a muerte y el ejército blanco siempre resultaba vencedor. Esto se repetía una y otra vez, sesión tras sesión.

Tan simple o rudimentaria como pueda parecer esta técnica, los resultados fueron asombrosos. Tras cada sesión, el conteo de los fagocitos o glóbulos blancos, aumentaba apreciablemente. Al cabo de algún tiempo, los fagocitos parecían haber aprendido a descubrir a las células del cáncer y atacarlas y destruirlas, a pesar de los métodos usados por éstas para "engañar" al sistema inmunológico "disfrazándose" como células normales mediante ciertas proteínas.

Simonton nos narra cómo comenzó a interesarse en un método que hiciera posible al paciente participar en su propia curación:

"Yo tenía plena confianza en que podría contribuir a una cura del cáncer, pero no fue hasta que comencé mi residencia, que consideré que el paciente podría tener algo que ver con los resultados del tratamiento. Me sorprendió comprobar que muchos de mis pacientes no se sentían motivados en mejorar.

Los resultados finales de nuestro estudio de 7 años se comunicaron a otros profesionales en la reunión anual de la Asociación Médica Australiana en febrero de 1981. Mi grupo de investigación y yo, habíamos investigado el tiempo de supervivencia de personas con cánceres avanzados del intestino, los pulmones y los senos. Y en las tres categorías, el tiempo de supervivencia que observamos fue aproximadamente el doble de los de otros centros de cáncer en todo el mundo"

El autor de este libro utilizó exitosamente la técnica Simonton en un caso de cáncer de pulmón avanzado. El caso aparece mencionado en el capítulo "Casos de mis archivos", al final este libro, junto con tantos otros casos curiosos o sorprendentes.

***

La amplia gama de aplicaciones médicas de la hipnoterapia incluye:

Ansiedad
Casos de quemados y de emergencias
Condiciones psicosomáticas
Control del dolor
Deficiencia en los estudios y aprendizaje
Deficiencias sexuales
Distorsión temporal y progresión en el tiempo
Drogadicción, tabaquismo y hábitos nocivos
Enfermedades del sistema inmunológico
Enfermedades oftalmológicas
Falta de concentración
Fobias
Hipno anestesia
Hipnosis pediátrica
Hipo
Insomnio
Mejoramiento de la auto confianza
Mejoramiento de la auto estima
Mejoramiento del desempeño atlético
Obesidad y alimentación
Obstetricia y ginecología
Odontología
Parto sin dolor
Preparación para cirugía
Problemas de parejas
Problemas neurológicos
Regresión a la infancia y adolescencia
Retención urinaria
Tinitos
Tratamientos paralelos en casos de cáncer

Cabe destacar que en el uso de la hipno anestesia, Bernheim reportó docenas de casos en los que ésta fue utilizada en vez del éter o el cloroformo que se usaba en aquella época, con una menor incidencia de casos de muerte e incluso de infecciones post operatorias. En tiempos modernos, la hipno anestesia se ha utilizado exitosamente en complicadas operaciones medulares o vertebrales en las que el paciente debe permanecer despierto para indicar su sensibilidad en distintos puntos. En estado sonambúlico el dolor desaparece, pero el paciente se encuentra completamente alerta para responder preguntas.

En otros muchos casos, resulta imposible utilizar la anestesia tradicional por un rechazo alérgico o porque el estado de salud del enfermo lo impide. Se han practicado operaciones de gran complejidad y riesgo utilizando solamente la hipnosis como anestesia.

Una de las bases de la hipnosis en general y de la hipnoterapia en particular es la llamada sugerencia post hipnótica. Poco valor tendría la hipnosis si al despertar de la misma el sujeto fuera incapaz de realizar las acciones sugeridas y efectuadas durante el sueño hipnótico. Pongamos por caso que un alcohólico quiere abandonar su vicio y durante el sueño hipnótico se le sugiere que beber alcohol no le producirá ningún placer y por el contrario le resultará desagradable. Poco beneficio podría esto reportarle si al despertar olvidara completamente dicha sugerencia, consciente o subconscientemente. Pero por el contrario, si durante el sueño hipnótico se le sugiere que al despertar olvidará completamente la sugerencia *conscientemente,* pero la pondrá en práctica de allí en adelante, esta será válida para cualquier momento, no importa si el sujeto se encuentra completamente despierto, lejos de allí o si ha transcurrido más o menos tiempo desde la sesión hipnótica.

Dave Elman nos cuenta en su libro *Hypnotherapy*, una anécdota ocurrida a principios del siglo pasado, cuando la hipnosis era todavía algo reservado a los teatros y los hipnotistas eran acusados de farsantes:

Yo tenía 8 años de edad y mi padre 42. Él había hecho amistad con uno de los grandes hipnotistas de su época, un maestro que tenía una reputación por llevar a cabo cosas realmente sorprendentes. Él supo que mi padre estaba muriendo de cáncer y tenía grandes dolores. Vino a nuestra casa, fue a la habitación de mi padre y en unos pocos minutos alivió su dolor. A mí no me habían permitido entrar a su cuarto hasta entonces, pero cuando el hipnotista salió, me dejaron entrar. Antes de eso, yo había estado sentado cerca de la puerta y oía los quejidos de dolor de mi padre. Ahora entré y él jugó conmigo. Fue la última vez que pude jugar con él, pero que yo sepa, quedó libre de dolor luego de la visita del hipnotista.

Pocas semanas después, mi padre murió. Nunca pude olvidar que durante un tiempo antes de su muerte, tuvo el alivio y la paz que los médicos no pudieron darle. Por supuesto, en aquel momento yo no comprendía cuántos otros usos médicos tiene en realidad la hipnosis, pero quedó en mí un profundo interés por el tema.

La hipnosis en el control del dolor ha sido amplia y exitosamente utilizada durante muchos años. La técnica más conocida, la llamada *anestesia de guante* crea anestesia en una mano y luego se le sugiere al paciente tocar la zona de su cuerpo en que se manifiesta el dolor, con lo que la anestesia de la mano, por contacto, se transfiere al sitio en que el dolor está presente. Aunque existen muchas variantes, ésta es la técnica más conocida y efectiva, y tiene aplicación en diversas enfermedades y procedimientos médicos.

En odontología, se realizan extracciones, empastes y todo tipo de trabajos dentales utilizando la hipnosis como único anestésico. Para paliar los dolores reumáticos y artríticos, en casos de migrañas sin causa específica y en muchos otros casos, la anestesia hipnótica resulta invaluable. Milton Erickson la utilizó en el caso de un paciente con carcinoma prostático en su fase final, transfiriendo el dolor a la mano izquierda. De este modo, de un dolor terrible en la ingle que irradiaba hacia el abdomen, el dolor quedó limitado a la mano izquierda del sujeto, donde era mucho más fácil de tratar.

En el caso de operaciones quirúrgicas realizadas con anestesia hipnótica, se recomienda realizar sesiones de prueba en las que se le sugiera al paciente en hipnosis que se va a hacer una prueba de cirugía. Se le sugiere que la piel se le va a desinfectar, lo que se hace con una esponja y alcohol, y a continuación que se va a practicar la incisión (se traza una línea imaginaria sobre la piel con un lápiz o cualquier objeto de punta fina). Una vez realizado el corte imaginario, se informa al paciente que se van a separar los bordes de la herida (en ese momento, se estira la piel con los dedos en direcciones opuestas a los lados de la línea antes trazada en la piel). Cada paso de la operación imaginaria se va realizando y se le va informando al paciente. Esto se repite varias veces, de modo que cuando llega el momento de efectuar realmente la operación, el sujeto ya conoce lo que va a suceder, del mismo modo en que no sintió la operación imaginaria, no experimenta dolor en la verdadera.

Una de las ventajas indudables de las operaciones realizadas con anestesia hipnótica es que el período de recuperación es mucho más corto. La hipnosis parece producir también de forma natural la vasoconstricción, lo que facilita el control del sangrado durante la operación. La anestesia hipnótica resulta excepcionalmente útil para el parto sin dolor, para lo que se prepara a la embarazada desde algún tiempo anterior al momento del parto y se le enseña a producir auto anestesia, y cuando llega el momento del nacimiento, éste puede producirse de modo natural, sin anestésicos químicos de ningún tipo y con el relajamiento completo de la madre.

Por supuesto, no importa el tipo de operación o procedimiento que se lleve a cabo, si normalmente se usa anestesia química para el mismo, el anestesista debe permanecer todo el tiempo junto a los cirujanos y el paciente, en caso de que por alguna causa la anestesia hipnótica dejara de funcionar o no fuera suficiente para controlar el dolor. Si ello fuera necesario, el anestesista deberá estar listo para aplicar inmediatamente la anestesia regular, de modo que el procedimiento o la operación pueda continuar sin interrupción.

Un sistema ampliamente usado para crear la anestesia hipnótica consiste en provocar primero una *hiperestesia* (sensibilidad exagerada) en una mano. La técnica se basa en que es más fácil producir por hipnosis una sensibilidad exagerada que anularla por completo. Sin embargo, la primera puede conducir a la segunda, puesto que una vez que el sujeto ha logrado alterar en cualquier forma su sensibilidad, esta puede hacérsele decrecer, del mismo modo en que se le hizo aumentar. Indudablemente, es más fácil sentir dolor que hacerlo desaparecer.

La técnica antes mencionada, junto a la *anestesia de guante,* o transferencia de anestesia, suelen ser las más empleadas para anular el dolor. Esto no solamente se refiere a la anestesia quirúrgica sino también a analgesias hipnóticas para tratar casos de artritis, migrañas, luxaciones y otros traumatismos, dolores post operatorios, etc. La mayor parte de los médicos y cirujanos preferirían un método de eliminación del dolor que no implicara el uso de anestésicos o analgésicos que en ocasiones no pueden usarse debido a las condiciones específicas de algunos pacientes, y en general debido a que siempre, en mayor o menor grado, tienen algún tipo de efectos secundarios. Ciertos tipos de analgésicos vendidos sin receta tuvieron que ser retirados del mercado o llevar advertencias estrictas debido a que el uso continuado de los mismos provocaba daños al hígado de los usuarios.

El problema con muchos productos farmacéuticos consiste en que una vez pasadas las pruebas preliminares y secundarias, de corto a mediano plazo, o sea, estudios que a veces suelen durar de 3 a 5 años antes de recibir la aprobación gubernamental para fabricarlos y lanzarlos al mercado, existen otros riesgos desconocidos. Tales riesgos no suelen a veces detectarse hasta pasados de 7 a 10 años o más, cuando pueden hacerse estudios basados en personas que han usado tales medicamentos regularmente durante largo tiempo.

Veamos ahora otra herramienta eficaz utilizada por los hipnoterapeutas: el hipnosueño. Resulta frecuente encontrar sujetos que durante la puesta en trance mueven los pies o ladean la cabeza, y la mayor parte de las veces se rascan la cara o el cuello. Todo esto dificulta la puesta en trance e indica que el sujeto teme entrar en hipnosis, o se está produciendo una fuerte reacción emocional. El hipnosueño suele constituir una opción vital en tales casos.

En estado normal, la persona suele ser incapaz de interpretar sus propios sueños. Con la rara excepción de verdaderos sueños premonitorios, muchos intentos de interpretar los sueños se basan en teorías espiritualistas o mágicas que nada tienen que ver con el verdadero significado de los mismos. No obstante, la misma persona que es incapaz de interpretar el significado de sus sueños estando despierta, puede interpretarlos fácilmente en estado hipnótico. Una herramienta especialmente útil para el tratamiento de problemas psicológicos es el hipnosueño. El hipnoterapeuta sugiere al sujeto en estado hipnótico que durante su sueño normal de cada noche, al despertar va a poder recordar perfectamente el sueño.

Este primer paso resulta de capital importancia, ya que la mayor parte de las personas olvidan sus sueños a los pocos minutos de haber despertado, excepto sueños tan extraños o simbólicos que quedan fuertemente impresos en la memoria. Una vez dada esta sugerencia, el hipnoterapeuta sugiere, en sesiones posteriores, que el sujeto va a soñar sobre un tema determinado. Esto constituye el segundo paso de la técnica del hipnosueño. El tercero consiste en sugerirle que va a tener ese sueño inmediatamente antes de despertar (lo que le ayuda a recordarlo perfectamente, y a soñar durante el estadio más profundo del sueño fisiológico). Una vez logrado esto en el sueño nocturno, el paso final consiste en hacer que el sujeto pueda soñar mientras se encuentra en estado hipnótico, y pueda describir su sueño sin despertar del mismo.

Peligros de la hipnosis

Palabras que destruyen. – Un olvido mortal. – El estado de Esdaile. – El lápiz quemante. – La importancia de un historial médico. – Epilepsia e hipnosis – Obligaciones y responsabilidades del hipnoterapeuta.

Aunque se ha repetido una y otra vez que la hipnosis no resulta peligrosa, existen peligros innegables en el uso *indiscriminado* de ella. Antes de someter a hipnosis a cualquier sujeto, es necesario que responda a ciertas preguntas o llene un cuestionario sobre su historia clínica. Debemos conocer qué medicamentos está tomando, si toma algunos, enfermedades o alergias que padezca o haya padecido, enfermedades comunes en su familia, operaciones que haya tenido, y sobre todo, si padece o ha padecido de epilepsia avanzada *(Grand Mal)* o leve *(Petit Mal).* A un epiléptico no se le debe someter jamás a hipnosis, ya que los efectos pueden ser catastróficos. Bajo hipnosis, las descargas eléctricas del cerebro pueden manifestarse y provocar un ataque, del que puede ser muy difícil sacar al enfermo.

El Dr. Julius Solow describió en el *New York Medical Journal,* el 14 de marzo de 1891, un caso que parece describir precisamente esto. Un joven fue hipnotizado por un amigo en una reunión, por pura diversión. El primer intento le provocó temblores en todo el cuerpo, el segundo produjo el mismo efecto, y el tercero le provocó un profundo temblor en sus brazos e intensos escalofríos. A continuación se desplomó en el suelo, se levantó de un salto, comenzó a reírse y a cantar. Luego su cuerpo se sacudió con convulsiones, no podía tragar y todo el cuerpo, excepto los brazos, quedó completamente rígido (catalepsia). Durante dos días experimentó convulsiones, catalepsia e imposibilidad de tragar, y al ver cualquier objeto brillante se le desataba un paroxismo de locura. Durante diez días permaneció en tal estado, a pesar de los medicamentos y esfuerzos de los médicos, nada parecía mejorar su condición.

El siguiente síntoma alarmante consistió en una fiebre muy alta acompañada de intensa sudoración. Luego de esto, pareció mejorar, pero ocho días más tarde regresó la fiebre y la sudoración, con temblores y aparente locura en la que cantaba incoherentemente. Al final, los síntomas cesaron y aparentemente no regresaron.

Todo parece indicar que se trataba de un epiléptico. Al ponerlo bajo hipnosis, se provocó un ataque con síntomas en su mayor parte correspondientes a la epilepsia, tal como las convulsiones, la caída al suelo. etc. Especial interés reviste el hecho de que reaccionara violentamente a los objetos brillantes, ya que es sabido que los efectos de la luz a menudo pueden provocar ataques y convulsiones en los epilépticos. Mucho se desconoce aún sobre las causas de la epilepsia, y es necesario asegurarse de que un sujeto no padezca ese mal antes de intentar ponerlo en hipnosis. Otro gran peligro consiste en decir al sujeto que ya puede abrir los ojos y pensar que sólo con eso ya está despierto. Pero si recordamos que en el estado sonambúlico una persona puede tener los ojos abiertos y estar profundamente dormida en el sueño hipnótico, comprenderemos inmediatamente el peligro que representa hacer abrir los ojos al sujeto pensando que solamente con eso ha regresado a su estado normal. Tengamos presente que no es necesario siquiera que la persona se encuentre en estado sonambúlico para que corra un enorme riesgo si no se le despierta adecuadamente. Incluso en estado intermedio (cataléptico) un sujeto sólo parcialmente despierto puede tratar de conducir un automóvil y al ser sus reflejos mucho más lentos, tener un accidente de imprevisibles resultados.

Un método reconocido como seguro para despertar a un sujeto consiste en informarle que vamos a contar de cero a cinco para despertarle, y proceder como sigue:

'"En unos instantes voy a despertarle, contando de cero a cinco. Al despertar, va a sentirse relajado y con una gran sensación de bienestar."

"Cero, sintiendo la sangre circular en todo su cuerpo, llenándole de vigor y energía".

"Uno, haciéndose consciente de los pequeños ruidos a su alrededor".

"Dos, recuperando el movimiento y control de todo su cuerpo".

"Tres, recordando que todas y cada una de las veces en que yo mencione la palabra _______ entrará en un sueño profundo y reparador, cada vez más rápida y profundamente que la vez anterior".

"Cuatro, sabiendo que al despertar olvidará totalmente mis palabras, pero cumplirá todas mis sugerencias, por su propio bien, tal y como se le han indicado. Y al contar el próximo número, el número cinco, despertará con su mirada clara, su mente lúcida y en total control de su cuerpo y su mente"

"Y cinco… ¡Totalmente despierto, abriendo los ojos!"

Es importante que el conteo se haga de abajo hacia arriba, es decir, del cero al cinco, pues si se hiciera en forma descendente, subconscientemente sugeriría un descenso, asociado con somnolencia o sueño. Por el contrario, para inducir la hipnosis se realiza usualmente un conteo descendente, lo que hace sentir al sujeto que está *descendiendo,* y esto facilita enormemente la inducción.

¿Qué sucede si despertamos al sujeto adecuadamente, pero olvidamos remover algunas sugerencias? Estas se convierten en sugerencias post hipnóticas. Veamos a continuación algunos ejemplos de posibles peligros.

Para probar el nivel de hipnosis alcanzado y la capacidad de visualización del sujeto, se le ha sugerido, en estado medio o profundo, ver pequeños puntos de luz flotando en el aire. Una vez que el sujeto logra verlos y describirlos, seguimos adelante con la inducción, comenzando la terapia con sugerencias destinadas a eliminar un trauma, cambiar un comportamiento o mejorar una enfermedad. Al final, le despertamos correctamente, pero olvidamos remover la sugerencia de los puntos de luz. No importa si como parte del proceso de despertarle hemos indicado que tendrá "su mirada clara", y que estará "en total control de su cuerpo y su mente", también le hemos sugerido olvidar nuestras palabras, pero *cumplir todas nuestras sugerencias.* Esto último es lo que interpretará como válido la mente subconsciente. ¿Qué sucederá entonces? En cualquier momento, el sujeto puede comenzar a ver puntos de luz flotando en el espacio frente a sus ojos, en forma continua o intermitente. Podemos imaginar lo que puede suceder si esto acontece mientras la persona se encuentra conduciendo su automóvil, operando una maquinaria, o simplemente viendo la televisión y de pronto se sobresalta pensando que algo anda mal con su vista a causa de esa anomalía.

A un sujeto con insomnio, podemos sugerirle, como parte del tratamiento, que "tan pronto ponga la cabeza en la almohada, quedará profundamente dormido y no despertará hasta la maña siguiente cuando salga el sol". Aquí podemos notar los errores desde la primera línea. ¿Qué sucede si la persona no trabaja ese día y trata de echar una siesta en el jardín, cómodamente sentada en un extensible, pero *sin poner la cabeza en una almohada?* ¿Qué sucede si la persona tiene un súbito descenso de presión arterial y se acuesta y pone la cabeza en la almohada, no porque quiera dormir, sino para tratar de recuperarse y al quedar dormida no está consciente del continuo descenso de su presión y no puede pedir ayuda? ¿Y qué sucede si una persona se acuesta a dormir en la noche y queda dormida al poner su cabeza en la almohada, y el día siguiente amanece lluvioso?

Una de las preguntas más frecuentemente repetidas por quienes consideran la posibilidad de ser hipnotizados es: *"Qué sucederá si al hipnotista le da un ataque al corazón y muere mientras yo estoy dormido? ¿Me quedaré así sin poder despertar jamás?"* Aunque la pregunta puede parecer absurda al principio, el temor es válido para alguien que desconozca los mecanismos de la hipnosis. Por supuesto que la respuesta es "no". La realidad es que si algo así sucediera, el sujeto pasaría del sueño hipnótico al sueño natural y despertaría al cabo de un rato o a lo sumo de algunas horas, si estuviera cansado o naturalmente somnoliento.

Enfoquemos ahora otra pregunta igualmente válida, pero cuya respuesta sería diferente: "Qué sucede si el hipnotista muere de pronto antes de poder despertarme, y ocurre una catástrofe, como un terremoto, un tornado o un incendio y yo estoy durmiendo sin poder escapar y ponerme a salvo?" En este caso, lo más probable es que las vibraciones del terremoto, el sonido del tornado o el olor del humo, despertarían inmediatamente al sujeto. No obstante, en ciertos casos de sonambulismo absoluto, los sujetos no pueden escuchar otro sonido que la voz del hipnoterapeuta o del hipnotista, y sus sentidos se encuentran completamente adormecidos. Aunque casos así suelen ser verdaderamente raros, cabe la posibilidad de que una persona en ese estado tan profundo no pudiera percibir las señales de peligro en caso de una emergencia, si el hipnotista hubiera muerto de repente. Aunque los hipnoterapeutas no acostumbran a caerse muertos en medio de las sesiones, en la remota posibilidad de que tal cosa sucediera con uno de esos raros sujetos que entran en un nivel tan profundo, existen salvaguardias para evitar tales eventualidades. Todo hipnoterapeuta profesional, incluirá como parte de la inducción hipnótica una frase como: *"En caso de que yo no pudiera despertarlo normalmente, o en caso de una emergencia si yo no pudiera despertarlo, usted despertará inmediatamente por sí mismo, con todos sus sentidos alertas, su mente lúcida, su vista clara y sus reflejos rápidos"*.

Recordemos siempre que la mente subconsciente interpreta *literalmente.* Prueba de ello es que una de las pruebas, infelizmente repetidas, es la de sugerir al sujeto en hipnosis que un lápiz es un cigarrillo encendido. Si se toca el brazo del sujeto con la punta del lápiz, éste dará un grito de dolor, retirando el brazo enseguida. Lo más increíble de este proceso es que pocos minutos después, se formará una ampolla en el sitio de contacto, como si realmente se hubiera producido una quemadura en la piel. ¿Cómo es esto posible? Porque la mente subconsciente interpreta literalmente. Por tanto, es extremadamente importante tener sumo cuidado con las palabras usadas cuando el sujeto se encuentra bajo un trance hipnótico.

Cuando ponemos bajo hipnosis hipnótica a un sujeto y utilizamos una palabra clave para provocar el trance, debemos prestar suma atención a lo que decimos. Si sugerimos algo como *"Cada vez que yo mencione la palabra _________, usted entrará en un sueño profundo y reparador",* debemos preguntarnos lo que entiende la mente subconsciente del sujeto por "yo". Se sobrentiende que "yo" es el hipnoterapeuta que habla, pero el subconsciente del sujeto puede entenderlo de otro modo y cada vez que alguna persona cerca de él mencione esa palabra, quedará profundamente dormido. Para evitar esto, es conveniente cambiar la palabra "yo" por *"yo, este hipnoterapeuta"*, o *"yo, Juan Pérez"*, o *"yo, tu hermano Julio"*, etc.

Años atrás, cuando comenzaba a ejercer mi profesión como hipnoterapeuta, aprendí una lección que nunca olvidaré en lo que se refiere a prever todas las posibles complicaciones. Aunque cada paciente debía llenar un formulario con un completo historial médico que incluía los medicamentos que estaba tomando, sus enfermedades pasadas o presentes, operaciones que hubiera tenido, etc., no había incluido en él ninguna pregunta respecto a sus alergias. Hacerlo parecía completamente innecesario, ya que la hipnosis no requiere el uso de ninguna substancia o medicamento que el sujeto deba tomar. Por tanto, ¿qué necesidad podría existir de saber si era alérgico a substancias que nunca tendría que tomar para quedar bajo hipnosis? Y sin embargo, no incluir esa pregunta constituyó un error, como demostraré a continuación, describiendo el caso a que me refiero.

Alicia H. acudió a mi consultorio por un problema de *bulimia*. En su adolescencia y primera juventud padeció de *anorexia nervosa,* la que logró superar poco antes de casarse. Pero pasados pocos años, la situación fue completamente opuesta. No podía controlar sus continuos deseos de comer. Estaba casada, tenía una hija de 10 años, pero la muerte de su madre, a la que siempre estuvo muy unida, le creó una gran depresión y ansiedad que la impulsaba a comer desmesuradamente. Luego de la primera sesión inicial, y una segunda sesión de profundización, en la tercera sesión comenzamos la terapia. Al final de las sugerencias normales de que cuando sintiera la ansiedad bebiera agua o un jugo y se sentiría tranquila, que no necesitaba la ansiedad, pues su vida ahora proseguía dando prioridad a su hogar, su marido y su hija, decidí reforzar todo esto con visualización guiada. Para que comprobara que era capaz de resistir la tentación de comer sin control alimentos ricos en calorías, le sugerí que en ese momento se encontraba frente a una mesa en la que había una sabrosa tarta de chocolate. Al mencionar la palabra chocolate, noté un estremecimiento en la mujer, que supuse debido a su atracción por el mismo. Sin embargo, cuando le sugerí que comiera un pedazo de la tarta, y podría controlarse y no comer más de la misma, pareció no poder hacerlo, algo que yo supuse debido a que le era imposible resistir la tentación de comer más cantidad de la tarta imaginaria. Insistí en que podría comer *solamente* un pedazo de la tarta y resistir la tentación de continuar comiendo. En un estado de visible angustia, imaginó todo esto.

Lo que sucedió a continuación me dejó petrificado. Comenzó a atragantarse como si realmente el pedazo de tarta le provocara una fuerte reacción. Tosió y pareció escupir lo que tenía en la boca y se desplomó en el reclinable llevándose las manos a la garganta. Su cara enrojeció y su respiración se hizo silbante y difícil. Inmediatamente la desperté, observando con alarma que pequeñas manchas rojas comenzaban a formarse en sus brazos y el cuello. Entonces la mujer me dijo con voz entrecortada que *¡era alérgica al chocolate!* Enseguida la puse nuevamente en hipnosis y le sugerí que ella había logrado escupir por completo todo el chocolate que había en su boca y que por tanto nada de esta substancia había logrado entrar a su cuerpo. La sugerencia hizo desaparecer todos los síntomas. Alicia H. había tenido un principio de *choque anafiláctico*, que pudo haber tenido consecuencias desastrosas si yo no hubiera podido controlar la situación.

A partir de ese momento, siempre he incluido en el historial clínico la pregunta respecto a si el sujeto padece de alguna alergia. Este caso demuestra hasta qué punto la mente subconsciente interpreta literalmente las sugestiones. En estado hipnótico profundo, toda sugerencia del hipnotizador se convierte en una realidad física capaz de provocar las mismas reacciones que si los objetos o situaciones fueran totalmente reales.

De vital importancia resulta conocer si la persona sufre de alguna afección cardíaca. En casos tales como regresiones a la infancia, adolescencia o a vidas pasadas, podemos enfrentar al sujeto a recordar situaciones trágicas o aterradoras que pueden resultar peligrosas para un corazón enfermo. ¿Significa esto que no se puede utilizar esta técnica con los que padecen de cardiopatías? Por supuesto que no, existen modos de separar al sujeto de la acción, reduciéndolo al papel de un simple observador de sí mismo, como se ve una película en la televisión o en el cine. No obstante, todos estos recursos sólo pueden ser manejados por profesionales con el debido entrenamiento y conocimiento de la mente. Los aficionados deben abstenerse de practicar la hipnosis como entretenimiento, pues los resultados pueden ser trágicos.

Uno de los peligros principales de la hipnosis lo constituyen las sugerencias post hipnóticas. Todas las sugerencias post hipnóticas que no formen parte del proceso terapéutico deben eliminarse al fin de las sesiones. Por ejemplo, si hemos tratado a un paciente que ha sido propiamente diagnosticado por un médico como un caso de migraña, es importante que la sugerencia post hipnótica contenga una frase como: *"A partir de este momento el dolor de cabeza resultado de la migraña desaparece por completo, y no volverá a experimentarlo más. Sólo podrá experimentar dolor de cabeza de nuevo en el futuro si éste se relaciona con cualquier otra condición no relacionada con la presente; esto es, la migraña"*

Como podemos ver fácilmente, si no añadimos la aclaración final, estaríamos ordenando a la mente subconsciente del paciente no hacerle sentir nunca en lo adelante un dolor de cabeza. Supongamos que un año más tarde esta persona contrae una enfermedad o un problema hepático, una úlcera o un tumor cerebral. La señal de alerta normal de que algo está funcionando mal; esto es, el dolor de cabeza, estaría inhibido de manifestarse, con los peligrosos resultados que podemos imaginar.

Existen en el mercado un cierto número de discos compactos o cintas grabadas con libretos para entrar en hipnosis con diferentes propósitos, como dejar de fumar, dormir bien, eliminar fobias, etc. Aun cuando tales grabaciones se han hecho populares y casi todas han sido creadas por psicólogos, resulta arriesgado para un sujeto entrar en hipnosis sin tener a su lado al hipnoterapeuta. Aunque tales grabaciones contienen casi siempre salvaguardas para que la persona despierte en caso de emergencia, cada sujeto es distinto y algunos pueden quedar en hipnosis o ver disminuidos sus reflejos. No olvidemos también que personas con perturbaciones mentales graves o que padezcan de epilepsia *no deben ser puestas en hipnosis,* y hasta el momento, de todas las grabaciones que he tenido en mis manos, ninguna advierte que los epilépticos, esquizofrénicos paranoicos y similares se abstengan de escucharlas.

Veamos un caso documentado de un sujeto puesto en hipnosis por un aficionado, que pudo haber terminado trágicamente, aunque por fortuna pudo controlarse antes de llegar a tal extremo. El caso ocurrió en Salt Lake City, Utah. Dos amigos decidieron escuchar una grabación de auto hipnosis. Uno de ellos era un sujeto de gran sensibilidad, un sonámbulo natural. Al escuchar la grabación quedó profundamente dormido. Mientras el sujeto normal despertó sintiéndose con una sensación de bienestar, su amigo sonámbulo despertó desorientado, como si aún estuviera somnoliento. Dijo que se sentía con frío y rigidez y que desearía poder relajarse. Al pronunciar la palabra "relajarse" cayó al suelo y entró en un sueño profundo. Su amigo que había escuchado que cuando una persona entra en sueño hipnótico sin que luego le despierte el hipnotizador, despierta por sí misma al cabo de un rato, dejó que esto sucediera.

Por tanto, el amigo normal, comenzó a explicarle lo que había sucedido, y al decirle que había quedado dormido de nuevo al escuchar la palabra "relajarse", otra vez el sonámbulo entró en un sueño profundo. Su amigo, trató entonces de despertarlo de un modo correcto, diciéndole que al contar hasta 5 despertaría en estado normal. Así sucedió y de nuevo sin recordar absolutamente nada. Su amigo normal le explicó entonces lo sucedido, pero sin mencionar la palabra "relajarse". Simplemente le dijo que al escuchar una cierta palabra, entraba siempre en hipnosis, por lo que tendrían que evitar utilizarla nuevamente. Desesperado por las consecuencias que podrían derivarse de aquella extraña situación, añadió que no abandonara la casa hasta ver cómo podría resolverse el problema, ya que el sonámbulo acostumbraba a repetirse a sí mismo que debería relajarse cuando estaba manejando rumbo a su trabajo en medio de un tráfico denso y lento.

El sonámbulo no podía creer lo que estaba escuchando. Cuando al fin quedó convencido, dijo: - *"Bueno, lo que oí en realidad debe haberme relajado".* - ¡y de nuevo quedó instantáneamente dormido! Realmente desesperado y asustado por el sesgo que estaba tomando la situación, el amigo normal comprendió que tendría que hacer algo inmediatamente, sin esperar por la ayuda de ningún profesional de la hipnosis. Sin despertar al sonámbulo, le dijo que la palabra "relajarse", "relajamiento" o sus derivados, en el futuro no tendrían ningún efecto especial sobre él. Luego contó hasta cinco y despertó a su amigo. Para probar si todo había resultado bien, pronunció la palabra "relajamiento", y comprobó con alivio que nada sucedía.

Afortunadamente en este caso, el amigo normal poseía un conocimiento básico de la hipnosis, producto de sus lecturas, y esto le permitió resolver una situación potencialmente peligrosa sin tener que esperar por la ayuda de un profesional. Pero pensemos los peligros derivados de una situación así de no haber tenido ese conocimiento básico para eliminar la sugerencia peligrosa de la palabra. Por otra parte, al sugerirle que ya en el futuro la palabra "relajarse" o "relajamiento" no tendría ningún efecto sobre él, impedía que más adelante un hipnotista que ignorara lo que había sugerido, pudiera ponerlo en hipnosis, ya que aunque le sugiriera que se relajara, algo indispensable para el trance hipnótico, nada sucedería. En pocas palabras, el amigo sonámbulo había logrado salir de la situación peligrosa, pero corrió un gran riesgo. Dejemos en claro que la hipnosis no establece diagnósticos, antes bien, trabaja sobre los diagnósticos de los médicos para reforzar el efecto curativo de los medicamentos recetados por éstos, o los planes indicados para la curación. La hipnosis puede ser y de hecho es, un valioso auxiliar de la medicina convencional.

Obligaciones y responsabilidades del hipnoterapeuta

Todo hipnoterapeuta está sujeto a ciertas reglas legales y éticas que debe respetar en todo momento. Nunca insistiremos bastante en recordar que en el momento en que está tratando a un paciente, tiene en sus manos por así decirlo, la mente de esa persona. Obviamente, esto coloca al terapeuta en una situación muy especial respecto a su paciente, y por tratarse del terreno mental y emocional, más cercano a la relación del sacerdote confesor al feligrés que la del médico a su paciente.

Freud estudió estas situaciones, que se definen como *transferencia* y *contratransferencia,* y se producen durante el tratamiento con bastante frecuencia. La reacción de la transferencia se produce principalmente en pacientes mujeres que desarrollan una dependencia emocional hacia el terapeuta hombre. Esta dependencia puede distorsionarse y confundirse en la mente de la mujer con sentimientos de admiración, amor o erotismo hacia su terapeuta. La transferencia de un paciente hombre hacia una terapeuta mujer resulta mucho menos frecuente.

En los casos de mujeres con tendencias masoquistas, la transferencia hacia el terapeuta hombre se hace completamente erótica y sexual. Esto coloca al terapeuta en una situación extremadamente peligrosa que debe evitar por todos los medios. Ignorar las insinuaciones o declaraciones directas requiere prudencia y comprensión de parte del terapeuta, pues al hacerlo, puede herir los sentimientos de su paciente, que pierde entonces totalmente la fe en que pueda recibir beneficio alguno del terapeuta. En casos extremos, los sentimientos de admiración o deseo pueden convertirse en odio o ira.

Ignorar o rechazar la insinuación de la mujer puede agravar sus sentimientos de rechazo a sí misma, su autoestima y sentirse despreciada, por lo que el terapeuta puede simplemente sugerirle que si no controla sus emociones, a él le será imposible ayudarla y el tratamiento no será efectivo. Esta suele ser la mejor solución.

Existen casos, sin embargo, en los que los sentimientos de la transferencia llegan a ser tan fuertes que el terapeuta debe cesar su tratamiento a la mujer, y referirla a otro terapeuta, preferentemente una colega mujer.

La *contratransferencia* se produce cuando el terapeuta se ve envuelto en la situación y tiene una respuesta emocional positiva a las insinuaciones u ofrecimientos de su paciente. Muchos casos existen en que esta contratransferencia ha costado al terapeuta su licencia y responsabilidad civil y criminal. Muchos no solamente han perdido sus licencias, sino han sido condenados a penas de cárcel.

Las regulaciones legales son muy estrictas para estos casos. La ley indica que los terapeutas no deben relacionarse con sus pacientes hasta que no hayan transcurrido un cierto número de años luego de finalizado el tratamiento. Sin embargo, la ley no puede prohibir que en ciertos casos, lo que comienza como una relación terapeuta-paciente se convierta a la larga en una relación personal que en ocasiones ha terminado en matrimonio o uniones permanentes. En tales casos, aunque no haya transcurrido el tiempo legalmente estipulado, hay un final feliz y el terapeuta no incurre en responsabilidad civil o criminal, ni pérdida de licencia u otras medidas regulatorias. No obstantes, estos casos suelen ser raros. Por lo regular no hay un final feliz y el terapeuta pierde su licencia, su carrera y a veces la libertad.

Todo terapeuta sabe perfectamente que casi siempre las transferencias no reflejan verdaderos sentimientos, sino emociones, represiones sexuales, falta de autoestima o reflejo de traumas antiguos. La paciente que acude al terapeuta luego de un trauma emocional necesita desesperadamente apoyo, y esta necesidad que a veces se manifiesta como necesidad de ser aceptada o de llenar un vacío emocional que nada tiene que ver con el verdadero amor o atracción sexual legítima. Sus necesidades afectivas le hacen distorsionar la imagen del terapeuta, magnificándola a niveles de irrealidad. Frente a este tipo de situaciones, todo terapeuta debe evitar la contra-transferencia preguntándose:

Si ella no tuviera esa necesidad afectiva, ¿me vería del mismo modo? Mi ética profesional debe hacerme recordar que como tal puedo ayudarla, pero como persona le haría daño.

En los Estados Unidos y en muchos países, las leyes exigen que todo terapeuta comunique a las autoridades la potencial peligrosidad de sus clientes. Si uno de ellos indica al terapeuta que a veces "siente deseos de matar a su vecino", esto puede ser una simple expresión o modo de expresarse, o revelar en sí una posibilidad real de que el sujeto llegue a cometer una agresión física contra su vecino. En todo caso, este tipo de frases deben tomarse muy en serio. Tratando con sujetos que manifiesten peligros potenciales hacia ellos mismos o hacia terceros, el terapeuta se encuentra en la obligación de comunicarlo a las autoridades. Esto le coloca en una posición extremadamente difícil en la que se encuentra "entre la espada y la pared", es decir entre la ética, el secreto profesional y sus obligaciones legales. Para evitar cualquier situación que pueda perjudicarle, el terapeuta debe protegerse legalmente con formularios y documentos de consentimiento que sus clientes deben firmar. En ellos se le pregunta al sujeto si ha sido diagnosticado como epiléptico o si ha tenido ataques de ese tipo, ha caído al suelo, ha sufrido convulsiones, etc. Si la respuesta es afirmativa, no se debe comenzar el tratamiento.

En el documento de consentimiento se le deberá preguntar al paciente si ha tenido problemas mentales o emocionales, y si la respuesta es positiva, se deberá usar una segunda parte del formulario para detallar dicha situación, incluyendo la pregunta de si ha intentado alguna vez suicidarse, si piensa en el suicidio, o si siente o ha sentido impulsos de agredir a otras personas o hacerse daño a sí mismo. Bajo estas líneas y en forma bien visible debe aclararse que si la respuesta es positiva, el terapeuta puede tener la obligación de comunicarlo a las autoridades. De ese modo, en el caso de que el sujeto se suicide, intente matar a otros o agreda a terceros, el terapeuta lo habrá comunicado a las autoridades y quedará exento de responsabilidad civil, ética y criminal.

Por supuesto, cabe la posibilidad de que el sujeto pueda mentir, al leer que si confiesa que ha pensado en el suicidio y siente que quiere agredir a otros, el terapeuta lo comunique a las autoridades. En tal caso, si luego atenta contra su vida o la de otros, el terapeuta tiene el documento de consentimiento firmado, en que el cliente ha negado tener dichos impulsos, y el terapeuta queda exento de responsabilidad, ya que si el sujeto miente, será él el único responsable de lo que afirma y ha firmado. Una sicóloga norteamericana se vio envuelta en un terrible problema legal por no cumplir este trámite, cuando su cliente asesinó a varias personas en un teatro de Aurora, Colorado, Estados Unidos, en julio de 2012.

Muestra de un formulario de hipnoterapia

Enrique de Miranda, RH, CH
Hipnoterapia Clínica -

Sírvase completar esta planilla en su primera visita   (*Toda esta información es CONFIDENCIAL*)

Nombre: ________________________________   Fecha: ____________________

Sras. casadas, nombre completo de solteras: ________________________________

Dónde vive (Incluyendo Zip Code) ________________________________

Teléfono (Incluyendo Area Code) ____________ Celular, con área code ____________

Fecha de nacimieto: ____________ Sexo: F ☐ M ☐ Estado Civil: ____________

Profesión: ____________________ Hijos: ____________ Centro de Trabajo:

________________________________ Tlf. trabajo: (___) ____________

No. de Social Security: ________________ ¿Cómo supo de nosotros? (Marque todo lo que corresponda) ☐ Referencia de mi médico ☐ Referencia de mi psicólogo ☐ Pariente ☐ Amigo ☐ Periódico ☐ Guía Telefónica ☐ Radio ☐ Televisión ☐ Por otros medios | ¿Le han hipnotizado anteriormente? ☐ Sí ☐ No

(Si le han hipnotizado, indique quién, cuándo y por qué) ________________________________

HOJA CLINICA

¿Ha caminado dormido(a) alguna vez? ☐ SI ☐ No - ¿Ha hablado dormido(a) ☐ SI ☐ No

¿Ha estado Ud. bajo tratamiento médico o psicológico durante los últimos 12 meses? ____________

(Si lo ha estado, explique) ________________________________

Alguna vez le han tratado por problemas emocionales? ☐ SI ☐ No | Si le han tratado, ¿está recibiendo tratamiento en estos momentos? ☐ SI ☐ NO ¿Ha tenido alguna enfermedad crónica? ☐ SI ☐ No

¿Ha padecido alguna vez de (marque lo(s) que corresponda(n): ☐ Diabetes ☐ Epilepsia ☐ El corazón

(Si la respuesta es Si, ¿cuándo?) ________________________________

¿Por qué motivo desea tratamiento hipnótico? ________________ ¿Ha tratado de resolver el problema por otros medios? ☐ Sí ☐ No | Resultados: ________________

¿Está recibiendo tratamiento médico en estos momentos? ☐ Sí ☐ No - Nombre del medico que le trata: ________________ Teléfono del médico: (___) ____________

¿Alguna operación en los últimos 3 años? (Si sí, explique) ________________________________

¿Qué medicinas está tomando? ________________________________

____

¿Sufre de alguna alergia? ☐ Sí ☐ No (Si respondió "sí") ¿Cuál? ________________________________

FIRMA DEL PACIENTE: ________________________________

El paciente afirma haber comprendido perfectamente este cuestionario. Sus respuestas segun su leal saber y entender, son exactas.

Otra de las obligaciones del terapeuta se refiere directamente a la salud de quienes acuden a él en busca de ayuda. Es bueno recordar una vez más que no es función del hipnoterapeuta emitir diagnósticos, a menos que sea un médico o psicólogo calificado para hacerlo. El hipnoterapeuta debe trabajar sobre el diagnóstico de los médicos sin interferir con éstos en forma alguna. Observar esta ética profesional no solamente le mantendrá alejado de posibles pleitos civiles o criminales, sino le granjeará la simpatía de los médicos, que estarán dispuestos a ayudarle e incluso a remitirle pacientes para tratamientos paralelos o de apoyo.

Antes de iniciar cualquier tratamiento, en la primera sesión, el hipnoterapeuta deberá hablar con el paciente para conocer todo lo posible sobre su salud. Qué enfermedades tiene o ha tenido, que casos de enfermedad ha habido en su familia, qué medicamentos está tomando y qué médico o médicos le están tratando en ese momento. En los documentos legales usados por el hipnoterapeuta, debe quedar claro que si el paciente se encuentra bajo tratamiento médico, el hipnoterapeuta indica que debe seguir las indicaciones de su médico y continuar con los medicamentos prescritos, ya que la hipnoterapia no es un reemplazo para la medicina. De este modo, el hipnoterapeuta queda protegido legalmente contra posibles acusaciones de "practicar la medicina sin licencia" o de haber creado daños a la salud de terceros.

En ocasiones, recibimos la visita de un enfermo en busca de tratamiento hipnoterapéutico como último recurso, ya que el tratamiento médico regular no le ha dado resultado. Estos sujetos han renunciado por completo a recibir tratamiento médico regular y casi siempre a seguir tomando las medicinas recetadas, lo que en la mayor parte de los casos, puede poner su salud y sus vidas en peligro. Es frecuente encontrar estos casos en pacientes con enfermedades terminales como el cáncer, lupus eritematoso y otras.

En este tipo de casos, si no ayudamos al enfermo terminal con hipnoterapia, no recibirá tratamiento alguno, ya que ha renunciado a continuar su régimen de medicamentos y planes médicos. Pero hemos de agotar las posibilidades. Si solamente se ha tratado con un solo médico, hemos de sugerirle que busque una segunda opinión. En caso de que lo haya hecho ya o se niegue terminantemente a hacerlo, sólo entonces podremos tratarlo. Sin embargo, es necesario que nos protejamos legalmente. El sujeto debe firmar un documento en el que reconoce que, bajo su propia responsabilidad y contrariamente a los consejos del hipnoterapeuta, ha renunciado a seguir el tratamiento médico o el uso de los medicamentos prescritos. Debe declarar igualmente que al tomar esa decisión comprende que pone su vida o salud en peligro y que toma su decisión libremente, sin influencia de otras personas y como solo y único responsable de su propia vida, haciendo uso de su libre derecho a decidir sobre la misma. Sólo cuando ese documento se haya firmado podremos comenzar el tratamiento.

¿Qué sucede si alguien acude a nosotros para un tratamiento y en ese momento no ha sido visto por ningún médico ni está tomando ningún medicamento? Aquí nos estaremos moviendo en un terreno muy peligroso, especialmente si la persona sufre de algún dolor o síntoma que sugiera enfermedades físicas. Basándonos en la hipnosis, podemos fácilmente eliminar un dolor de cabeza que el sujeto describa como migraña, o un dolor abdominal que nos dice le sucede cuando se encuentra tenso o preocupado, pero guardémonos muy mucho de hacer tal cosa. Un dolor de cabeza pertinaz puede ser mucho más que una migraña, y tratarse de un tumor cerebral o una enfermedad cerebro vascular. El dolor abdominal puede ser una úlcera o un cáncer del colon.

Para personas con padecimientos que no hayan sido tratados o diagnosticados por los médicos, debemos remitir al enfermo al especialista correspondiente, neurólogo en el caso de los dolores de cabeza y gastroenterólogo en el caso del dolor abdominal. Si mantenemos una lista de buenos médicos a los que podemos referir pacientes y que se sientan cómodos refiriéndonos de vuelta esos pacientes para tratamiento de apoyo, una vez diagnosticados y con planes médicos de tratamiento, estaremos estableciendo excelentes relaciones profesionales, cumpliendo con la ley y cuidando realmente la salud de quienes acuden a nosotros para recibir ayuda.

Casos que desafían la lógica

La mujer que veía con los ojos cerrados – Pruebas de consciencia y sensaciones experimentadas fuera del cuerpo – La curación de un cáncer incurable – Suicidada con agua - Edgar Cayce, el Profeta Durmiente – El condenado a muerte ejecutado con hipnosis

En un increíble experimento, a una paciente de Bernheim la fotografiaron despierta. A continuación, puesta en estado sonambúlico, se le sugirió que experimentara distintos sentimientos, como tristeza, alegría, ira, etc. A medida que ella experimentaba dichos sentimientos, la expresión de su rostro cambiaba y se iban tomando fotos de cada una de estas expresiones. Al despertar, ella no sabía que se habían tomado esa serie de fotos mientras dormía, pues estaba bajo hipnosis profunda. Días más tarde, Bernheim la hipnotizó de nuevo, y le sugirió que cuando despertara, tomaría el libro que estaba en la mesilla junto a la cama y que en él vería su foto. No había foto alguna en el libro, pero la mujer "vio" la primera foto tomada mientras dormía, en la que se le había sugerido sentir tristeza. Se reconoció a sí misma, pero señaló que tenía una expresión de tristeza. Berheim le pidió que pasara a la siguiente página y nuevamente "reconoció" su foto, pero esta vez dijo que se veía como disgustada (en efecto, la segunda foto tomada mientras dormía, correspondió a la sugerencia de que sentía ira). Bernheim le pidió que pasara nuevamente la página y ella "vio" la tercera foto imaginaria, y dijo que no sabía por qué estaba asustada. En efecto la tercera foto se tomó cuando se le sugirió en estado sonambúlico que sentiría miedo.

En realidad, no existe una explicación lógica para ese tipo de fenómenos. Las fotos se tomaron a distancia, con la luz natural existente y sin producir ruido alguno, mientras la mujer tenía sus ojos completamente cerrados. ¿Cómo pudo saber el orden en que le habían tomado las fotos mientras dormía y ver dichas fotos que en realidad no estaban en el libro y ella nunca había visto? La hipnosis nos depara muchas otras sorpresas respecto a reacciones y fenómenos que la ciencia es incapaz de explicar.

Casos como el anteriormente descrito, nos hacen preguntarnos cuáles son los límites de la mente humana. Y la respuesta se pierde en el infinito. Muy poco conocemos de esa mente, pero los pocos estudios serios y objetivos sobre el subconsciente y la hipnosis, nos indican que esa mente es capaz de realizar cosas increíbles que parecen rozar los bordes de lo imposible.

Cuando la hipnosis comenzó a investigarse seriamente, en el siglo XIX, se hicieron numerosas pruebas con imanes. Dado que aún se debatía si la hipnosis era alguna forma de magnetismo, resultaba lógico que se realizaran pruebas de ese tipo. El médico francés Luys, creó un aro en el que insertó varios imanes y lo colocó en la cabeza de un paciente que sufría de hemiplejia y trastornos del habla. Al cabo de un rato, y sin decir una palabra, el médico retiró el aro con los imanes de la cabeza del enfermo y se dirigió a una habitación cercana en la que se encontraba una persona sana puesta bajo hipnosis profunda. Tan pronto le colocaron en la cabeza el aro que había estado en la cabeza del hemipléjico, el sujeto hipnotizado quedó totalmente paralizado del lado derecho del cuerpo, el mismo afectado en el hemipléjico, y le resultó casi imposible pronunciar palabra alguna. Por supuesto, el sujeto no sabía nada sobre el hemipléjico y la idea de colocarle en la cabeza el aro que había tenido el hemipléjico, se le ocurrió al médico súbitamente.

En el siglo XIX, cuando la hipnosis comenzó a interesar a muchos médicos famosos, la medicina aún no se había vuelto tan tecnológica como en la actualidad. Resultaba natural, pues, investigar sobre la enorme potencialidad de la hipnosis en campos tales como la anestesia quirúrgica, la psiquiatría, la neurología e incluso en la patología de diversas enfermedades. Tal vez si dichas investigaciones hubieran continuado, se habría descubierto aplicaciones mucho más vastas de la hipnosis en el tratamiento de diversas enfermedades. Esto es lamentable, puesto que si bien la medicina convencional ha realizado portentosos descubrimientos y avances increíbles, los medicamentos químicos recetados por los médicos siempre producen efectos secundarios indeseables, en ocasiones tan devastadores que resultan peores que las enfermedades que pretenden curar. En nuestros días, muchos enfermos de cáncer prefieren recibir solamente tratamientos paliativos o recurrir a la medicina natural antes que afrontar los aterradores efectos de las radiaciones o la quimioterapia. Si bien tales terapias suelen prolongar sus vidas, los enfermos suelen preguntarse si la calidad de ellas merece la pena de ser vivida. Sobrevivir para perder el cabello, sufrir vómitos y náuseas frecuentes, dolores intolerables, hemorragias, falta de apetito, sabor metálico en la boca, sudoración, incontinencia y dificultad de respiración, hace decidir a muchos enfermos a renunciar a todo tratamiento y buscar una muerte lo más rápida posible.

Pero sin tratarse incluso de enfermedades tan devastadoras como el cáncer, sino de otras para las que pueden existir curas o mejorías substanciales, en el pasado se realizaron diversos experimentos que produjeron resultados increíbles con el uso de la hipnosis. Y la aplicación de procedimientos hipnóticos produce resultados limpios, sin efectos secundarios de ningún tipo. Aunque hoy en día pocos médicos se atreverían a usar la hipnosis en casos de enfermedades de índole diferente a las psicosomáticas, en el pasado muchos médicos de renombre y gran honestidad profesional obtuvieron resultados increíbles en el tratamiento de diversas enfermedades usando solamente la hipnoterapia.

Berheim fue sin duda el más destacado de ellos, pero no fue el único. La literatura médica de la época recoge cientos de casos comprobados que hoy en día muchos médicos rechazarían como imposibles. La hipnosis médica se ha relegada al olvido, simplemente porque han surgido otras formas de tratamiento basadas en enfoques más tecnológicos, químicos y electrónicos. Pero en el siglo XIX, la hipnosis fue la estrella indiscutible de la medicina experimental.

El Dr. Kinsbury nos describe varios casos interesantes en su libro *The Practice of Hypnotic Suggestion,* editado en 1891. Uno de los más importantes se refiere a un hombre de 36 años, que tocaba el violín, y luego de haber recibido una herida profunda en la mano, tuvo como consecuencia la contracción de los dedos meñique y anular que se replegaron hacia la palma de la mano. En nuestros días, se hubiera recurrido a la cirugía como única alternativa posible, o se hubiera considerado el caso como de imposible curación. Sin embargo, el Dr. Kinsbury decidió utilizar la hipnosis, a pesar de que el paciente no creía que la misma pudiera mejorarle su estado.

Bajo hipnosis, el Dr. Kinsbury pudo extenderle los dedos sin que tal cosa produjera dolor alguno. Dos días más tarde, en una nueva sesión hipnótica, el médico logro extender los dedos más aún. Luego de esto, el sujeto regresó a su casa y por primera vez en casi un año, pudo tocar el violín nuevamente. A partir de allí, pudo recuperar el uso normal de la mano y la lesión no produjo contracción nuevamente. Existe un grupo de fotografías tomadas antes y después del tratamiento en que pueden observarse claramente la contracción anormal de los dedos y posteriormente la extensión normal de los mismos.

Otro paciente, un hombre de 32 años, recibió lesiones severas en la columna vertebral a consecuencia de un accidente ferroviario. Varias vértebras resultaron afectadas, con dolor intenso en las regiones dorsal y lumbar, así como en ambos hombros y brazos, Por ende el dolor de cabeza era intermitente y las manos y los pies del sujeto se enfriaban anormalmente. Con tratamiento hipnótico solamente todos estos síntomas y secuelas del accidente desaparecieron, y cinco semanas más tarde el hombre viajó a Escocia y allí pudo volver a caminar extensamente, una de sus distracciones favoritas.

Nos preguntamos, ¿cómo habrían sido tratados ambos casos en estos momentos? Ciertamente, no con hipnosis, sino con otros métodos más de acuerdo con los conceptos actuales, con lo que nunca hubiéramos sabido los efectos beneficiosos de la hipnosis en casos de traumatismos y lesiones orgánicas, no solamente casos de tipo mental o nervioso.

En otro caso famoso, al sujeto hipnotizado se le sugirió que la sensibilidad de su piel saldría de su cuerpo a una distancia de dos palmos del mismo. En estado sonambúlico y con los ojos completamente cerrados, el médico pinchó con una aguja el aire a la distancia de su cuerpo en que le dijo que estaría su sensibilidad. Inmediatamente, el sujeto dio un grito de dolor, y se llevó la mano al sitio de su brazo correspondiente al lugar en que el médico había pinchado el aire. Pero si le pinchaban la piel, no sentía dolor alguno. Nos hallamos aquí frente a un hecho que resulta completamente imposible, y sin embargo, fue comprobado y repetido varias veces, incluso vendando los ojos del paciente, bajo un control riguroso que incluía que el médico se moviera en absoluto silencio y con bajos niveles de luz en el lugar.

Otros casos de transferencia de sensibilidad consistieron en transferir la sensibilidad de un sujeto hipnotizado a otra persona en estado de vigilia en una habitación cercana. Aunque el sujeto hipnotizado no podía ver ni saber lo que sucedía en la otra habitación, cuando el médico pinchaba el brazo de la otra persona, el sujeto bajo hipnosis sentía el pinchazo en el mismo sitio de su cuerpo, mientras que la persona en estado de vigilia no sentía absolutamente nada.

Si aceptamos lo que la evidencia demuestra, es posible que los sentidos del cuerpo puedan proyectarse y existir fuera del mismo. Esto parece dar la razón a quienes creen que es posible que el alma o la consciencia puedan proyectarse fuera del cuerpo, tal y como los yoguis y metafísicos han afirmado durante milenios. A esta aparente habilidad de la consciencia de poder salir del cuerpo se le ha llamado "viaje astral" y a veces "proyección de consciencia" o simplemente "proyección". En innumerables casos de ECM (Experiencias Cercanas a la Muerte) las personas que han estado clínicamente muertas, han descrito al resucitar situaciones y escenas que han estado ocurriendo mientras ellas estaban muertas, que no podrían haber presenciado a menos que hubieran salido fuera de sus cuerpos, ya que a veces se trataba de sitios alejados del cuarto de hospital o del quirófano en que se encontraban al fallecer. De esto hablaremos en otro capítulo del libro.

Contaba mi madre sobre dos casos completamente opuestos, pero que demostraban el poder increíble de la sugestión. El primer caso se refería a una amiga suya de la juventud, hija de una familia rica, que comenzó una relación amorosa con un joven empleado. La familia se opuso a dicha relación y ante la negativa de la joven a terminar dicha relación, optaron, cosas de la época, por recluirla en su dormitorio, clausurar la ventana del mismo clavando listones de madera, y encerrarla con llave sin dejarla salir. El dormitorio tenía un baño incorporado e instalaron una mesa junto a la cama de la joven. La criada le llevaba diariamente la comida y se ocupaba de lo que precisara en cuanto a su ropa, jabón para el baño, etc.

Pensaba la familia de la infortunada jovencita que aislándola del mundo exterior terminaría por olvidar su romance con el joven empleado, cuyo defecto consistía solamente en no tener el mismo estándar social y económico de ellos.

Al cabo de algunos días, durante los cuales la joven apenas comía y se mostraba cada vez más apática y melancólica, pidió a la criada que le comprara veneno para las ratas, pues había visto a una correr por su habitación, cosa que la aterraba. Sabiendo la criada que tal cosa era imposible, y temiendo que el pedido ocultara en realidad un propósito muy diferente, comunicó a los padres de la joven lo que ésta le había pedido. Los padres llegaron a la conclusión de que la joven quería suicidarse y decidieron darle una lección. Pidieron a la criada que fuera a comprar el veneno y se lo entregara a ellos, en vez de a la chica.

En aquellos tiempos lejanos de principios del pasado siglo, fuertes venenos se vendían en ferreterías y otros sitios, para matar ratas y otras alimañas. Algunos de ellos, utilizados para estos menesteres, se vendían en frascos de cristal cerrados con un corcho a modo de tapa y con la clásica etiqueta de la calavera con las dos tibias cruzadas indicando el peligro, y las palabras PELIGRO, VENENO, destacando en grades letras debajo. Algunos de estos líquidos eran completamente transparentes y se rociaban sobre los alimentos para exterminar a los roedores. Cuando la criada entregó el frasco a los padres de la chica, éstos vaciaron el frasco y lo lavaron cuida-dosamente, pusieron un corcho nuevo para cerrarlo y le dijeron a la criada que se lo entregara a la joven como si todavía contuviera el veneno. La criada siguió las instrucciones y entregó el supuesto veneno a la hija de sus patronos.

Esa noche, los padres observaron disimuladamente a través del ojo de la antigua cerradura de la puerta, cómo la joven vaciaba el contenido del pequeño frasco en el vaso de agua que tenía sobre la mesa de noche y a continuación lo bebía completo. Pensando que la chica aprendería una lección al ver que su intento de suicidio fallaba, todos se retiraron a dormir tranquilamente. A la siguiente mañana la criada llevó el desayuno, como cada día, a la chica enclaustrada, pero ésta dormía profundamente y no respondió a la llamada de la criada.

Esta se retiró y dos horas más tarde entró en la habitación y observó que la joven continuaba dormida, por lo que decidió comunicárselo a los padres. Estos le dijeron que la dejara dormir un poco más, ya que probablemente la idea de que iba a quitarse la vida le había creado una gran tensión que le producía un pesado sueño. Pero a mediodía, los padres decidieron que ya el sueño se prolongaba demasiado, y temiendo un sopor anormal o incluso un desmayo, entraron en la habitación para despertarla. Al tratar de despertarla infructuosamente, notaron que su piel estaba anormalmente fría y no parecía respirar, por lo que mandaron a llamar al médico que, al llegar y reconocerla, dictaminó que había muerto hacía varias horas.

¿Qué mató a esta joven? ¿Cómo puede alguien envenenarse con agua? ¿Es esto posible? Por supuesto que lo es, pero para comprender los factores que hicieron tal cosa posible, es necesario entender los oscuros mecanismos de la mente subconsciente y los principios de la sugestión. Ella estaba totalmente convencida de que estaba bebiendo un veneno, y la sugestión fue lo suficientemente fuerte como para hacer que la mente subconsciente aceptara esa idea como real. La mente subconsciente de la chica *sabía* que si alguien bebía un frasco completo de aquel terrible veneno, *tenía que morir.* Por tanto, dio los pasos necesarios para que tal cosa se produjera, provocando un paro cardíaco que fue la causa directa de su muerte.

Un caso ampliamente divulgado en la Francia del siglo XIX, fue el de un condenado a muerte que debería ser guillotinado por un crimen cometido. Se le preguntó si prefería que le ejecutaran por desangramiento, lo que el condenado aceptó de inmediato. Le ataron a una silla, le vendaron los ojos y le fueron indicando paso a paso las supuestas acciones que iban efectuando para desangrarle.

Le dijeron que con un afilado cuchillo le cortarían una arteria del brazo y dejarían que la sangre corriera por el brazo y cayera en una cuba en el suelo. Con un cuchillo sin filo alguno, completamente romo, simularon cortar el brazo del condenado, que hizo un gesto de dolor como si hubieran hecho un corte profundo. Sin embargo, en la piel no había quedado ni siquiera una marca.

A continuación, de un recipiente ya preparado con agua tibia, fueron vertiendo cuidadosamente con una esponja pequeñas cantidades de la misma, que corrían sobre el brazo atado del hombre y caían en el depósito que estaba en el suelo. Al mismo tiempo, el verdugo y el hipnotista comentaban cuánta cantidad de sangre estaba saliendo del brazo, y el ruido que la misma hacía al caer en el recipiente en el suelo.

El condenado comenzó a ponerse pálido, como si realmente se estuviera desangrando, y dijo que se sentía mareado, que iba a perder el sentido y a morir. El verdugo y el hipnotista comentaron que cada vez estaba más pálido mientras seguían haciendo correr por el brazo de la víctima el agua tibia, que caía en el depósito. Comentaron luego que la sangre ya se estaba coagulando y que el depósito estaba casi lleno, que ya no le quedaba casi sangre en el cuerpo. Pocos minutos más tarde, el condenado dejó caer la cabeza sobre el pecho y murió.

El médico de la prisión certificó que la muerte se había debido a un paro cardíaco. Como en el caso de la joven que se envenenó con agua, el hombre condenado a muerte murió por sugestión. Convencido de que lo que comentaban el verdugo y el hipnotista era cierto, sintió como el cuchillo cortaba la carne y quedó convencido de que el líquido caliente que corría por el brazo y caía en el recipiente era su propia sangre. La mente subconsciente, segura de que el cuerpo quedaba vacío de sangre y el único resultado posible era la muerte, paralizó el corazón para que la misma pudiera ocurrir.

El otro caso, de resultados más felices, se refería a una prima lejana de mi abuela, una mujer de extrema bondad y grandes virtudes, casada con un hombre cruel y desaprensivo que tenía una amante. En aquellos tiempos no existía el divorcio, e incluso la simple separación legal era extremadamente difícil. La esposa legítima, luego de sufrir años de maltratos y abusos, contrajo cáncer de seno, para extrema alegría de su cruel marido. Cuando los médicos confirmaron el diagnóstico, siguiendo la costumbre de aquellos tiempos, dijeron a la mujer que no se preocupara, que no se trataba de nada grave. Sin embargo, hablaron a solas con el marido y le informaron de la verdadera naturaleza mortal de la enfermedad.

La mujer padecía de un cáncer inoperable y no podría vivir por más de un año.

Conocer la noticia llenó de alegría a aquel miserable y llegó a la conclusión de que esperar un año para quedar libre de la esposa era demasiado tiempo. Pensó que si ella supiera que estaba condenada a muerte en un corto plazo de tiempo, eso aceleraría el deterioro de su salud y moriría mucho antes. Dicho y hecho, comunicó a su esposa que en realidad tenía un cáncer inoperable, y que los médicos le habían mentido según era costumbre, añadiendo que le quedaba poco tiempo de vida. La mujer decidió preguntar a los médicos, que tuvieron que confirmarle la verdad. Luego del choque inicial y una profunda depresión, la enferma, que conocía de la existencia de la amante, comprendió la verdadera intención del marido al comunicarle aquella terrible noticia. Al saberlo, se indignó ante la bajeza de la acción y llena de justa ira le gritó al hombre que "no iba a darle el gusto de morirse para que él se casara luego con la otra".

En aquellos tiempos, mucho antes de la medicina nuclear o la quimioterapia, un tumor de cáncer, incluso si era operable, equivalía a una sentencia de muerte a corto o mediano plazo. La mujer tomó las medicinas paliativas que trataban de controlar el dolor, y los médicos y el marido comenzaron a esperar el desenlace. Sin embargo, el desenlace no llegaba, y el aspecto de la mujer comenzó a mejorar rápidamente. Los colores volvieron a su rostro, se levantaba de la cama y comenzó a ocuparse nuevamente de las tareas del hogar. La siguiente visita a los médicos reveló que el tumor se había reducido, y esto continuó hasta que desapareció por completo. Para asombro e incredulidad de los médicos, y frustración del marido, la mujer se recuperó completamente y el cáncer nunca regresó. Un par de años más tarde, la mujer obtuvo la separación legal y el marido nunca pudo casarse con la amante, ya que murió primero que ésta y que la esposa.

¿Cómo puede un cáncer simplemente desaparecer por sí solo? ¿Qué curó a esta mujer? Lo mismo que mató a la otra: la sugestión. En este caso la mente subconsciente aceptó el fuerte deseo y la *seguridad* de que se produciría una curación, y dio los pasos necesarios para lograrlo, eliminando completamente el tumor. Dos casos con finales completamente diferentes, pero basados en el mismo principio. La mente humana, esa tierra de nadie desconocida que llamamos subconsciente, contiene potencialidades creativas desconocidas y prácticamente ilimitadas.

Aunque mucho se hablado de la regresión hipnótica, poco se conoce sobre la progresión. La regresión hipnótica constituye una valiosa ayuda para descubrir la causa oculta de traumas y fobias. Existe la regresión al pasado, que puede referirse a la regresión a la infancia, a la adolescencia o a cualquier fecha del pasado, sea de días, meses o años atrás. Existe también, y esto es algo de lo que se ha hablado mucho en los últimos años, la regresión de vidas pasadas, un tema altamente controversial, al cual dedicaremos un capítulo entero de este libro.

Aunque las ventajas de utilizar la regresión al pasado se han demostrado ampliamente, la progresión al futuro permanece en el campo más bien empírico de la hipnosis. Su aplicación en la hipnoterapia se reduciría a transportar mentalmente al sujeto a un futuro ideal en el que podría observase a sí mismo completamente curado o libre de los problemas que originalmente le llevaron a buscar ayuda. Por ejemplo, a una mujer con sobrepeso se le puede reforzar la voluntad para que comience a rechazar chocolates y alimentos ricos en calorías si en estado hipnótico le hacemos verse a sí misma, varios meses más adelante, usando la ropa que hace años tuvo que dejar de usar debido al sobrepeso.

Por supuesto que al mencionar las progresiones, alguien pensará enseguida en obtener beneficios económicos. Numerosos intentos se han realizado tratando de descubrir por anticipado el número ganador de la lotería o el nombre del caballo ganador, o la combinación de las quinielas, pero que se sepa, sólo hay evidencias de un caso en el que bajo hipnosis profunda un sujeto predijo acertadamente el nombre del caballo ganador del Derby, ganando una suma fabulosa para él y el hipnotista. No hay dudas de que muchos otros deben haber tratado de usar la hipnosis con progresión al futuro con fines similares, pero la cosa no es tan fácil como parece. Para comenzar, una progresión al futuro real es algo extremadamente difícil que requiere sujetos altamente sensibles capaces de entrar a los niveles sonambúlicos más profundos. En segundo lugar, el hipnotista debe tener un dominio completo de las complicadas técnicas requeridas para lograr una progresión a un futuro real, no imaginario. Y en tercer lugar, existe un factor desconocido que anula las posibilidades de éxito en la mayoría de los casos, aunque no sabemos por qué.

***

La historia de Edgar Cayce, "El Profeta Durmiente", es una de las más apasionantes dentro de los increíbles horizontes de la hipnosis. Edgar Cayce nació el 18 de marzo de 1877 en Hopkinsville, Kentucky. En su juventud, trató de probar fortuna infructuosamente como agente de seguros y fotógrafo, mientras continuaba sus tareas devocionales con la iglesia a la que pertenecía. Cayce nunca olvidó su profunda vocación religiosa y leía la Biblia diariamente, costumbre que siempre observó hasta el fin de su vida. Pero sus facultades curativas no se descubrieron hasta que un día resultó afectado por una fuerte faringitis que le impidió hablar por casi un año. Por aquellos días, un hipnotista de teatro visitó Hopkinsville y supo de la afección de Cayce y le invitó a subir al escenario para ayudarle con su faringitis. Bajo hipnosis, Cayce pudo hablar perfectamente, aunque la imposibilidad de hablar se manifestó de nuevo tan pronto despertó del trance.

El hipnotista se marchó de Hopkinsville, pero otro hipnotista local, llamado Al Layne, decidió tratar de ayudar a Cayce para que recuperara la voz. Y este es el minuto crucial que convirtió a Cayce en el sanador más famoso de los Estados Unidos. Layne puso a Cayce en hipnosis, pero en ver de sugerirle simplemente que podría recuperar la voz y hablar perfectamente, le sugirió que *descubriera la causa del problema y la cura del mismo*. Así dio comienzo una increíble carrera de sanador que durante años Cayce llevó a cabo, realizando curaciones infalibles para miles de personas, a veces que ni siquiera estaban situadas frente a él, sino a miles de kilómetros de distancia.

Bajo hipnosis, cuando a Cayce se le pidió que describiera su problema e indicara la cura del mismo, se estaba iniciando un sistema que más tarde se conocería como *"autoscopia"*. El sujeto, en estado de trance, observa el cuerpo del enfermo como si fuera transparente y puede ver el interior del mismo y localizar dónde reside el problema. No obstante, en este caso, se le pedía a Cayce no sólo que localizara el problema, sino también que indicara su cura. Y Cayce comenzó a hablar en un profundo trance sonambúlico. Lo primero que resultó sorprendente es que se refería a sí mismo en plural, como si hablara de sí mismo y alguien más. *Tenemos al cuerpo* – comenzó a hablar Cayce en voz monótona y lejana, utilizando la frase que en el futuro iniciaría el comienzo de sus sesiones de curación.

A continuación, el que más adelante sería conocido como "El Profeta Durmiente", describió su problema como una parálisis psicológica que podía curarse aumentando la circulación de sangre a la laringe y las cuerdas vocales. El hipnotista sugirió entonces a Cayce que aumentara el flujo sanguíneo a la zona y casi al momento, el cuello y los hombros de Cayce comenzaron a volverse rojos, indicando un mayor flujo de sangre a esa zona. Unos 20 minutos más tarde, Cayce, aún en trance, indicó que ya el tratamiento estaba terminado. Layne lo despertó y Cayce pudo hablar normalmente. El tratamiento se repitió un par de veces más y Cayce quedó completamente curado.

Ante los sorprendentes resultados obtenidos, el propio hipnotista pidió más adelante a Cayce que lo revisara a él y que indicara una cura a sus males, cosa que el primero hizo con total seguridad y exactitud. Layne sugirió a Cayce, ya despierto, que utilizara aquel don increíble en sanar a otras personas, y así comenzó la meteórica carrera curativa del mayor sanador en la historia de los Estados Unidos.

La fama de Cayce comenzó a crecer y cientos de personas se acercaron a él para lograr la cura de sus males. Cayce comenzó también a recibir cientos de cartas de lugares cercanos y distantes de gente enferma y desesperada. Por tanto, tuvo que pedir donaciones voluntarias para poder dedicarse por completo a las curaciones. Su fama comenzó a extenderse por todo el país, y muchos que sólo buscaban obtener beneficios, le ofrecieron jugosas ganancias económicas si trabajaba para ellos y adivinaba, por ejemplo, los caballos ganadores en las carreras o los altibajos de la bolsa. A pesar de sus necesidades económicas, Cayce rechazó siempre tales ofertas, aunque en unas pocas ocasiones aceptó realizar sesiones sobre temas no curativos. En tales casos, las predicciones nunca resultaron acertadas. Parecía que el extraño don del Profeta Durmiente sólo resultaba efectivo para curar a los enfermos.

Una de las más sorprendentes características de las sesiones de Cayce es que una gran mayoría de ellas se realizaba para personas distantes. El vidente recibía las cartas dando a veces solamente el nombre y la edad de la persona, o la localidad en que vivía. Con tan pocos detalles, Cayce era puesto en trance hipnótico y se le pedía que "viera" el cuerpo de la persona enferma y recetara la medicina o el tratamiento adecuado. Invariablemente, aun cuando la persona no estuviera ante él, Cayce comenzaba la sesión, una vez puesto en trance hipnótico, con las palabras "Tenemos el cuerpo", y a continuación describía los órganos o partes del cuerpo afectados, utilizando casi siempre descripciones y terminología médicas de las cuáles nada conocía. No resulta sorprendente, pues, que muchos médicos comenzaran a transferir casos desesperados a Cayce para lograr curaciones que para ellos resultaban ya imposibles.

En varios casos, Cayce describió con exactitud los problemas de salud que aquejaban a los enfermos, recentándoles medicinas que a veces nadie conocía aún. En uno de estos casos, recetó una medicina que acababa de salir a la venta y que en esos momentos sólo podía obtenerse en una farmacia de la localidad. Cayce describió acertadamente el nombre del medicamento, de la farmacia y el farmacéutico e incluso describió el sitio de la farmacia en la que se encontraba el medicamento. ¿Cómo era esto posible? Casos como el anterior aparecen registrados en los archivos sobre Cayce en forma numerosa. El misterio sigue sin descifrar.

Al despertar, Cayce no recordaba nada de lo sucedido durante el trance. Al pasar los años, logró establecer un hospital en Virginia Beach, mantenido por un rico paciente que se benefició de sus curaciones. Poco a poco, sus sesiones fueron derivando hacia un ángulo más esotérico, ocupando la mayor parte de ellas en detrimento de sus curaciones. Cuando realizó sus primeras *lecturas de vida,* descifrando las vidas anteriores de quienes acudían a él, Cayce enfrentó un reto que le desestabilizo emocionalmente. Su formación cristiana le impedía aceptar la reencarnación, mientras la fuerza o inteligencia desconocida que le guiaba y hacía posibles tales lecturas, parecía descubrir las vidas pasadas de sus consultantes. No obstante estas actividades, que llegaron a desplazar las sesiones de curación, no resultaban tan exactas o beneficiosas.

Existe sin embargo un caso increíble en el que un músico ciego fue parcialmente curado por Cayce y recuperó la visión en uno de sus ojos. El hombre sentía una gran atracción por los ferrocarriles y la historia de la guerra civil norteamericana. En la lectura de vida del vidente, éste informó al músico que en su vida anterior había sido un soldado de los confederados sureños llamado Barney Seay y que sus datos podría encontrarlos en el Estado de Virginia. El hombre acudió a revisar los archivos del capitolio en dicho Estado, y en efecto, encontró los datos descritos por Cayce. Un tal Barney Seay había sido soldado en el ejército del general Lee, y los archivos incluían otros datos de interés.

Llegamos aquí a un aspecto sumamente interesante de la hipnosis. Se refiere a la utilización de la misma en terrenos poco convencionales que parecen más relacionados con la metafísica o la espiritualidad que con los de la medicina, psicología o psiquiatría profesionales. En primer lugar, para que Cayce pudiera "ver" a los enfermos y recetarles o indicarles los métodos de curación o los medicamentos adecuados, tenían que ponerle en hipnosis. La hipnosis entonces le permitía acceder a alguna fuente de energía o conocimiento desconocida. Algo o "alguien" hacía que pudiera ver como transparente el cuerpo de los enfermos, incluso a distancia, y efectuar la curación, que sucedía en forma predecible y correcta. ¿Qué fuerza era ésta? ¿Quién o qué hablaba por la boca de Cayce? Nunca lo sabremos.

El Profeta Durmiente murió el 13 de enero de 1945 a consecuencia de una embolia cerebral, pero su memoria perdura como el mayor psíquico y sanador de Estados Unidos. A su muerte, parientes y amistades crearon la fundación Edgar

Cayce, que opera en Virginia Beach y vende las recetas de Cayce para diversas enfermedades.

Aunque no existen casos de autoscopia o tele diagnosis tan bien documentados como los de Cayce, existen otros casos anteriores en los que sujetos puestos bajo hipnosis pudieron diagnosticar correctamente las enfermedades de otras personas a las que jamás habían visto ante ellos y que en ocasiones se encontraban a grandes distancias. Uno de estos casos se refiere a un tal doctor Larkin en Massachusetts. Este médico tenía una joven criada llamada Mary Jean que padecía de ataques, aparentemente de epilepsia. Dado que el caso data de los años 1800, no existe mucha verificación al respecto. Hablamos de una época en que la hipnosis aún se consideraba algo casi mágico y desconocido, y los ataques de epilepsia o los problemas psicológicos eran catalogados como ocultismo o mediumnidad.

El Dr. Larkin comenzó a poner bajo hipnosis a la muchacha con el propósito de curarla, pero quedó sorprendido por lo que sucedió después. La criada comenzó a describir su propia enfermedad y también el modo de curarla. Las medicinas indicadas en su trance hipnótico resultaron adecuadas y se produjo la curación. A partir de allí, Larkin comenzó a hipnotizar regularmente a la muchacha para diagnosticar casos difíciles. Bastaba con que Larkin le mencionara el nombre de un paciente y la chica, en estado de hipnosis, describía perfectamente la enfermedad y su cura. Esto se repitió una vez tras otra, hasta que ella comenzó a mencionar que ciertos espíritus le indicaban cómo curar las enfermedades de los pacientes que le mencionaban. Pero llegó un momento en que las cosas comenzaron a marchar en una dirección diferente, y estando Mary Jean en trance hipnótico, éste parecía convertirse en trance mediúmnico. Se escuchaban ruidos por las paredes, lejos de ella, y los objetos se movían aparentemente por sí solos, convirtiéndose todo ello en la clásica manifestación de los *poltergeists.*

Dado que nos interesa en este punto del libro concentrarnos solamente en el aspecto puramente hipnótico de tales sucesos, no analizaremos el resto del caso mencionado. No obstante, surge la pregunta de si la hipnosis puede servir de puente para conducir a estados de consciencia alterados en los cuáles se puedan manifestar otras posibilidades todavía desconocidas por la ciencia. Muy lejos de quienes pretenden mezclar la demostrada efectividad de la hipnosis como herramienta médica, con teorías sobre ángeles o espíritus oscuros, es indudable que en ocasiones las fronteras entre lo profesional y lo invisible, entre lo racional y lo inexplicable, no aparecen bien delimitadas.

Otro caso extraño fue el de Andrew Jackson Davis, un joven de Nueva York que puesto en hipnosis por un hipnotista aficionado, de apellido Levingston, fue capaz de leer un periódico doblado que colocaron sobre su frente, cuando el hipnotismo, "mesmerismo", como aún se le llamaba en 1843, hacía furor en Estados Unidos.

Pero el joven Davis pudo hacer más que leer un periódico doblado. Pronto se descubrió que era capaz, como Cayce, de diagnosticar enfermedades acertadamente. Cuando se le ponía en trance, adquiría la facultad de ver el cuerpo humano como si fuera transparente. Era capaz de ver los órganos internos, los nervios y las venas y describir las enfermedades que padecían quienes acudían a él en busca de ayuda. Davis nunca pudo diagnosticar a distancia como Cayce, ni alcanzó la fama de éste. Pocos años después dejó de ejercer como sanador espiritual y se dedicó a escribir libros.

Regresiones

Regresiones a la infancia y adolescencia – La terapia de insensibilización - Regresiones de vidas pasadas – Cambios de libreto – La teoría del Karma – Los trasplantes de órganos y el trasplante de memorias – Los doctores Raymond A. Moody, Brian Weiss e Ian Stevenson. – El caso de Bridey Murphy.

Cuando hablamos de regresiones la mayor parte de las personas piensan inmediatamente en la regresión de vidas pasadas, que se han hecho tan populares en los últimos años. Sin embargo, esta es la parte o aplicación más metafísica de la hipnosis. Las regresiones a la infancia o adolescencia, o simplemente a cualquier fecha anterior, se usan rutinariamente en hipnoterapia para encontrar la causa de traumas, fobias, falta de auto estima, ataques de pánico, etc.

La memoria de la mente humana es sorprendente. Su capacidad es ilimitada. La mente consciente recuerda todo aquello que nos resulta útil y necesario para la vida diaria: dónde tenemos las llaves del auto, a quién teníamos que llamar por teléfono a las 11 de la mañana, etc.

Pero los recuerdos del pasado no se extienden a más allá de unas horas en la mente consciente. No más de unos tres días atrás, según la opinión más aceptada.

La mente subconsciente, en cambio, guarda un cuidadoso registro de cada cosa que sucede en nuestra vida, por intrascendente o remota que pueda parecer. Numerosos experimentos han demostrado que una simple ojeada a un anaquel lleno de libros, basta para que, bajo hipnosis, la mente subconsciente pueda recordar el título de dichos libros, el color de los mismos, si eran voluminosos o de pocas páginas, el nombre del autor, si éste era visible, y el lugar que ocupaba en el anaquel cada libro. Hacer esto conscientemente es totalmente imposible. Los recuerdos de la mente consciente son analíticos y descriptivos; los de la mente subconsciente son fotográficos.

Si recordamos más o menos el tema de una película que vimos ayer o la semana pasada, describiremos unas pocas características visuales de los protagonistas. Hablaremos principalmente de *lo que hicieron.* Diremos que estaban en un auto, o que corrían por un prado, etc. Pero a menos que el color, marca o modelo del auto fuera el tema principal de la película, muy pocos podrán recordar esos detalles, o si el auto se veía limpio o un poco sucio, si el actor principal tenía un bolígrafo en el bolsillo de su camisa o si la chica que iba con él tenía el bolso de mano en la mano izquierda o la derecha. Detalles como esos, sólo los recuerda la mente subconsciente, porque son detalles fotográficos, y esa capacidad pertenece a dicha mente.

Si un criminal penetra a robar en una tienda y comete un asalto, cuando la policía interroga a los testigos que se encontraban presentes, la mente consciente de los mismos recuerda unos cuántos detalles. Por ejemplo, si el bandido era extremadamente alto, ese detalle lo recordará la mayor parte de los presentes, por tratarse del rasgo más característico de la persona. Pero si el asaltante no poseía ningún rasgo característico que lo distinguiera de cualquier otra persona, la policía se encontraría frente a grades dificultades para identificarlo. Las descripciones de los testigos serían contradictorias. Unos dirían que el asaltante era más bien bajo de estatura, mientras otros lo describirían como de estatura normal. Para algunos, el individuo tenía el cabello largo, y otros dirán que lo tenía más bien corto. No faltará quienes digan que se trataba de un hombre joven, y otros dirán que era de edad madura. Así hasta el infinito, la policía se encuentra siempre frente a tales dificultades cuando de interrogar testigos se trata.

Bajo hipnosis, la situación es muy diferente. Los testigos recuerdan los más mínimos detalles: por ejemplo, el color de los ojos del asaltante, o si la camisa estaba rota en un costado, de qué color era el auto en que huyó, si tenía en la mano un revólver o una pistola.

El 15 de julio de 1976, en Chowchila, una pequeña ciudad del centro de California, Estados Unidos, un autobús escolar conducido por Ed Ray y con 15 niños de diferentes edades en su interior seguía una ruta preestablecida para dejar a los pequeños en sus casas. A mitad de camino, el autobús se detuvo ante lo que parecía ser una camioneta blanca averiada. No bien el autobús se detuvo, tres hombres armados y enmascarados, obligaron al conductor del autobús a abrir la puerta, lo hicieron irse al fondo del vehículo con los niños y empezaron a conducir el autobús alejándose de las rutas transitadas.

Varias horas después, la noticia daba la vuelta al mundo. Un autobús escolar, con 15 niños y el conductor, había desaparecido, como si se hubiera desvanecido en el aire. La policía local pidió ayuda a la policía estatal y pronto ésta y el FBI comenzaron a participar en la búsqueda. Varios helicópteros se unieron a las patrullas terrestres, y temprano en la noche la policía localizó el autobús, semi oculto bajo ramas y hojas de árboles, a unas 9 millas (unos 15 kilómetros) de distancia de la ciudad. Pero el autobús estaba vacío.

¿Dónde estaban los 15 niños y el conductor del autobús? Enterrados bajo tierra en una camioneta. En el espacio de carga del vehículo, con una pequeña reserva de agua, alimentos y un par de colchones, se hacinaban los niños y el conductor del autobús. Por un pequeño tubo que apenas sobresalía de la tierra, les entraba algo de aire, pero la situación dentro de aquella reducida cárcel era sofocante y desesperada. Varios de los niños lloraban y temblaban de terror, mientras los de más edad traban de calmarlos.

¿Por qué estaban allí? Simplemente porque habían sido secuestrados por tres jóvenes bandidos, increíblemente procedentes de familias adineradas de la localidad. El plan consistía en pedir un rescate de 5 millones por los menores y el conductor. Mientras más tiempo pasaran en recibir el dinero, más reducidas serían las posibilidades de supervivencia de los secuestrados. La camioneta la habían enterrado meses antes, haciéndole un agujero en el techo por el que habían hecho descender a los niños y al conductor, retirando luego la escalera por la que habían bajado todos y cubriendo el agujero de nuevo con una trampilla y una enorme batería de gran peso muy difícil de mover.

Consciente de que si no lograban escapar, quizá no lograrían sobrevivir, Ed Ray se las ingenió para colocar varios colchones uno sobre otro y alcanzar una especie de escotilla cerrada en el techo de la camioneta. Con una vara de madera que encontraron en piso del vehículo, lograron remover la trampilla y escapar de la prisión en que los habían mantenido durante 16 horas. Una vez que todos salieron, se dirigieron hacia el sitio más cercano visible, por extraña coincidencia, una cantera propiedad del padre de uno de los secuestradores, que ignoraba totalmente las actividades delictivas de su hijo.

Los empleados del lugar auxiliaron a los niños y a Ed, y llamaron a la policía, que recogió a los menores y al conductor del autobús y comenzó las investigaciones tratando de descubrir a los culpables de aquel delito. Cuando comenzaron a interrogar a los niños y a Ed, muy poco pudieron poner en   claro con sus preguntas. Las descripciones dadas por los niños eran contradictorias. Ed no podía recordar muchos detalles de los hechos vitalmente importantes.

La policía tenía bajo vigilancia a uno de los sospechosos, que era realmente el que había urdido todo el plan. Pero los otros dos implicados habían desaparecido. Dado que la persona con más probabilidades de recordar detalles era un adulto, decidieron poner bajo hipnosis al conductor del autobús para hacerle recordar lo que conscientemente no podía. Bajo hipnosis, Ed Ray, el conductor del autobús, pudo recordar todos los detalles, incluso el número de la placa del automóvil de los secuestradores. Uno de ellos fue capturado en Canadá y los otros dos en los Estados Unidos. Todos fueron condenados a cadena perpetua.

En ambos casos, en la regresión a la infancia o a vidas pasadas, el elemento común en la curación es lo que se conoce en psicología como *insensibilización*. El procedimiento consiste en descubrir la causa del trauma y enfrentar al paciente con ella. Al conocer la causa de sus males, el paciente adquiere consciencia de los efectos y puede combatirlos. Si se refuerza su voluntad por medio de sugerencias hipnóticas, los traumas y sus efectos asociados pueden llegar a desaparecer por completo.

La mayor parte de las regresiones de edad son a la adolescencia, que es cuando principalmente se crea la mayor parte de los traumas, complejos y desajustes de la personalidad. No obstante, en ocasiones las regresiones se realizan a la infancia, en el caso de adolescentes o adultos en los que el origen de los traumas se produjo en sus primeros años de vida. Dado que el cerebro retiene los recuerdos de cada instante de nuestras vidas, se han realizado exitosamente incluso regresiones pre natales, es decir, cuando el sujeto se encontraba en estado fetal en el vientre de la madre. Es un hecho demostrado que los fetos ya desarrollados pueden percibir sonidos y conversaciones, y esto quedar impreso en sus mentes y recordarse luego del nacimiento.

Las regresiones a la infancia resultan usualmente simples. En una de las que realicé hace tiempo, a una mujer de 49 años se le regresó a la edad de 6 años. En tal edad se encontraba en la escuela, y pudo recordar el nombre de la maestra y de varios alumnos, entre ellos otra niña que le resultaba especialmente antipática y con la que había tenido varias peleas. En esos momentos de la regresión, su voz se transformó en la de una niña pequeña, y su vocabulario se hizo limitado igualmente. Cuando le entregué una hoja de papel y un lápiz para que escribiera su nombre, lo hizo con la letra vacilante correspondiente a una niña de esa edad.

El doctor Bernard C. Gindes, en su libro "New Concepts of Hypnosis", refiere el caso de un joven médico que se ofreció de voluntario para una demostración de regresión a la infancia. Una vez que el Dr. Gindes lo llevó a su edad escolar, y le sugirió que estuviera en el aula, pudo decir el nombre de cada alumno allí presente, hasta el número de 39. Se le pidió a continuación que escribiera su nombre en el pizarrón, lo que le costó casi 5 minutos, pues no sabía aún escribir adecuadamente las letras. Luego Gindes le dio una hoja de papel y le pidió que escribiera allí su nombre, lo que el sujeto hizo con dificultad. Varias semanas más tarde, el joven médico se acercó al Dr. Gindes y le mostró un antiguo cuaderno escolar que su madre había guardado como recuerdo de su niñez. Cuando compararon la escritura producida bajo la regresión hipnótica y la del antiguo cuaderno escolar, eran exactamente iguales.

¿Cuándo comienza en realidad la vida? Técnicamente cuando el espermatozoide y el óvulo se encuentran y el óvulo inicia la primera manifestación de vida: la primera célula que comienza a dividirse. A lo largo de un maravilloso proceso, la división continúa y las células comienzan a multiplicarse y a diferenciarse para formar órganos y tejidos. A medida que el feto se va formando, los ojos, los oídos y otros órganos de los sentidos se van formando también. El cerebro se va desarrollando, pero ¿es ese pequeño cerebro, no completamente desarrollado aún, capaz de tener memoria? Los fetos parecen ser capaces de escuchar conversaciones y retenerlas en la memoria a partir de los 8 meses de la gestación.

En varios casos, personas que han sentido rechazo de parte de sus padres o hermanos, han "sentido" que no eran bienvenidos a la vida o que sus padres realmente no deseaban que nacieran o incluso que sus madres intentaron el aborto para impedir sus nacimientos. Bajo trance hipnótico, estas personas han recordado conversaciones de sus padres, escuchadas antes de nacer, en las que mencionaban su desagrado con el embarazo de la madre o incluso su deseo de que no llegaran a nacer. Todo esto echa por tierras los antiguos conceptos respecto a la memoria fetal o al desarrollo fetal en relación con el desarrollo de los sentidos físicos antes del nacimiento. Hoy en día, muchos médicos pediatras aconsejan a las madres hablar a sus bebés no nacidos aún, hacerles escuchar música suave, etc. Los estudios realizados parecen demostrar que luego de nacer, estos niños presentan menos problemas de personalidad, son más estables y felices e incluso disfrutan de una mejor salud a lo largo de sus vidas.

Las regresiones de vidas pasadas, que tan populares se hicieron a finales del pasado siglo, forman la parte más espiritual o metafísica de la hipnoterapia. La teoría de las vidas sucesivas, basada en el concepto del Karma y la reencarnación no es nada nuevo. La mayor parte de las religiones orientales se basan en esta idea, que aparece incluso en las filosofías y conceptos espirituales de los antiguos griegos y egipcios. Cuando Inglaterra ocupó la India e impuso en este país el modo de vida, costumbres y conceptos occidentales, los hindúes perdieron parte de su propia identidad. Pero la historia ha demostrado que en el mismo modo en que los vencidos adquieren las costumbres y conceptos de los vencedores, éstos adquieren también una parte de las ideas y conceptos de los vencidos. Así, la Inglaterra del siglo XIX comenzó a familiarizarse con conceptos y teorías tales como el Yoga, la reencarnación, los Vedas, el aura, los chacras y otras palabras y disciplinas que hoy son ampliamente divulgadas y conocidas en casi todos los países. La India se ha modernizado y hoy hace avances increíbles en electrónica y computación, pero la semilla de su identidad ha abierto flores nuevas en Occidente, y a medida que otras religiones han ido perdiendo terreno, los conceptos metafísicos orientales lo han ido ganando.

No cabe duda alguna de que el concepto de la reencarnación no podría existir sin aceptar el concepto del Karma. En Occidente, las palabras Karma y Destino se interpretan mayormente como idénticas o muy similares, y sin embargo existe una gran diferencia entre ellas. Sin remontarnos a los conceptos tomistas (de Santo Tomás de Aquino) respecto a la predestinación de las almas, el concepto de *destino* sugiere vagamente que por causas desconocidas, cada persona viene a la vida con un libreto ya marcado. Si no aceptamos la reencarnación, esto significa que por causas desconocidas a algunos les toca ser ricos y a otros pobres, a algunos saludables y a otros plagados de enfermedades, a algunos felices y a otros desgraciados. La base misma de la idea resulta absurda y la aceptación del concepto pone de manifiesto la injusticia del mismo. De ser esto cierto, nada importaría lo que hiciéramos o cómo actuáramos, nada podríamos hacer para cambiar nuestro destino. El destino, como una absurda e infinita ruleta, decidiría con su giro quiénes serían afortunados o desgraciados.

Si aceptamos esto, derivaremos inevitablemente al hedonismo. ¿Para qué luchar, si no importa cuánto luchemos, será el destino el que decida el resultado de esa lucha? ¿Para qué actuar recta y honorablemente, si el destino probablemente no nos premie por ello? Y si enfermamos, ¿para qué tomar los medicamentos o acudir al médico, si de todos modos el destino decidirá si curamos o morimos, no importa lo que hagamos? El Karma por el contrario, sostiene que somos responsables por nuestras vidas y que todo lo que nos sucede, de un modo u otro, es el resultado de nuestras acciones, en esta vida o en vidas anteriores. Muchos se preguntan por qué nacen niños enfermos, física o mentalmente anormales. Decir que ese es su destino parece algo completamente injusto. En cambio, si aceptásemos la teoría de la reencarnación habría una causa para que ese niño hubiera nacido de ese modo. Y la causa sólo podría existir en una vida anterior.

La religión juega sin duda un papel importante en estos casos. Algunas personas rechazan la idea de la reencarnación, no a causa de las evidencias o resultados de las investigaciones, sino de acuerdo con los postulados de sus respectivas religiones. Las religiones judeocristianas, por ejemplo, basan su dogma en una sola existencia, al igual que la religión musulmana. Por el contrario las religiones orientales, como el budismo, taoísmo, hinduismo, etc., aceptan la reencarnación y muchas la transmigración como parte de sus creencias. En el caso específico del cristianismo, existen algunas citas en la Biblia que los defensores de la reencarnación señalan como prueba de que en los tiempos antiguos, los primeros cristianos aceptaban que hubiese más de una vida. Al efecto, uno de los pasajes más citados es el de Juan 3:1, que dice:

Había uno de los fariseos, de nombre Nicodemo, principal entre los judíos. Vino a Jesús una noche y le dijo: "Rabí, sabemos que has venido de Dios, porque nadie puede hacer lo que tú haces, si Dios no está con él". Y Jesús le respondió: "De cierto te digo que a menos que uno nazca otra vez, no podrá ver el reino de Dios". Nicodemo le respondió: "¿Cómo puede el hombre nacer otra vez siendo viejo? ¿Puede entrar de nuevo en el vientre de su madre y nacer otra vez?" Y Jesús le respondió: "En verdad te digo, que a menos que uno nazca del agua y el espíritu, no puede entrar en el reino de Dios. Lo que ha nacido de la carne, carne es, y lo que ha nacido del espíritu, espíritu es. No te maravilles por lo que te he dicho; ustedes tienen que nacer otra vez".

Y la cita continúa con unas enigmáticas palabras sobre el viento que no añaden ni quitan nada al sentido de la narración.

Si analizamos palabra por palabra el versículo anterior, sin preconceptos de ningún tipo basados en dogma más que en análisis, queda completamente en claro un punto indiscutible: *Jesús se refiere claramente y ratifica, que "es necesario nacer de nuevo".* Cómo se interpretan esas palabras o cómo ha sido traducido el resto del versículo, es algo que corresponde a los teólogos de las diferentes vertientes del cristianismo, y no al autor de este libro. Citamos algunos párrafos de la Biblia como de gran interés por estar relacionados con la teoría de la reencarnación. Dejamos al lector sacar sus propias conclusiones.

Otro versículo de interés e incluso más importante quizá respecto a la reencarnación, es el de Juan 9:2, cuando Jesús devuelve la vista a un *ciego de nacimiento.* Leamos la parte más interesante, que se refiere directamente a la reencarnación, sin nombrarla directamente:

Y sus discípulos le preguntaron: "Rabí, ¿quién pecó, él o sus padres, para que *naciera ciego*"? Y Jesús respondió: "Ni el pecó ni sus padres. Nació ciego para que se manifiesten las obras de Dios"

Si nuevamente leemos sin preconceptos las líneas anteriores, lo primero que destaca es el hecho de que los apóstoles preguntaran a Jesús si el ciego había pecado "para que naciera ciego". Obviamente, si ya era ciego cuando nació, ¿cómo habría podido pecar? Tendría que haber pecado *antes de nacer,* y el único modo en que esto hubiera sido posible es si hubiera vivido otra vida antes de su nacimiento. Esto parece indicar que los apóstoles consideraban posible que las personas vivieran más de una vida y que rencarnaran al morir. Pero si la primera parte del versículo es sorprendente, más sorprendente resulta la respuesta de Jesús. Si la reencarnación hubiera sido considerada como algo absurdo, obviamente, Jesús habría aclarado a los apóstoles que el hombre no podría haber pecado *antes de nacer,* pues no existía, y ya era ciego cuando nació. Pero Jesús no se inmutó por la pregunta, lo que parece indicar que en esos tiempos la reencarnación era aceptada, o al menos considerada como posible.

La respuesta de Jesús parece reafirmar estos conceptos, pues acepta la pregunta como lógica y la responde en forma tranquila. La respuesta en este caso, reafirma la importancia de la pregunta.

Hay muchos otros versículos de la Biblia que se refieren aparentemente a la reencarnación. No es la intención del autor analizar estas citas con deseos polémicos o religiosos; simplemente citamos algunas partes de la Biblia que parecen arrojar luz sobre los conceptos de los antiguos cristianos sobre el tema.

Los interesados en conocer más sobre este particular, pueden consultar también la Biblia y la interpretación de la misma, en libros y en la Internet.

***

La terapia de insensibilización consiste en enfrentar al paciente con la causa del problema, que permanece profundamente enterrada en el subconsciente, ignorada por la mente consciente. Cuando la mente consciente descubre la causa, "se rompe el sortilegio", por decirlo de algún modo, y los efectos desaparecen. Es un mecanismo similar al de los niños que temen al fantasma o al monstruo dentro del armario, y cuando les abrimos la puerta y entramos en él, y le mostramos que nada hay allí, pierden el miedo al armario. En hipnoterapia, a veces hacemos al paciente verse a sí mismo en una situación que antes le llenaba de temor o provocaba sus síntomas, pero en su mente, se ve como venciendo el temor o eliminando los síntomas. La conclusión subconsciente es que si en su imaginación puede reaccionar sin temor y vencer la situación, ahora que ya conoce la causa, podrá hacerlo también en la vida real, cosa que en efecto logra, usualmente con facilidad.

La regresión de vidas pasadas ha cobrado un profundo interés a finales del siglo pasado y en este siglo XXI. Aunque no están muy claros los orígenes de esta técnica, al parecer se produjo de modo accidental. Cuando bajo hipnosis se hizo regresar a un sujeto a la infancia, y posteriormente al momento del nacimiento, se pensó haber llegado al límite de la regresión temporal. Sin embargo, se pudo llegar más lejos: hasta antes del nacimiento, al estado fetal. El sujeto pudo recordar conversaciones cuando aún se encontraba en el útero materno. Se continuó haciendo retroceder al sujeto hasta el momento de la concepción, cuando todavía no existía siquiera el sistema nervioso o el cerebro para guardar memoria alguna. Sorprendentemente, el sujeto pudo recordar el momento de la concepción, conversaciones de sus padres y otros detalles. Pero el operador hipnótico trató algo que nadie había tratado antes: quiso seguir avanzando hacia el pasado al sujeto: hasta más allá de la concepción. El resultado es ampliamente conocido: el

149

sujeto saltó directamente a una vida anterior en la que era una persona diferente. El resultado sorprendió a todos. Había nacido la regresión de vidas pasadas.

La supervivencia del alma y la continuidad de la vida no son conceptos nuevos. Parecen ser tan viejos como el hombre. Desde el Hamlet de Shakespeare, donde el príncipe de Dinamarca encuentra el fantasma de su difunto padre que le pide venganza para su asesino, a las crónicas históricas que nos cuentan que los soldados romanos que cuidaban la tumba de César huían espantados al escuchar ruidos dentro de la tumba y a veces ver salir al fantasma de César, desde que se guarda memoria hablada o escrita de los acontecimientos, el hombre ha afirmado siempre que los muertos pueden manifestarse en el mundo de los vivos. La muerte no es el fin, sino sólo un principio.

Muchos médicos y psicólogos de mente abierta han realizado estudios increíbles sobre la reencarnación, entre ellos los doctores. Raymond A. Moody, Brian Weis, Ian Stevenson, Edith Fiore, Bruce Goldberg y otros. El Dr. Moody alcanzó fama mundial con su libro "Vida después de la vida". Tal ha sido la traducción más aceptada del título original en inglés *Life after life*. Personalmente, considero más apropiada la traducción como *Vida tras Vida,* que en inglés es otro posible sentido del título. Luego de ese libro, Moody escribió otros como resultado de sus investigaciones, todos los cuáles alcanzaron marcas de ventas internacionalmente.

Brian Weiss escribió un libro increíble: *Muchas vidas, muchos sabios,* titulado en inglés *Many lives, many Masters.* Weiss poseía un *currículum vitae* impresionante: graduado con honores en la Universidad de Columbia y en la Universidad de Yale, llegó a ser director de psiquiatría del renombrado hospital Mount Sinai de Miami, formado como todos los médicos, dentro de los límites técnicos de la medicina convencional. Casi todos estos profesionales que tuvieron el coraje de contar el resultado de sus investigaciones, tuvieron que enfrentar ataques de sus colegas, y como en el caso de Elizabeth Kübler Ross, la "Dama de la Muerte", ella y el Dr. Weiss, tuvieron que renunciar a sus trabajos o fueron expulsados de sus cargos.

La Dra. Ross tuvo que divorciarse y renunciar a su trabajo. Optó por retirarse a una pequeña colonia para dedicarse a la meditación, al estudio de las filosofías orientales y a proseguir sus estudios y experiencias sobre la reencarnación. Brian Weiss y Raymond Moody renunciaron a sus puestos que significaban enormes ventajas económicas, honores y respeto en la comunidad médica, para ser escarnecidos y atacados sin misericordia. Ambos se han dedicado a escribir libros sobre el tema, se han alejado de sus carreras médicas convencionales y se han concentrado en el estudio de la continuidad de la vida y la reencarnación.

Es lícito preguntarse qué ha motivado a todos estos profesionales a abandonarlo todo y a perseguir lo que muchos de sus enemigos definen como una quimera o una locura poco científica. No dudamos que en la noche oscura de la Inquisición todos ellos habrían acabado en la hoguera, como el español Miguel Servet que afirmaba que la respiración no era para "ventilar el cuerpo" y tantos otros que tuvieron el coraje de morir de forma espantosa por defender realidades que chocaban con las absurdas y fanáticas ideas retrógradas de sus tiempos. Todos estos médicos tenían fama, dinero y honores. Tuvieron que haber descubierto algo verdaderamente convincente y sólido para arriesgarlo todo a una carta, y mantenerse firmes en sus convicciones sobre la realidad que habían comprobado.

Ian Stevenson, un psiquiatra canadiense de renombre internacional fue también uno de los pioneros en la medicina de avanzada. Su libro *Veinte Casos Sugerentes de Reencarnación,* publicado en 1974, ha sido un clásico de todos los tiempos sobre el tema. Stevenson investigó, con seriedad científica, casos destacados de niños que recordaban vidas pasadas.

Tal vez su caso más conocido, por ser el que más ofrecía detalles comprobados, fue el de Shanti Devi. Tal era el nombre de una niña hindú nacida en 1926. A la edad de 3 años, la niña comenzó a hablar de una vida anterior en la que estuvo casada con un hombre que vivía en otra población. Repetía el nombre Kedar Nath diciendo que era su marido y que tenían dos hijos y ella había muerto en el parto de un tercer hijo en 1925, o sea, un año antes de haber nacido como Shanti Devi. Y esto se repitió a través de los años mientras Shanti crecía. La niña no solamente afirmaba tales cosas, sino también daba detalles sorprendentes. Con toda claridad Shanti describía la casa en la que había vivido con su anterior familia y añadía detalles de su muerte.

Ante la insistencia de la niña en repetir esta historia, uno de los parientes envió una carta a Muttra, el pueblo en que la niña decía haber vivido antes. La carta se envió a la dirección que ella mencionaba, y llegó a manos de un viudo de nombre Kedar Nath que había perdido a su esposa Lugdi un año antes, durante un parto. Aunque como hindú su religión se basaba en la reencarnación, no podía creer que su querida esposa hubiera reencarnado tan pronto, y que como una niña pudiera recordar su vida anterior. Shanti vivía en Delhi, y Kedar en Muttra, de modo que el viudo decidió mandar a un primo que vivía en Delhi, a entrevistarse con la niña para cerciorarse de que no se trataba de una broma o de algún engaño.

El primo, nombrado Lal, visitó la casa de Shanti y su familia, sin revelar su identidad ni parentesco con Kedar, el viudo. Shanti por ese entonces ya tenía 9 años y fue ella precisamente quien abrió la puerta. Al ver a Lal, dio un grito y corrió a abrazarlo con alegría. La madre de la niña corrió a la puerta a ver qué sucedía, y para su sorpresa, la niña le explicó rápidamente que aquel hombre era "el primo de su marido, que vivía cerca de ellos en Muttra y posteriormente se había mudado a Delhi. Llena de alegría, añadió que hicieran entrar a Lal, pues ella quería tener noticias de "su marido y sus hijos".

La conversación que se produjo después fue algo que incluso para creyentes en la reencarnación, rebasaba los límites de las posibilidades. Lal confirmó que todo lo que mencionaba la niña era exacto, cada detalle, cada descripción concordaban con la realidad. Por tanto, acordaron que el viudo, Kedar Nath, acudiera a la casa de Shanti Devi con su hijo favorito, como huéspedes de la familia de la niña. La llegada del viudo fue como una fiesta para la niña; corrió a besarlo y a llamarlo con nombres cariñosos, sólo conocidos por ellos, y le sirvió té y galletitas, como acostumbraban las esposas servir a sus maridos en el país. Aquello era demasiado para el hombre, que rompió a llorar desconsoladamente, mientras Shanti trataba de calmarlo usando frases que solamente la difunta Lugdi había usado cuando era la esposa de Kedar.

Finalmente se decidió llevar a Shanti al pueblo de Muttra y dejar que ella misma se dirigiera a la casa en que decía haber vivido anteriormente. Al bajar del tren comenzó a saludar con la mano a algunas personas que estaban en la plataforma, a las que describió acertadamente como familiares políticos. Incluso, al hablar comenzó a hacerlo con el acento local, que era diferente al de la capital, dónde ella y su familia vivían. De la estación de trenes, la niña los guió a todos a la casa y una vez allí comentó los cambios que se habían hecho desde que ella había muerto. Si alguna duda quedaba en los presentes, sin duda desapareció cuando Shanti dijo que ella había enterrado allí en la casa antes de morir, unos anillos antiguos. Nadie sabía nada de esto, ni siquiera el viudo, y todos quedaron boquiabiertos cuando lo anillos se encontraron exactamente donde la niña dijo que los encontrarían.

El doctor Stevenson viajó a la India y pudo hablar directamente con todos los implicados en tan extraño caso, que en su momento fue comentado incluso en los periódicos locales. Tal hizo Stevenson con todos los otros casos que se mencionan en su libro. Investigó, entrevistó a las personas implicadas, preguntó a médicos o testigos, obtuvo documentos cuando ello fue posible. El resultado fue un libro que trazó nuevos senderos en la investigación médica: *Veinte casos sugerentes de reencarnación.*

En numerosos casos de regresiones, espontáneas o bajo hipnosis, se da el fenómeno llamado *xenoglosia,* es decir, la facultad de hablar en idiomas desconocidos por el sujeto. En todos los casos en los que he regresado a un sujeto, nunca tuve un caso de xenoglosia, aunque muchos otros conocidos profesionales sí los han presenciado. Este particular se ha convertido en uno de los argumentos favoritos de los críticos de la reencarnación, quienes sostienen que si la reencarnación fuera cierta, el sujeto hablaría siempre en el idioma que usaba en su vida anterior. Tal opinión carece de una base lógica sólida, ya que la mente subconsciente, desconocida en su mayor parte, puede "traducir" las memorias para hacerla comprensibles para el hipnoterapeuta. Un adulto puede describir lo que sentía cuando era un niño de 6 años. Es decir, recuerda todo eso, pero lo describe usando su vocabulario actual y su mucha mayor experiencia y recursos de comunicación. Por qué en ocasiones cambia su voz y habla como un niño, es un misterio de los tantos que quedan sin respuesta.

No obstante, sí tuve un caso de una mujer de 45 años a la que regresé a la infancia, a la edad de 7 años, y a la que pedí que firmara con su nombre, y la escritura era la escritura vacilante e imperfecta de una niña de esa edad. Y al hablar, incluso hablaba como lo haría una niña pequeña. Cierto que no se trataba de una regresión a una vida pasada, sino en esta misma vida, a una edad más temprana. Pero el vocabulario y la escritura habían cambiado completamente.

Yo mismo puedo recordar algo inquietante. A la edad de cinco años, solía sentarme en una pequeña silla a contemplar las puertas de madera y cristal nevado que daban a la azotea de la casa en que nací. Nadie entendía por qué lo hacía, ni qué podía encontrar de interesante en un par de puertas antiguas, siempre cerradas, que daban hacia aquella azotea a la que a mí no me dejaban pasar. Pero para mí mirar aquellas puertas me producía una sensación indescriptible. Eran como un imán que atraía mi vista y mi atención. Y cuando pasaba unos minutos mirándolas, sentía como un mareo extraño, y tenía la sensación, imposible de comprender a mi corta edad, de que ya yo había visto esas puertas antes. Pero no se trataba de haberlas visto el día anterior o la semana previa, sino *antes,* y ese antes era un antes distinto al de unas pocas horas o días anteriores.

En ese entonces no podía comprender qué era lo que yo recordaba o por qué sentía de esa extraña manera, pero andando el tiempo y cuando a la edad de 12 años le conté eso a mi abuela, ella a su vez lo contó a una vecina. La vecina, Ángela, le contó a mi abuela que antes de mudarnos nosotros a esa casa, había vivido allí una familia con un niño pequeño, el niño, aparentemente autista y de pobre salud, murió a la edad de 4 años, y se sentaba horas enteras sin decir palabra a contemplar aquellas puertas. ¿Recordaba yo a aquella edad otros detalles que con el tiempo he olvidado? No podría decirlo, pero sí puedo recordar, aún hoy, la extraña fascinación que me producían aquellas puertas, y como no me cansaba de mirarlas, aunque sentía como un extraño vértigo al recordar que ya las había mirado antes.

***

En su libro *Vida tras Vida,* el Dr. Moody nos cuenta casos increíbles de pacientes que han regresado, que han estado clínicamente muertos o muy cercanos a la muerte (NDE en inglés, por *Near Death Experience*, Experiencias Cercanas a la Muerte). Basado en sus incontables experiencias con pacientes que cruzaron el umbral de la muerte, Moody resumió estas experiencias como las más típicas en la mayor parte de los casos:

Un hombre está muriendo y, cuando llega al punto de mayor sufrimiento o dolor físico, oye que su doctor lo declara muerto. Comienza a escuchar un ruido desagradable, un zumbido chillón, y al mismo tiempo siente que se mueve rápidamente por un túnel largo y oscuro. A continuación, se encuentra de repente fuera de su cuerpo físico, pero todavía en el entorno inmediato, viendo su cuerpo desde fuera, como un espectador. Desde esa posición ventajosa observa un intento de resucitarlo y se encuentra en un estado de excitación nerviosa.

Al rato se sosiega y se empieza a acostumbrar a su extraña condición. Se da cuenta de que sigue teniendo un «cuerpo», aunque es de diferente naturaleza y tiene unos poderes distintos a los del cuerpo físico que ha dejado atrás. En seguida empieza a ocurrir algo. Otros vienen a recibirle y ayudarle. Ve los espíritus de parientes y amigos que ya habían muerto y aparece ante él un espíritu amoroso y cordial que nunca había visto —un ser luminoso—. Este ser, sin utilizar el lenguaje, le pide que evalúe su vida y le ayuda mostrándole una panorámica instantánea de los acontecimientos más importantes. En un determinado momento se encuentra aproximándose a una especie de barrera o frontera que parece representar el límite entre la vida terrena y la otra. Descubre que debe regresar a la tierra, que el momento de su muerte no ha llegado todavía. Se resiste, pues ha empezado a acostumbrarse a las experiencias de la otra vida y no quiere regresar. Está inundado de intensos sentimientos de alegría, amor y paz. A pesar de su actitud, se reúne con su cuerpo físico y vive.

La salida fuera del cuerpo, el desfile de cada momento de la vida, como una película, la caída o avance por el túnel y la luz al final de éste parecen ser las constantes de las experiencias de regresión a vidas pasadas. Y surge la duda, y la pregunta: ¿y si esa luz fuera un nuevo nacimiento? ¿Y si el túnel fuera un nuevo útero y la luz brillante que se agranda "de la cuál no hay regreso", la salida del feto hacia el mundo exterior, fuera del cuerpo de la madre? Esta idea, presupone que la muerte y la siguiente encarnación serían instantáneas. Es decir, la persona muere e inmediatamente comienza a avanzar hacia un nuevo nacimiento. En el Bardo Thodol se habla de los procedimientos para "cerrar las matrices".

El tiempo por tanto, juega un papel primordial en esta teoría. ¿La reencarnación instantánea? Imposible. Todas las investigaciones parecen indicar que no es así como se produce el nuevo nacimiento y la vuelta a la vida. Pasa un tiempo. A veces años, a veces hasta siglos. Pero sí, la reencarnación instantánea es posible, aunque poco frecuente. Sin embargo, si aceptamos que en otras dimensiones el tiempo simplemente no existe, esa alma sin cuerpo en la tierra de nadie de una existencia en estado de suspensión por así decirlo, ¿cómo podría saber si ese avance por el túnel oscuro hacia la luz tardaba minutos, años o siglos?

***

En su libro *Muchas Vidas, Muchos Sabios*, el Dr. Weiss nos cuenta la historia de una paciente a la que llama Catherine. A través de ella y su proceso de curación, Weiss se enfrentó a un mundo completamente desconocido e increíble. Formado como un médico conservador, nunca estuvo expuesto a ideas que se apartaran de lo que había estudiado en la escuela de medicina. Trabajando en el departamento de psiquiatría del hospital, tuvo su primera entrevista con Catherine, y ésta cambió su vida por completo. Hasta ese momento, el Dr. Weiss había sido un médico convencional. Las enfermedades estaban bien definidas y clasificadas, como enseñaban los libros de psiquiatría. Y para cada enfermedad existían medicamentos específicos parar curarla o aliviar sus síntomas. Todo lo que los pacientes veían, que no tenía existencia física y otros no podían ver, eran por supuesto alucinaciones.

Al cabo de 18 semanas de psicoterapia con el Dr. Weiss, Catherine no había mejorado mucho. Fue entonces cuando el psiquiatra decidió utilizar la hipnosis, como un último recurso. Por medio de la hipnosis, descubrió hechos traumáticos de la infancia de ella que estuvo seguro de que eran los causantes de sus ataques de pánico y múltiples fobias. Pero no fue así. El recuerdo de los hechos traumáticos de su infancia no alteró sus síntomas ni el estado de angustia y tensión en que se encontraba. Weiss llegó a la conclusión de que faltaba algo, un elemento clave que había pasado por alto.

El Dr. Weiss decidió cambiar ligeramente la técnica, y en vez de indicarle a qué edad de la infancia debería regresar, le indicó que regresara en el pasado *al momento en que comenzaron los síntomas*. Entonces, quedó estupefacto por lo que sucedió a continuación, porque Catherine comenzó a describir una vida anterior, dando detalles precisos de fechas y lugares, de su nombre en aquella vida, y posteriormente una descripción detallada de cómo había muerto ahogada en una inundación. Fue entonces que la mujer comenzó a mejorar de todos sus síntomas; particularmente de su miedo a morir ahogada. Pero las sorpresas no habían terminado para el Dr. Weiss, porque su paciente comenzó a describir lo que el médico llamó estado intermedio, es decir la existencia entre una vida y otra. Este es el aspecto menos conocido de la reencarnación. ¿Qué sucede cuando la persona muere? ¿Reencarna inmediatamente? ¿Transcurren años para que regrese a la vida? ¿Dónde queda durante ese lapso de tiempo? ¿Cómo es ese sitio o estado?

Fue en esos estados intermedios que Catherine comenzó a hablar de "los Maestros". Se trataba de almas elevadas que habían alcanzado un nivel altísimo de desarrollo espiritual. Y estos maestros comenzaron a hablar por boca de Catherine. Y lo que dijeron dejó a Weiss con escalofríos. Le mencionaron a su hijo muerto siendo un bebé, y le explicaron cómo y porqué había muerto, algo que por supuesto la mujer desconocía. Fue en este punto que las dudas desaparecieron del Dr. Weiss. Los detalles increíbles, ignorados por todos excepto por el psiquiatra, su esposa y tal vez unos pocos miembros cercanos de la familia, eliminaban cualquier posibilidad de equivocación. Había seres o entidades en otro nivel que conocían el destino y la vida de las personas. Había un "lugar" en el que las almas de los que morían esperaban el momento de rencarnar.

"Tu padre está aquí, y también está tu hijo, que es muy pequeño – dijeron los maestros por boca de Catherine – *Dice tu padre que lo reconocerás porque se llama Avrom y has dado su nombre a tu hija* – prosiguió la mujer, refiriéndose al padre y un hijo de Weiss, ambos muertos – *Además, su muerte se debió al corazón. El corazón de tu hijo también era importante, pues estaba hacia atrás, como el de un pollo. Hizo un gran sacrificio por ti, por amor. Su alma está muy avanzada… Su muerte satisfizo las deudas de sus padres. También quiso demostrarte que la medicina no era todo y tenía límites".*

El Dr. Weiss comenzó a leer ávidamente sobre las teorías de la reencarnación y los antiguos tratados sobre el *Karma, el Sámsara,* y otros aspectos de la vida y la muerte. De pronto, las prioridades de su vida cambiaron y comenzó a descubrir, por medio de Catherine, un mundo desconocido por él anteriormente; un mundo en el que los que morían regresaban a la vida una y otra vez y en cada vida se relacionaban de nuevo con las mismas personas de modos diferentes. La madre o el padre en una vida pasada podrían ser el hermano o el amigo en la vida presente, todo para cumplir con libretos kármicos, creados previamente en vidas anteriores.

Catherine estaba prácticamente curada de sus fobias. Las sesiones continuaron como un medio de obtener información sobre el misterio de la muerte y la reencarnación. Por boca de Catherine hablaban los Maestros. Curiosamente, lo que decían era muy parecido a lo que postulaban diversas religiones y filosofías orientales.

El Dr. Weiss se transformó totalmente luego de esas experiencias. Publicó ese primer libro, *Muchas Vidas, Muchos Sabios,* que fue un éxito internacional y alcanzó una edición tras otra. Posteriormente, publicó otros libros relacionados con el mismo tema. Su carrera médica se apartó de la medicina convencional para abrir puertas a una medicina más espiritual y efectiva.

Un tema que se ha mencionado repetidamente en las religiones orientales y en la literatura metafísica es que la muerte de un niño al nacer o de poca edad, se produce para saldar deudas kármicas suyas o de los padres. Igualmente, se dice que los suicidas reencarnan a veces como niños que mueren a temprana edad: los años que le faltaban por vivir cuando decidieron terminar con sus vidas antes de tiempo. De acuerdo con este concepto, si una persona debe vivir hasta los 80 años, y se suicida a los 70, nacerá usualmente pronto, y morirá como un niño de 10 años para cumplir el tiempo que le quedaba por vivir en su vida anterior. Como vemos, todo el concepto de la reencarnación gira alrededor del Karma, pues sin él no existiría la reencarnación. A este respecto viene a mi mente la antigua frase repetida por los orientales: *¿Dónde irás que tu sombra no te siga? ¿Dónde irás, que tu Karma no te alcance?*

***

Ninguna relación de casos conocidos o mencionados sobre reencarnación podría estar completa sin mencionar el caso de Bridey Murphy, uno de los mejor documentados y comprobados que haya existido nunca.

Los sucesos se desarrollaron en el Estado de Colorado, en los Estados Unidos. Concretamente, en la ciudad llamada Pueblo. Un hombre de negocios aficionado a la hipnosis, llamado Morey Bernstein, puso bajo hipnosis a una mujer llamada Virginia Burns Tighe, a la que en libros que posteriormente se editaron se le dio el nombre ficticio de Ruth Simmons. A lo largo de varios meses, desde noviembre de 1952 a agosto de 1953 se realizaron varias regresiones a la señora

159

Tighe, en las que recordó una vida pasada en Irlanda con el nombre de Bridey Murphy.

Cabe mencionar que el hipnotista Morey Bernstein si bien sentía cierto interés en el tema de la reencarnación, no se dedicaba a investigar el tema por medio de la hipnosis. Había aprendido bien los fundamentos de la hipnosis e incluso había colaborado con algunos médicos de la localidad en ciertos casos estrictamente médicos. Las primeras manifestaciones de la señora Tighe en que dijo llamarse Bridey Murphy y haber vivido en Irlanda en los años 1800, fueron acogidas con incredulidad por Bernstein. Sin embargo, todo eso fue cambiando a medida que se fueron realizando nuevas sesiones, las que se grabaron en cintas magnetofónicas.

Virginia Burns Tighe era el sujeto ideal para una regresión. Podía entrar con facilidad a los niveles más profundos del sonambulismo. Por otra parte, no estaba predispuesta a favor de las regresiones, la reencarnación o ninguna teoría específica respecto a la supervivencia después de la muerte. Nunca había visitado Irlanda ni tenía conocimientos especiales sobre el tema, al igual que el hipnotista Bernstein.

En sus regresiones, la señora Tighe describió una vida anterior en Irlanda, en la que se llamaba Bridey Murphy. Indicó que los nombres de sus padres eran Duncan y Kathleen Murphy, y describió a un hermano llamado Duncan Blaine Murphy, y a otro que murió poco después de nacer. Pero proporcionó muchos más detalles que esos. Indicó el nombre de la escuela a la que asistió de niña, de la que era directora una tal señora Strayne. Dijo que su hermano Duncan se había casado con una hija de la directora de su escuela, llamada Aimee.

Además de describir a su familia y los lazos familiares establecidos, la mujer dijo que como Bridey Murphy se había casado a la edad de 20 años con Brian Joseph Mc Carthy, un abogado de Cork, con el que luego se trasladó a Belfast. Brian se dedicó a dar clases de abogacía en la Universidad de Queen's. Bernstein realizó un total de 6 sesiones de hipnosis, regresando a Virginia B. Tighe a su vida anterior en Irlanda como Bridey Murphy. Todas esas sesiones se grabaron y dieron origen a un libro famoso que fue en éxito editorial en 1956 y fue traducido a varios idiomas: *En busca de Bridey Murphy.*

En una de sus regresiones, la señora Tighe mencionó por sus nombres a dos tiendas de alimentos, una de ellas la de Farr y otra de John Carrigan. Estos nombres pudieron al fin encontrarse y verificarse con la ayuda del bibliotecario principal de Belfast. Consultando registros antiguos y documentos casi desconocidos, se comprobó que efectivamente, en la fecha mencionada por la mujer esos dos comerciantes eran los únicos dedicados a vender alimentos en Belfast. "Bridey Murphy" también mencionó otros comercios cuyos nombres sólo se pudieron encontrar con gran trabajo al cabo de cierto tiempo, verificándose como exactos. Los datos aportados eran tan intrascendentes que no aparecían en ningún documento histórico, todos los que hubieran podido confirmarlos directamente habían muerto hacía mucho tiempo y nadie podía haber tenido conocimiento de ellos sin realizar una ardua tarea investigativa en bibliotecas, registros antiguos y parroquias de iglesias locales.

Por supuesto, al conocerse el caso, varios críticos disputaron la exactitud de los mismos, basados en conocimientos generales de los libros de historia o leyendas locales. Pero en cada ocasión, la revisión de documentos antiguos y registros centenarios, dieron la razón a las afirmaciones de Bridey Murphy. En uno de los casos, ella narró que de niña desprendió la pintura de su cama metálica, lo que le valió un castigo. Varios historiadores y periodistas refutaron inmediatamente eso, explicando que las camas de hierro no se habían empezado a usar en Irlanda hasta 1850. Sin embargo la Enciclopedia Británica indicaba que en el siglo XVIII las camas de hierro eran populares en Irlanda.

Bridey afirmó que cuando niña, ella vivía en "el Prado", y al consultar un antiguo mapa de Cork, , apareció una zona llamada *Mardlike Meadows* (Prados de Mardlike). Otro detalle que originalmente discutieron sus detractores fue que el que era entonces su marido era profesor de leyes en 1847 en la Queen's University de Belfast. Los expertos argüían que tal cosa era imposible, puesto que dicho centro no fue fundado hasta 1849. Añadían que no fue reconocido como universidad, con el nombre de Queen's University hasta 1908. No obstante, investigaciones posteriores demostraron que ya en 1845, la reina Victoria declaró que debía crearse un centro para estudios de física, abogacía y arte en Belfast, con el nombre de Queen's College. Y aunque no fue sino hasta 1850 que la reina consolidó oficialmente dichos centros llamándoles "universidad", muchas personas de la época ya le llamaban de ese modo desde su fundación.

Como Bridey Murphy, la señora Tighe mencionó una moneda usada en su época llamada *tuppence,* y muchos se apresuraron a afirmar que esto era pura fantasía y que dicha moneda nunca había existido. Pero una vez más, una investigación extensiva reveló que tal moneda sí había existido, y circulado en Irlanda durante unos 50 años. Otro detalle interesante mencionado por la mujer fue que su lectura favorita era un libro titulado "The Sorrows of Deirdre" *(Las penas de Deirdre).* Cuando se consultaron los catálogos de libros publicados desde 1800 hasta la fecha, no apareció nada con ese título, pero investigaciones más extensas en periódicos y referencias de la época, revelaron que existió un libro sin encuadernación y de bajo precio y calidad, llamado "The Song of Deirdre and the Death of the Sons of Usnach" *(La canción de Deirdre y la Muerte de los Hijos de* Usnach), uno de cuyos cuentos pudo perfectamente haber sido "Las penas de Deidre", mencionado por Bridey Murphy, la que como tal murió en aquella vida a la edad de 66 años.

Al hablar como Bridey Murphy, la señora Tighe cambiaba completamente su acento, hablando con un acento irlandés ya en desuso, pero normal en los años mencionados. Muchos otros detalles que harían interminable la descripción de este caso, lo convirtieron en uno de los más sólidos y comprobables de los que se hayan conocido nunca, para demostrar la veracidad de la reencarnación.

***

Si alguien me pregunta si creo en la reencarnación, respondo sin titubear que sí. En primer lugar, creo en la continuidad de la vida después de la muerte, pues sin esto no podría existir la reencarnación. Y creo en la reencarnación a su vez, porque he tenido muchas pruebas de que esto es algo más que un hecho, y porque en religiones y filosofías mucho más antiguas que el cristianismo, el judaísmo o el islam, se han analizado profundamente dichos conceptos. Actualmente, millones de personas aceptan la idea de que al morir, el alma abandona el cuerpo y regresa a la vida en otros cuerpos, y tales ideas son aceptadas no solamente en países como la India o el Japón, sino en países occidentales como Estados Unidos, Francia, México, Argentina o España. Por ende, y en una base filosófica, la razón me indica que lo que el hombre es, su vida entera, sus sentimientos, el amor, el odio, la esperanza, la furia o la ternura, no pueden simplemente desaparecer en un agujero en la tierra, apresado en el estrecho espacio de un ataúd.

Obviamente, al aceptar la continuidad de la existencia, estaremos aceptando intrínsecamente también la existencia de un Dios o principio creador. La reencarnación no podría existir sin la inmortalidad del alma, y no tendría sentido sin la existencia del Karma. A su vez, el Karma no podría existir sin un mecanismo regulador creado por algo o alguien que no podemos comprender. El concepto de Dios, por lo tanto, depende de otros mecanismos y leyes eternas que resumen la esencia misma de lo que Dios es.

Como no tengo motivo alguno para ocultar mis puntos de vista, cuando me preguntan si creo en Dios, respondo afirmativamente sin dudarlo un instante. No hablo de ninguna religión en particular, sino del concepto mismo de la existencia de un principio creador, inefable y eterno que es la causa y principio de todo lo que existe. Cuando me hablan del *Big Bang* o gran estallido primigenio, y me dicen que antes de eso no existían el tiempo ni el espacio, pregunto, como un niño ¿Y dónde estaba esa primera partícula que los científicos denominan *la partícula de Dios*? Si no existía el espacio, ¿dónde estaba? Y si no existía el tiempo, ¿cómo pudo haber un antes y un después de la creación? ¿Como podemos siquiera decir que *antes* del Big Bang no existía el tiempo, si al utilizar la palabra "antes" ya estamos aceptando que el tiempo existía *antes* de ese primer estallido?

En los últimos años, la física cuántica ha comenzado a tantear un concepto más lógico que postula que antes del gran estallido existía otro universo que se implosionó en un solo punto o átomo que luego estalló, creando nuestro actual universo. De ese concepto a la idea de que los universos también nacen, mueren y surgen de nuevo a la existencia hay un solo paso. Y sin embargo, hace miles de años ya los hindúes nos hablaban de "El Día de Brahma y la Noche de Brahma" metáforas que explicaban que cuando Brahma, el Ser Supremo exhalaba su aliento, de su boca surgía el universo, y cuando inhalaba, el universo desaparecía, fundiéndose en él. Y así, en un eterno ciclo de muerte y renacimiento sin tiempo, sin principio ni fin.

Y en el terreno puramente religioso o teológico, diré que creo en un Dios, porque sin él nada existiría. Respeto todos los conceptos e ideas, pero cuando los ateos me preguntan cómo es posible que yo crea en Dios, respondo tranquilamente que si no existiera un Dios, nada existiría, ni siquiera existirían los ateos para negar su existencia.

La palabra *Karma* proviene del sánscrito y significa literalmente *Hacer* o *hecho,* y se refiere al principio de acción y reacción que es la base misma del karma. A toda acción corresponde una reacción, como en el concepto científico de la física. En otras palabras, si usted empuja una pared y la pared no cae, es porque está *reaccionando* a la fuerza de su empuje. Teóricamente, está ejerciendo una presión opuesta a la suya. En el momento en que su presión o empuje sea más fuerte que la reacción de la pared, esta caerá sin remedio.

Para muchas personas, el concepto del karma se reduce a pensar en algún castigo misterioso. Por ejemplo, si yo mato a mi vecino, en una vida posterior, o en la misma, alguien me matará a mí. Pero esto no es cierto. El Karma es mucho más que esto y no es necesariamente castigo. Hay Karma negativo (castigo), positivo (recompensa) y neutro (sucesos que en sí no cambian vidas). Como ejemplo de un karma neutro pondremos como ejemplo un vaso de agua. Si lo pongo en una mesa, muy cerca del borde de ésta, estoy creando un karma neutro. Un pesado camión que cruce por la calle y haga vibrar ligeramente la mesa, o un movimiento descuidado del brazo, harán caer el vaso al suelo, y éste se romperá o derramará su contenido. Este será un karma neutro, pues no implica en sí ni premio ni castigo. Sin embargo, como todo karma, sí implica una enseñanza: no debemos colocar los vasos al borde de las mesas, o nos expondremos a que caigan al suelo.

De acuerdo con los conceptos budistas, hinduistas y de otras filosofías orientales, el karma está indefectiblemente ligado al *Sámsara,* o rueda de las encarnaciones. Esto significa que el alma debe encarnar una y otra vez en cuerpos diferentes en cada una de sus encarnaciones, para adquirir la perfección, imposible de lograr en una sola vida. El único modo de escapar a esta ronda de vidas sucesivas es alcanzar el *Nirvana,* o estado de perfección, en el que nada se desea, se ha alejado uno de los placeres y las emociones, del odio, y las ambiciones y se logra la unión con Dios o el infinito. Existe un libro tibetano sorprendente, el *Bardo Thodol,* también llamado el *Libro Tibetano de los Muertos,* que se ha comparado al Libro de los Muertos del Antiguo Egipto. No obstante, aparte de su título, los conceptos son muy diferentes más allá de la enseñanza de la inmortalidad del alma. El Libro de los Muertos Tibetano se encuentra mucho más cerca de los conceptos científicos actuales sobre la muerte, la supervivencia del alma y la reencarnación.

En esta obra monumental, se dan instrucciones precisas para que los lamas telepáticos instruyan a los difuntos sobre el modo de escapar a la rueda de las encarnaciones, y si esto no es posible, a rencarnar en una vida fructífera y positiva. Estos lamas se colocan junto a los moribundos y los ayudan a morir del mejor modo posible, indicándoles cómo se van produciendo los distintos estados de la muerte hasta que el alma ha salido del cuerpo. Luego, permanecen en contacto con el alma liberada y la van guiando a escapar del *Sámsara* o al menos, a tener una buena reencarnación.

Uno de los libros sagrados del hinduismo, el *Vagavad Gitā, describe* la reencarnación de este modo:

En el Gitā, en sus diálogos con Arjuna, Krisna dice: "Así como en este cuerpo el alma encarnada continuamente pasa de la niñez a la juventud y luego a la vejez, en forma similar, cuando llega la muerte, el alma pasa a otro cuerpo. El alma auto realizada no se confunde por tal cambio. Tal como una persona se pone nuevas vestiduras desechando las viejas, en forma similar el alma acepta nuevos cuerpos materiales abandonando los viejos e inútiles".

Más adelante, en el mismo tratado, leemos que la deidad suprema se refiere a lo eterno y lo perecedero de esta manera:

"Al hablar palabras doctas, te lamentas por lo que no es digno de lamentación. Los que son sabios no se lamentan ni por los vivos ni por los muertos. Nunca hay nacimiento ni muerte para el alma, que habiendo sido una vez, no deja de ser jamás. El alma es eterna y siempre existe. El cuerpo nace y está destinado a perecer. Por lo tanto, el cuerpo no es tan importante como el alma. Quien sabe esto, es sabio en verdad y para él no hay causa de lamentación, sea cual fuere la condición de su cuerpo material".

***

La Dra. Edith Fiore engrosó las filas de los médicos y psicólogos que incursionaron en el campo de la reencarnación y la regresión de vidas pasadas. Su libro principal, *"You have been here before"* (Usted ha estado aquí antes) *se* ha traducido a varios idiomas y alcanzado amplia difusión. Esta psicóloga comenzó a usar la hipnosis y la regresión a vidas pasadas, con pacientes cuyos problemas la medicina convencional no podía resolver. Ciertamente, existen muchos casos en los cuáles los médicos no logran encontrar una causa razonable para los problemas del paciente, y a veces, obligados a emitir un diagnóstico, emiten un diagnóstico completamente equivocado, lo que se traduce en una imposibilidad de curación o mejoría, y en ocasiones hasta en un empeoramiento de los síntomas. Muchos de esos casos han encontrado mejoría o curación por medio de la regresión de vidas pasadas.

¿Es realmente posible que una persona que haya muerto de forma traumática pueda "heredar" en otras vidas los síntomas de tales traumas, heridas o enfermedades? Así lo creo, y a lo largo de los años he tenido varios casos que no dejan lugar a dudas. Pero aun suponiendo que esto no fuera posible y todo fuera una mala jugada del subconsciente, si ello permite curar o mejorar al enfermo, bien vale la pena utilizar dicha terapia. Caso tras caso, personas que presentan síntomas que desconciertan a los médicos, han encontrado curación por medio de la regresión de vidas pasadas. Alguien con dolores sin causa aparente en brazos y piernas, fue descuartizado vivo en una vida anterior. Una mujer con fuertes dolores de cabeza que los médicos no podían diagnosticar, había muerto de un mazazo en la cabeza en una guerra feroz siglos atrás. Un joven con inexplicables dolores en el lado izquierdo del pecho y el brazo izquierdo, que le llevaba a la sala de urgencias temiendo un ataque al corazón, había sido sacrificado por los aztecas siglos atrás, que le sacaron el corazón como una ofrenda a sus dioses.

Una de las más comunes e inexplicables sensaciones es la que muchas personas sienten al ponerse algo en el cuello: los hombres corbatas o camisas con el cuello cerrado y las mujeres collares o gargantillas. Es realmente frecuente que muchas personas no resistan nada en el cuello, pues sienten que se asfixian o simplemente rechazan la idea por desagradable u horrible. En la mayor parte de los casos, estas personas tuvieron muertes traumáticas en otras vidas al ser ahorcadas o estranguladas, una forma muy común de ejecutar o asesinar a las víctimas. La muerte por ahorcamiento aún es el método de ejecución establecido en muchos países.

Edith Fiore continuó sus investigaciones sobre la vida y la muerte más allá de la reencarnación. Otro de sus libros más conocidos es *The unquiet dead* (Los muertos inquietos), en el que analiza la posibilidad de que muchas enfermedades mentales catalogadas como tales por psiquiatras y psicólogos, sean en realidad posesiones espirituales. Los casos de dobles o múltiples personalidades, ciertos casos de paranoia y otras psicopatías, pueden deberse, según estudios de la Dra. Fiore, a posesiones de espíritus desencarnados. Por supuesto que sus teorías se han anatemizado por la mayor parte de sus colegas y la medicina convencional, al igual que ha sucedido a todos los psicólogos y médicos de avanzada que se han apartado de los lineamientos tradicionales de la ciencia.

Durante las regresiones de la Dra. Fiore, varios de los sujetos descubrieron que en vidas anteriores habían tenido sexos diferentes. Aunque esto pueda parecer sorprendente a la mayoría de las personas, es más común de lo que podamos pensar. Para quienes no estén familiarizados con la reencarnación y el Karma, la idea de haber tenido un sexo diferente en una vida anterior parece algo inaceptable o imposible. Sin embargo, no lo es tanto si aceptamos que el alma es algo inmaterial, un principio vital que existe independientemente del cuerpo. Por tanto, puede habitar cuerpos distintos, incluyendo los de diferentes sexos.

Al parecer existe una tendencia de que a lo largo de diferentes vidas exista un sexo predominante. Por ejemplo un sujeto puede haber tenido la mayor parte de sus encarnaciones como hombre, y sólo ocasionalmente como mujer, o viceversa. ¿A qué se debe esto? No existe una respuesta definida para esa pregunta, pero todo parece indicar que el cambio del sexo predominante al menos frecuente se debe a causas kármicas y no sucede al azar. Veamos un ejemplo: un sujeto cuyo sexo predominante sea el de hombre puede haber tenido una vida en la que haya maltratado a las mujeres, despreciándolas y arruinando sus vidas. Por tanto, en una existencia subsiguiente puede regresar como una mujer para que pueda experimentar en carne propia el sufrimiento causado en el pasado, y comprender el error cometido. Un sujeto cuyo sexo predominante sea de mujer y en vidas anteriores se haya burlado de los sentimientos de los hombres, destruyendo sus vidas, puede nacer ocasionalmente como un hombre, para que experimente lo que ella hizo sentir a los hombres en una vida anterior.

¿Quedan rastros de haber tenido un sexo diferente en una vida anterior? Usualmente no, y el alma se adapta fácilmente a su cuerpo del sexo predominante. No existen recuerdos de la vida anterior con sexo diferente, ni de las costumbres, sentimientos o emociones relacionados con el mismo. Los sujetos son hombres muy masculinos o mujeres muy femeninas. En algunos casos, sin embargo, el alma no logra adaptarse aparentemente al nuevo sexo, y guarda tendencias y preferencias asociadas con el anterior. Ello parece explicar ciertos casos de homosexualismo en los que los sujetos se sienten en un cuerpo que no les corresponde. Por supuesto que todo esto es muy discutible, pero puede perfectamente explicar muchos casos de problemas sexuales.

***

Cuando hablamos de memorias referentes a vidas pasadas, nos referimos a memorias traídas al presente por medio de la hipnosis. Sin embargo, existen otros casos más inquietantes aún, en los que la memoria se refiere a las vidas de otras personas, no a las del propio sujeto. Y para este tipo de recuerdos no es necesaria la hipnosis ni se trata de recuerdos de vidas anteriores. Nos referimos concretamente a lo que se conoce como *memoria celular*. De acuerdo con esta teoría, cada célula del cuerpo posee un tipo de memoria rudimentaria, algo que ha podido demostrarse en pruebas de laboratorio. Dicha memoria regula la reacción de las células frente al medio en que existen, se reproducen y transforman.

Los factores genéticos hereditarios parecen referirse a un tipo de memoria básica registrada en el ADN de cada persona. Esto hace posible que se hereden los rasgos físicos de los padres y también su predisposición a ciertas enfermedades. Incluso la inteligencia, como una capacidad de la mente, basada físicamente en el cerebro, puede heredarse igualmente. No obstante, ¿puede la memoria celular relacionarse con la teoría de Jung del "inconsciente colectivo"?

Según Jung, existe un vasto mar de recuerdos colectivos, como un archivo gigantesco de recuerdos y experiencias de toda la humanidad. Esto permite que una persona pueda incorporar a sus propios recuerdos los que pertenecen a otras personas. Pero tales recuerdos se refieren a los de un individuo como una unidad, como un ser, no como una parte específica de su cuerpo. La memoria celular, por otra parte, se refiere a la capacidad de un órgano o de una parte del cuerpo de guardar memoria o registro del todo; es decir, de lo que la persona es.

Esta teoría se basa en extrañas experiencias que han tenido aquellos que han recibido trasplantes. En tales casos, los receptores de esos órganos, parecen adquirir nuevos gustos, preferencias o tendencias, desconocidas por ellos anteriormente. Esta alteración de la personalidad ha llegado a ser notable en muchos casos.

Muchos médicos aducen que al recibir un órgano de un donante, el receptor recibe también algo que funcionaba en una forma diferente en otro cuerpo. Tal cosa puede en teoría producir cambios en el metabolismo, las reacciones químicas del cerebro o la sangre, y otros efectos que produzcan cambios en la personalidad. Algo similar a la implantación de una prótesis artificial que produce cambios reactivos en la personalidad, aunque tales cambios son de un tipo diferente, ya que se refieren al proceso de adaptación del cuerpo a funciones físicas definidas, lo que requiere de un cierto tiempo hasta "aceptar" mentalmente la indiscutible limitación de la movilidad u otras funciones corporales debidas a la prótesis.

La memoria celular, por el contrario, parece indicar que cada órgano, como parte independiente de un ser vivo, guarda recuerdos celulares de la totalidad de dicho ser. De ese modo, el corazón de un soldado muerto en combate, por ejemplo, guardaría recuerdo de las armas o situaciones que formaron parte de la vida y muerte del soldado. Del mismo modo, el corazón de un músico sería como un archivo relacionado con la música, conocimiento de las técnicas relativas a ella, conocimiento de músicos, famosos, etc.

Mucho ignoramos de la mente. Y cuando decimos *mente*, no nos referimos solamente al cerebro. La mente, como un atributo inmanente del ser, parece existir en cada parte de su cuerpo, no solamente en el cerebro. Cuando los leucocitos acuden en masa para atacar a un virus o material dañino al cuerpo, utilizan la línea recta para llegar al punto en que comienza la infección. Es decir, no siguen los canales normales de llegar hasta el sitio a través de los vasos sanguíneos. Antes bien, se salen fuera de ellos y atraviesan tejidos para llegar más rápida y directamente al punto en que se requiere su presencia. ¿Existe una "mente" en estas células vivientes?

Si existe una mente en las células, el conjunto de células que forma un órgano puede poseer también una memoria. Una memoria del conjunto, del ser del cuál formaba parte. Esto explicaría el hecho de que personas que han recibido trasplantes hayan experimentado cambios de personalidad.

Los primeros casos reportados parecen referirse todos ellos a trasplantes de corazón, lo que nos hace preguntarnos si las antiguas definiciones del corazón como el centro de las emociones y sentimientos puedan no estar completamente desacertadas.

Existen diversas teorías para explicar este fenómeno. Antiguamente se pensaba que los llamados *neuropéptidos* (neurotransmisores) existían solamente en el cerebro, aunque posteriormente se descubrió que existen en todas las células. Siendo esencial la existencia de estos aminoácidos para que pueda manifestarse la memoria, su presencia en todas las células del cuerpo explicaría la capacidad de las células del corazón para acumular memoria.

Aunque no se poseen datos que identifiquen a los donantes o receptores de órganos, debido a las rigurosas regulaciones existentes para los mismos, se conocen numerosos casos, uno de ellos con el nombre real del donante y del receptor. La mujer que recibió un trasplante doble de pulmones y corazón, Claire Sylvia, comenzó a manifestar gustos desconocidos y atracción a actividades y situaciones diametralmente opuestas a su personalidad anterior. Luego del trasplante, la mujer se aficionó a la cerveza, las frituritas de pollo, y otras comidas y bebidas que nunca antes le atrajeron.

Las profundas transformaciones experimentadas por Claire Sylvia la llevaron a investigar quién era el donante del que había recibido su corazón y pulmones. Pudo ponerse en contacto con la familia del mismo, un joven motociclista de 18 años que falleció en un accidente de motocicleta. La mujer pudo comprobar que su nueva personalidad era la del adolescente difunto, y quedó tan impresionada por tales hechos que decidió escribir un libro, titulado "Memorias de un Cambio de Corazón" *(A Change of Heart: A Memoir)*.

Numerosos otros casos se han registrado en los que aunque el nombre del donante no se haya revelado, se ha conocido su personalidad y actividades. Así, una niña de 8 años que recibió el corazón de otra de 10 años, comenzó a tener pesadillas en las que se veía asesinada por un atacante. Las pesadillas fueron tan reales que los padres llevaron a la niña a un psiquiatra, el cual quedó convencido de que se trataba de memorias reales. Como tal cosa era imposible, pues la niña nunca había sido atacada, el médico llegó al convencimiento de que era un caso de memorias celulares, y contactó a la policía. La niña describió tan exactamente el crimen y el aspecto del atacante, que éste fue prontamente localizado y detenido por la policía.

Un hombre de 47 años recibió el corazón de un joven estudiante de música asesinado accidentalmente en un tiroteo mientras llevaba su violín consigo. El hombre, al que nunca había interesado la música clásica, comenzó a deleitarse con las composiciones de los grandes maestros clásicos, y leyó sus biografías para conocer sobre sus vidas.

Otro caso conocido fue el de una lesbiana de 27 años que luego de recibir un corazón de una mujer normal, cambió por completo sus preferencias sexuales, contrayendo matrimonio con un hombre y estableciendo una feliz unión. Caso tras caso, los receptores de nuevos corazones parecen recibir, junto al órgano donado, la personalidad y recuerdos de los donantes.

La memoria, la cual es parte integrante de la mente, parece manifestarse a nivel celular, aparentemente concentrada en el corazón. Si la memoria no necesita el soporte físico del cerebro para existir, y puede manifestarse en otros órganos e incluso a nivel celular, ¿por qué no puede la memoria sobrevivir a la muerte física y activarse por medio de la hipnosis en la regresión de vidas pasadas?

Otro fenómeno interesante es el conocido como "cambio de libreto". Consiste en regresar al sujeto, descubrir el origen de su trauma y "cambiar el final de la historia". Por ejemplo, a alguien que en una existencia anterior (sea esto real o no) haya cometido un acto terrible que le cree un sentimiento de culpa inexplicable, o animadversión contra una persona que le haya hecho daño en el pasado, puede decírsele que la historia tuvo un final distinto. Digamos, que la persona a la cual hizo daño, no recibió tal daño, pues él no llegó a realizar tal acción, o que la persona que le hizo daño en el pasado cambió de parecer en el último instante y no hizo nada contra él.

Esa es la teoría, y aunque algunos hipnoterapeutas y psicólogos la mencionan a menudo, mi experiencia personal es que dicha técnica no funciona. Los sujetos se aferran a los recuerdos reales y rechazan el cambio de la historia. Ello sucede cuando los hechos acaecieron en una vida pasada. Sin embargo, cuando se trata de un pasado ocurrido en la infancia o en otra etapa de la vida actual, es posible borrar el recuerdo traumático y suplantarlo con otro más agradable. Tenemos por tanto que la memoria más remota de existencias anteriores queda más fuertemente impresa que la de la vida presente. Tal cosa parece indicar que la memoria permanece en algún nivel o estado independiente del mundo conocido, del cerebro y del cuerpo físico, y que las experiencias pasadas tienen una importancia tan enorme en la cadena de vidas y la evolución del ser que éste "sabe" lo que ocurrió realmente en el pasado, y nada ni nadie es capaz de alterar tal cosa.

Traté una vez un caso de una mujer que sentía una profunda antipatía por su hermana, a pesar de que ésta le profesaba un gran cariño y hacía todo lo posible por agradarle, ayudarla y apoyarla en todo. Cuando la regresé a la situación que motivó originalmente tales sentimientos, en una vida anterior, ambas habían competido por el amor del mismo hombre en la Alemania medioeval. La que odiaba a la hermana, en aquella vida anterior, había sido la escogida por el hombre. La otra mujer, llena de rencor, había decidido que entonces el hombre no sería para ninguna, y lo acusó falsamente de brujería. Dado a que tenía contactos importantes en la corte, el hombre fue condenado a muerte y ejecutado.

Aunque traté de cambiar el libreto, no pude hacerlo y ella siempre recordaba lo sucedido, manifestando un odio profundo hacia la otra mujer, que en esta vida era su hermana. La terapia entonces tuvo que cambiarse. Bajo hipnosis, le hice sentir cómo su hermana trataba de compensar en esta vida el daño hecho en la otra, y a pesar del desprecio y rencor de la que recibió el daño, trataba por todos los medios de ayudarla, apoyarla, e ignoraba el odio gratuito que la otra le profesaba. Este tipo de terapia, combinada con otras diferentes lograron finalmente borrar el odio que la mujer sentía hacia su hermana, pero no fue posible "cambiar el libreto".

Pruebas científicas de un más allá

Los médicos de avanzada, Kübler Ross, Kenneth Ring, Michael Sabom y Karlis Osis - Algunos casos increíbles – El soldado "muerto" en Vietnam – ¿Pueden "heredarse" enfermedades o marcas de vidas anteriores?

¿Pero dónde están las pruebas? Sin duda alguna, depende de lo que entendamos por pruebas. Por supuesto que es imposible saber *exactamente* lo que significa la vida en ese otro mundo desconocido, a menos que vivamos en él. Y los oponentes de la existencia de ese otro mundo repiten que nadie que se haya ido definitivamente ha regresado de él. En otras palabras, aquellos que han estado clínicamente muertos, no estaban *realmente* muertos, puesto que pudieron ser revividos. Por tanto, estaríamos hablando de personas vivas que simplemente estuvieron en estados de *casi muerte,* pero no de muerte real.

Y sin embargo, si nos atenemos a lo que la medicina considera una prueba de muerte física, una lectura plana de la electroencefalografía, muchas de estas personas *han estado* realmente muertas. Muertas por completo. Y aunque se supone que un cerebro no puede estar sin recibir oxígeno por más de 3 minutos, o máximo 5, sin sufrir daños irreversibles, los hospitales han registrado casos de más de media hora de muerte clínica en los que la persona ha vuelto a la vida sin daños cerebrales ni deterioro de los órganos. Son casos raros, pero suficientes como para suponer que bajo ciertas circunstancias las reglas no son absolutas.

La medicina convencional ha elaborado teorías para explicar estas experiencias. *¿Los recuerdos de vidas pasadas? Puras fantasías. Intentos del subconsciente para "explicar" traumas y problemas actuales. Cosas que los sujetos han leído o escuchado antes y no pueden recordar conscientemente. La regresión a vidas pasadas es imposible porque al morir el cuerpo muere también el cerebro, sede de los recuerdos. Sin un cerebro no puede haber recuerdos. La mente es el fin absoluto y nada existe luego de ella.*

¿Y los casos de los que han estado clínicamente muertos y han visto su propio cuerpo? *Ah, eso. El cerebro que no quiere morir. El cerebro que elabora endorfinas al presentir el fin. El cerebro que crea alucinaciones aferrándose a la vida antes de caer el telón. Situaciones que crea la mente para hacer menos terrible el fin.*

Y sin embargo, esas teorías no pueden explicar hechos tales como la salida fuera del cuerpo durante la muerte clínica y los sujetos que describen exactamente situaciones, conversaciones y lugares que han experimentado mientras estaban clínicamente muertos, a veces con lecturas planas de la actividad cerebral, es decir, con un cerebro muerto. Si todo fuera una alucinación, ¿cómo podría un cerebro muerto "imaginar" que a varios kilómetros de distancia estaba sucediendo lo que realmente sucedía? ¿Cómo podría un cerebro muerto "ver" cómo los médicos trataban de revivir el cuerpo muerto, lo que hablaban y hacían? ¿Cómo alguien que está clínicamente muerto, podría ver su propio cuerpo desde arriba, alejarse de él y moverse sin soporte físico, regresar al cuerpo al ser revivido y describir luego con exactitud situaciones o lugares a los que no pudo haber accedido físicamente durante ese tiempo?

Un aspecto imposible de explicar científicamente, es el que se refiere a las marcas o estigmas físicos, relacionados con vidas previas. Niños que nacen con defectos físicos o marcas inexplicables y éstas parecen relacionarse a accidentes o traumas violentos en vidas anteriores. El profesor Ian Stevenson, autor de la monumental obra *Twenty Cases Suggestive of Reicarnation,* (*Veinte casos que sugieren la reencarnación*) investigó también casos increíbles de marcas de nacimiento y publicó dos libros sobre el particular.

Los casos comprobados de marcas de nacimiento incluyen una muchacha que nació con los dedos de una mano deformes. Ella afirmaba recordar que en una vida anterior había sido un hombre que había perdido los dedos en un accidente. Otro caso similar, el de un chico con los dedos de la mano incompletos, que recordaba haberlos perdido en otra vida mientras cortaba hierba con un machete. Más impresionante aún era el caso de otro joven que nació con dos extrañas marcas redondas en la cabeza, una en la parte posterior y otra el frente. El joven recordaba haber sido asesinado de un disparo en la parte posterior de la cabeza, por lo que las marcas correspondían a los orificios de entrada y salida de la bala.

Uno de los casos más sorprendentes fue el de una chica que afirmaba haber sido un hombre en una vida previa, que había sufrido una operación en la cabeza. Ella había nacido con una extraña cicatriz en la cabeza, similar a la que se produciría tras una intervención quirúrgica en dicha zona.

Casos perfectamente documentados ofrecen características imposibles de explicar a menos que se acepte la teoría de la reencarnación. Un hombre de 69 años llamado Sonny Graham puso fin a su vida disparándose un tiro en la cabeza. Esto en sí, no resulta sorprendente dada la inmensa cantidad de suicidios similares que ocurren diariamente en todo el mundo. Lo que hace a este caso completamente diferente a los demás es que el señor Graham había recibido un trasplante de corazón de un hombre de 33 años que se había suicidado pegándose también un tiro en la cabeza. Y lo sorprendente no termina ahí, porque el suicida había conocido a la viuda de su donante, y ambos se enamoraron y se casaron. En este caso específico, la teoría de la memoria celular cobra una nueva dimensión, porque muchos opinan que en realidad se trató de una venganza del donante contra el hombre que había usado su corazón para conquistar a su viuda y casarse con ella.

La medicina actual se encuentra en proceso de evolución. Al igual que los médicos medievales se oponían ferozmente a aceptar nuevas teorías en el período de la Ilustración, teorías que sentaron la base de nuestra medicina actual, una gran mayoría de los médicos de nuestra época califican de charlatanes a sus colegas que investigan con seriedad científica sobre la continuidad de la vida. Una verdadera pléyade de médicos de avanzada ha tomado muy en serio la investigación de lo que sucede después de la muerte. Ellos han comprobado que la muerte no es el fin. Caso tras caso han investigado las declaraciones de los que estuvieron en las garras de la muerte y regresaron para contar sus historias, y comprobaron que las historias eran ciertas. Y si el ser puede existir sin un cuerpo y la vida prosigue después de la muerte, ¿por qué no puede ser posible la reencarnación? Admitida la vida *postmortem*, la siguiente pregunta lógica es: ¿cómo es esa vida? Y la reencarnación es una respuesta tan válida como cualquier otra.

Algunos de los médicos o psicólogos que se mencionan en este capítulo no han estado envueltos en la investigación de vidas pasadas, sino solamente en la de encuentros cercanos con la muerte. No obstante, resulta importante conocer cómo estos profesionales han estudiado con absoluta seriedad y metodología científica aspectos tan importantes como la salida fuera del cuerpo durante los estados de muerte clínica, y cómo individuos con una lectura plana del electroencefalógrafo, clínicamente muertos, y bien muertos, han descrito con exactitud lo que sucedía cerca de ellos, y a veces a grandes distancias. Y esto sería completamente imposible, a menos que hubiera alguna forma de conciencia que no necesitara el cuerpo para existir.

Y ese grupo de médicos y psicólogos de avanzada ha hecho estudios completos sobre el fenómeno de la muerte y lo que sucede después de ella. No han temido enfrentarse a ataques de todo tipo, al descrédito y a la pérdida de sus fortunas, y han llevado a cabo investigaciones estrictamente científicas, metódicas y serias, sobre lo que sucede cuando la persona muere. Estos profesionales, con rigor científico, han estudiado caso tras caso, eliminando todos los que podrían tener una explicación convencional. He aquí el resultado de sus investigaciones más conocidas

La Dra. Elizabeth Kübler Ross, la llamada "Dama de la Muerte" inició un nuevo movimiento en la clase médica, haciendo una apertura a enfoques más abiertos y menos materialistas sobre la muerte y la continuidad de la vida. Tuvo que pagar un alto precio por ello, como veremos a continuación.

Nacida en Suiza, se graduó como psiquiatra en Zurich y emigró a los Estados Unidos. Se definía a sí misma como pragmática. Su libro más importante, que inició lo que vendría luego, fue sin duda alguna *On Death and Dying* (Sobre la Muerte y el Morir). En este libro, la doctora Kübler Ross comenzó a interesarse sobre el momento de la muerte. Definió las 5 etapas del moribundo como *Negación y Aislamiento, Ira, Negociaciones con la muerte, Depresión y Aceptación*. Estuvo al lado de los moribundos, preguntándoles, registrando sus reacciones y sentimientos, descubriendo como una y otra una vez se repetían las "alucinaciones" en las que veían a sus parientes y amigos difuntos que venían a recibirlos para ayudarlos a cruzar "al otro lado". Otros libros de su autoría incluyen: *Instantes de la vida, La muerte, etapa final del crecimiento* y *Sobre los niños y la muerte.*

La Dama de la Muerte, era testaruda, como ella misma reconocía, y continuó lanzando sus ideas al mundo, sin importarle el efecto que esto pudiera tener en su vida y su renombre:

Aprendamos a conectarnos con el silencio interior en nosotros mismos, y sepamos que todo en esta vida tiene un propósito. No hay equivocaciones, no hay coincidencias. Todo lo que sucede son bendiciones que nos ofrecen para que aprendamos de ellas.

Observar la muerte tranquila de una persona nos recuerda una estrella fugaz. Una entre un millón de luces en la vastedad del cielo que relumbra un instante y desaparece para siempre en la noche infinita.

La controvertida revista Playboy le hizo una entrevista más controvertida aún, en la que la Dra. Ross contó al mundo sus descubrimientos sobre la muerte. Ella reveló que las llamadas alucinaciones de los moribundos parecían tener una base real. Y sí, era posible que lo que constituía la parte inmaterial de la persona, el alma o el espíritu, saliera del cuerpo aunque no fuera en el momento de la muerte. Ella misma había salido antes de su cuerpo. Por supuesto que todo eso creó una tormenta de opiniones y acusaciones en todo el mundo.

Elizabeth Kübler Ross se retiró de la práctica de la medicina y creó en Escondido, en California, un retiro con el nombre de *Shanti Nilaya* (Casa de Paz en sánscrito), allí se dedicó a ayudar y aconsejar a los enfermos incurables y a sus familiares. Por defender sus ideas fue expulsada de la universidad, su marido la repudió y se divorció de ella, y su casa y sus posesiones se perdieron en un incendio que se sospechó provocado por manos criminales. Esta mujer admirable murió en 1992 en Arizona. Poco antes de morir declaró que ya estaba lista para morir y murió tranquilamente, sabiendo lo que había del otro lado. Ella abrió la puerta por la que luego entraron al camino de la investigación sobre la continuidad de la vida otros médicos y psicólogos que revolucionaron y cambiaron la máscara pétrea de la medicina sin alma y sin consciencia, y fue sin duda la pionera de esos cambios.

***

Kenneth Ring, destacó por sus investigaciones sobre los ECM, o Encuentros Cercanos con la Muerte. Autor de varios libros sobre este tema, realizó también investigaciones con el LSD hasta fines de los años 70. Ring fue catedrático de psicología en la universidad de Connecticut y presidió la Asociación Internacional de Estudios Cercanos a la Muerte (IANDS, siglas en inglés). Editó libros capitales sobre la continuidad de la vida después de la muerte, entre los que destacan *Life at Death (La vida al morir)*, *The Omega Project: Near-Death Experiences (El Proyecto Omega: Experiencias Cercanas a la Muerte)*, y una obra única, extremadamente interesante: *Mindsight: Near-death and out-of-body experiences in the blind (La vista mental: los ciegos en las experiencias extra corporales y cercanas a la muerte)*.

De su obra, uno de los casos por él investigados merece destacarse, porque tipifica las experiencias de aquellos que han estado clínicamente muertos. Tom Sawyer tardó casi 20 minutos en poder ser revivido. Por supuesto, de acuerdo con la ciencia, esto era imposible. El cuerpo no puede vivir tanto tiempo sin que la sangre circule y lleve oxígeno a las células. El cerebro se deteriora y muere luego de un máximo de 5 minutos. Pero como el abejorro de la historia, que no podía volar pero volaba, Tom Sawyer vivió para contarlo.

Tom Sawyer, un mecánico de Nueva York, se encontraba un día engrasando su camioneta. Se había metido bajo ella sin usar los soportes de emergencia, simplemente levantando el auto con un gato hidráulico manual. Pero algo inesperado ocurrió, el gato se inclinó de lado, saltó fuera del vehículo y la camioneta cayó sobre el cuerpo del mecánico, que lanzó un grito terrible. Más de una tonelada le comprimió contra el suelo,

179

rompiéndole costillas y huesos, reventando órganos. No podía respirar, y el dolor era algo que no podía describirse. Uno de sus hijos que jugaba cerca, oyó el ruido y el grito y corrió a casa de los vecinos. Estos llamaron al rescate, y minutos después llegaron los bomberos.

Cuando los bomberos lograron levantar la camioneta, el hombre se desmayó. Enseguida tuvo un paro cardíaco. Tom se sentía bien, sin dolor y muy tranquilo. Entonces vio su cuerpo allí en el suelo, manando sangre por la boca mientras los paramédicos lo ponían en una camilla.

"Se murió, – dijo un paramédico *– está reventado".*

Pero Tom escuchó todo eso. Había muerto, pero estaba en alguna parte, flotaba, tranquilo, con una paz como jamás había sentido antes. Vio la ambulancia que corría a toda velocidad hacia el hospital, y vio a sus hijos llorando. Es como si pudiera estar en varios sitios a la vez. Luego, la oscuridad total. Pero se movía, *avanzaba.* Luego comenzó a ver imágenes, sitios. Y se sintió uno con el universo, con todo aquello que veía. Y como en una película, toda su vida empezó a desfilar ante él.

El mecánico logró salvar la vida. Un milagro médico realmente. Pero su vida nunca sería la misma. Conoció una paz distinta, estable. No daba importancia a cosas a las que antes se las daba. Y adquirió extraños conocimientos sobre temas que nunca había estudiado ni conocido siquiera. Pero no pudo describir otros conocimientos inefables que había adquirido cuando se sintió uno con el universo. En aquellos momentos veía un árbol y *él era el árbol.* Y fue la piedra y el agua y lo viviente y lo inerte. Y al serlo, comprendió la esencia de las cosas. Comprendió la vida y la muerte, y lo que era Dios y lo que era él mismo. Pero al despertar no podía explicarlo. Del mismo modo en que al nacer se olvidan las vidas anteriores, Tom Sawyer olvidó que había conocido el Gran Misterio. Pero sabía que en aquel instante de eternidad, lo había conocido, y le quedaba la paz infinita.

***

El cardiólogo Dr. Michael B. Sabom, escribió una obra memorable, *Recollection of Death, a Medical Investigation*

(Recuerdos de la Muerte, Investigación Médica) en la que narra hechos comprobados que parecen demostrar que al producirse la muerte, la esencia vital, lo que la persona es, sale fuera del cuerpo y existe en un estado distinto fuera de él. Cuando no hay ojos para ver ni oídos para escuchar, esa esencia o raíz de vida es capaz de escuchar lo que se habla cerca o lejos de ella y de observar situaciones que luego puede describir con toda exactitud. Uno de estos casos merece ser citado por lo detallado de la descripción:

Un soldado norteamericano en Vietnam recibe de lleno la explosión de una bomba que le lanza a varios metros de distancia. Él y sus compañeros cercanos quedan despedazados por la misma. Entonces, una explosión, de un mortero, estalla cerca de su cabeza. El soldado se desmaya, se hunde en la nada. Cuando recupera el sentido, comienza a ver lo que está sucediendo. Un grupo de guerrilleros del Vietcong se mueve entre los soldados norteamericanos muertos. Les quitan los anillos de oro de los dedos, buscan las billeteras y les quitan los zapatos. Entonces comprendió que los guerrilleros no lo habían visto, o pensaban que estaba muerto. Notó también a cierta distancia un fusil automático y comenzó a considerar la idea de apoderarse de él y atacar por sorpresa a los enemigos.

Se acercó en silencio al arma y trató de agarrarla, pero no podía. Era algo extraño, era como si sus manos pasaran a través del rifle. Simplemente, no podía agarrarlo. Algo extraño estaba sucediendo, sin duda. Descubrió que el soldado al que los guerrilleros registraban era él mismo, y comprendió que estaba muerto. Le faltaba un brazo y tenía las piernas destrozadas. Entonces "sintió" que no estaba solo. Otros compañeros suyos, que habían muerto también en la explosión estaban con él. No los veía, pero podía notar sus presencias e incluso comunicarse con ellos, comprender lo que sentían y pensaban. Todos "decían" que estaban bien y no querían regresar a la vida "allá abajo".

Llegaron los helicópteros de rescate a llevarse los muertos. El soldado vio cómo ponían su cadáver en una bolsa de plástico que trasladaban al helicóptero, éste despegaba y llegaba luego a la base. Una vez allí, cargaban las bolsas en un camión y las llevaban a la morgue. El soldado vio como sacaban su cuerpo y lo ponían sobre una mesa. Cuando estaban a punto de inyectarle un líquido para embalsamarlo, descubrieron que salía sangre de su cuerpo. La sangre no circulaba, pero no estaba coagulada todavía, ¡podían revivirlo! Le inyectaron adrenalina y el soldado volvió a la vida para contar su historia.

Pero hay algo más. Algo que no deja lugar a dudas sobre la veracidad de la experiencia. Mientras su cuerpo muerto descansaba en la morgue, el soldado se fue a la lavandería del hospital militar en que estaba la morgue. Nunca había estado allí, pero el ruido que salía de allí le molestaba y quiso ver a qué se debía. Inmediatamente estuvo allí, y pudo ver que el ruido se debía a dos viejas máquinas de lavar. Al revivir, pudo comprobar que la lavandería era exactamente como él la había visto.

Decenas de otros casos similares fueron estudiados por Sabom. Pacientes en paro cardíaco con lectura plana que describían luego los procedimientos de resucitación, cuando sus ojos estaban cerrados, su cuerpo inerte, su cerebro sin actividad alguna y no podían ver ni oír, y sin embargo, describían exactamente lo que sucedía a su alrededor, y a veces a alguna distancia. Una vez tras otra, todos salían de sus cuerpos muertos y veían la escena desde arriba, cerca del techo; luego describían lo que habían visto y escuchado. Muchas veces, al salir de sus cuerpos los sujetos visitaban sitios distantes, o a sus familiares o amigos. En ocasiones, éstos podían verlos y pensaban que estaban vivos.

En mi propia familia, hubo un caso curioso que mi madre me contaba. Teniendo yo unos 4 años de edad, mi padre viajó a otra ciudad lejana donde debía pasar varios días por razón de su trabajo. Un par de días después, una noche, cuando todos dormían, se formó como un gran globo de luz junto a la cama en la que yo dormía, al tiempo que se escuchó como una explosión. Mi madre despertó sobresaltada, y yo igualmente, llorando mientras señalaba con mis pequeñas manos a aquella luz extraña y repetía: *¡La luz, la luz!* Mi abuela corrió a la habitación a ver qué pasaba y también pudo ver aquella extraña luz que empezó a desaparecer rápidamente. Al momento, llamaron a la puerta. Eran los vecinos que habían escuchado la explosión y pensaban que había estallado el gas en nuestra casa (en realidad no teníamos gas allí) y venían a ver si estábamos bien.

Nadie pudo seguir durmiendo esa noche, y dos horas más tarde sonó el teléfono. Llamaban de un hospital de la ciudad en que estaba mi padre. Esa noche había tenido un infarto y estuvo clínicamente muerto durante unos minutos. Durante ese tiempo, había pensado intensamente en mí, en que moriría sin verme de nuevo, y entonces, por un instante se vio en nuestra casa, junto a mi cama, pero en ese momento lo revivieron y regresó a su cuerpo. Cuando al día siguiente comparamos las horas, el episodio de la explosión y la luz correspondía exactamente a la hora en que él estuvo muerto y se vio junto a mi cama.

Los casos de personas que habían muerto y luego volvieron a la vida se han registrado en la Historia desde hace siglos y milenios. Platón en la última parte de *La República,* nos habla del caso de Er, un guerrero de Panfilia que había muerto en una de las batallas. Varios días después de la misma, cuando recuperaron el cuerpo de Er y lo pusieron en la pira para quemarlo, Er volvió a la vida para contar cómo era el otro mundo. Si eliminamos el lado mitológico de la descripción, queda presente que Platón no era alguien dado a las fantasías. Profundo pensador y filósofo de primer orden, registraba los acontecimientos con gran minuciosidad. Que Er hubiese estado muerto durante 10 días parece algo bastante improbable, pero sin embargo, otros compañeros suyos destinados a la pira funeraria, muertos junto con él, ya estaban descompuestos, lo que indicaba que habían muerto al menos hacía 3 ó 4 días.

En la mitología griega, los muertos pasaban la laguna Estigia para llegar a la tierra de la muerte, Hades. Caronte, el barquero de la muerte cobraba una moneda por pasar a las almas al otro lado, por lo cual a los muertos los enterraban en la antigua Grecia con una moneda, para que pudieran pagar al barquero. En el Hades, o mundo de los muertos, había un río nombrado Leteo, y quienes bebían de sus aguas, perdían la memoria. Esto explicaba por qué las personas no podían recordar sus vidas pasadas, pues antes de nacer nuevamente debían beber las aguas del Leteo para olvidar sus vidas anteriores.

Pero no solamente los antiguos griegos enterraban a sus muertos con monedas. Esta costumbre estaba extendida por varios países. En la Judea romana, se han encontrado tumbas con cuerpos envueltos en sudarios con monedas sobre los ojos. A veces la moneda se ponía en la boca del difunto. Los magiares todavía practican esta costumbre. Los partos y sasánidas la practicaban hace milenios, y era costumbre en la Galia Cisalpina, en la antigua Britania y entre los germanos.

Todo este modo literal de interpretar la muerte y el más allá, como producto de las religiones y la mitología fue evolucionando hasta llegar a nuestros días. Ya no son los sacerdotes los que investigan lo que sucede cuando el hombre muere. Hoy día lo hacen los médicos, los científicos de mente abierta, que usan instrumentos científicos, datos, comparaciones, análisis de laboratorio. Son médicos, psicólogos e hipnoterapeutas, profesionales con amplios conocimientos sobre el funcionamiento del cuerpo humano, las funciones biológicas que mantienen la vida, en qué momento éstas cesan y cómo se produce la muerte. Y esta legión de investigadores, haciendo caso omiso de la envidia y el dogmatismo de muchos de sus colegas se ha lanzado a atravesar fronteras, a traspasar límites, a hacerse preguntas que los otros no han tenido el coraje de hacer.

Producto de estas investigaciones, como en todo estudio serio, se ha comprobado que aunque las experiencias de los que han estado clínicamente muertos resultan muy similares, no son idénticas. Por ejemplo, algunos (la mayoría) dicen que se movían por un túnel oscuro, mientras otros afirman que estaban cayendo por un pozo negro. Algunos hablan de un sonido extraño que definen como desagradable, otros no recuerdan haber escuchado nada. Algunos dicen haber visto a Jesucristo y nos hablan de ángeles guardianes, mientras otros mencionan a "maestros de luz". Esta disparidad, que para los que niegan la posibilidad de la existencia de vida después de la muerte es una prueba de que se trata de alucinaciones, constituye sin embargo la prueba más concreta de que se trata de algo mucho menos simple que eso. Precisamente esa disparidad es el elemento que da cohesión a la teoría. Si todos los que estuvieron clínicamente muertos hubieran tenido exactamente las mismas experiencias, estaríamos hablando de un fenómeno repetible, totalmente biológico y predecible.

Si unos ven a Jesús y otros a "maestros espirituales", ¿no se tratará en realidad del aspecto con el que presenta esa otra realidad desconocida el fenómeno, para hacerlo comprensible a la mente limitada del hombre? Para un budista o mahometano, la imagen de Jesús no resultaría convincente o relevante, y para un cristiano, la imagen de Mahoma no le indicaría que había traspasado la última frontera. La realidad vivida y experimentada mientras el cuerpo estaba muerto, puede haber sido muy diferente a todo eso, pero la mente lo ha traducido a algo comprensible.

Todos los que han muerto y regresado repiten sin excepción que no existen palabras que puedan describir sus experiencias. Tienen que usar símiles y repiten una vez tras otra que se trató de algo *"parecido a"* o bien *"era como si..."*. Y está demostrado que la mente utiliza arquetipos para dar forma y sentido a cosas que no pueden explicarse con el lenguaje común, con la capacidad descriptiva y limitada del hombre. ¿Cómo explicar en estado normal lo que ocurrió durante un estado alterado de conciencia? Del mismo modo, ¿cómo pedirle a un ciego que describa el color azul? ¿Cómo hablarle al ciego de colores?

Si un hindú y un japonés dicen haber visto a Buda o a Krishna, mientras un cristiano nos dice que Jesús lo esperaba del otro lado, probablemente todos hayan experimentado algo tan indescriptible y desconocido, que la mente haya tenido que usar arquetipos para hacerlo al menos un poco comprensible. Tal vez ninguno *vio* en realidad a nadie, pero todos se encontraron frente a la esencia del gran misterio: la razón misma de la vida y la muerte.

Si bien lo anterior es puramente subjetivo, algo diferente sucede con el llamado "comité de recepción" mencionado una y otra vez por los que han tenido esos encuentros cercanos con la muerte. Todos mencionan a parientes y amigos muertos que le esperan "del otro lado", para ayudarles a cruzar la frontera. ¿Ilusiones de los agonizantes? ¿El cerebro que no quiere morir, fabricando dopaminas? Muy bien, pero entonces, ¿cómo explicar que estas visiones de familiares muertos nunca incluyan a familiares vivos, tal vez residentes en sitios lejanos? Y aún más importante, ¿cómo explicar que en ese comité de recepción aparezcan familiares o amigos que se creía estaban vivos y sólo después de estas experiencias se comprobó que en efecto, habían muerto antes? Si el agonizante no podía saber que esos parientes o amigos habían muerto, ¿cómo explicar que los viera formando parte del comité de recepción?

La disparidad de experiencias vividas en los encuentros cercanos con la muerte solidifica su veracidad y legitimidad. Algunos de los que han tenido estos encuentros dicen no haber tenido ninguna experiencia. Nada. Cero. Ni túnel oscuro, ni sonidos, ni luz al final del túnel, ni un ser de luz esperando al otro lado. ¿Y bien? – preguntan los incrédulos - ¿No existe un más allá para esas personas? ¿No es ésta la prueba de que estamos hablando simplemente de alucinaciones que por diversas causas unos experimentan y otros no?

La respuesta no parece ser tan sencilla. Cuando dormimos, todos soñamos. Sin embargo, no siempre recordamos los sueños. Estudios realizados bajo estrictos controles en famosas universidades de todo el mundo, han demostrado que *todos* soñamos, lo que queda registrado en los electroencefalógrafos y probado por los REM (*Rapid Eye Movement* en inglés), o sea, el movimiento rápido de los ojos mientras dormimos, lo que indica que estamos soñando. No obstante, muchos de los sujetos de estos experimentos, al despertar afirman que no soñaron nada, cuando los electroencefalogramas y los REM prueban lo contrario. Esto demuestra que los sueños se producen aunque luego no podamos recordarlos. Del mismo modo, algunos de los que han regresado de una experiencia cercana a la muerte pueden no recordar esa experiencia al despertar a la vida, como afirmamos no haber soñado nada cuando al despertar en la mañana no podemos recordar nuestros sueños.

Por otra parte, ¿qué significa ese movimiento vertiginoso por el túnel oscuro? ¿Es producto de nuestro cerebro? ¿Es el paso a una dimensión diferente? Casi todos los que han experimentado las experiencias cercanas a la muerte nos hablan de una luz al final del túnel, o de un "sitio" o frontera que no podían traspasar porque ya no había regreso posible si la cruzaban. Caso tras caso, los que han regresado indican que alguien o algo les dijo que su momento no había llegado y que deberían regresar. Curiosamente, casi sin excepción, ninguno quería regresar. Tal vez, los que dicen que es imposible saber lo que hay después de la muerte, porque nadie ha regresado de ella, hayan pasado por alto el hecho de que la mayor parte de los que han traspasado la frontera no querían regresar. Tal vez por eso sean pocos los que han vuelto para contarnos su historia.

¿Es sombras y oscuridad lo que hay tras la muerte? Y si los que solamente han podido ver eso es porque han quedado a mitad del túnel sin poder llegar siquiera a la frontera de la que no hay regreso? ¿Y los que describen verdes prados y jardines maravillosos y hasta edificios y paisajes muy similares a los que existen en nuestro mundo material? ¿Se trata de simples alucinaciones o asociaciones defensivas de lo que conocemos frente al temor de lo desconocido? Demasiadas preguntas y pocas respuestas. Y sin embargo, la inquietud y las preguntas son legítimas y lógicas. ¿Qué hay del otro lado del muro?

Acuden a mi mente fragmentos de una antigua poesía, el nombre de cuyo autor no recuerdo, que lanza la pregunta tremenda a la faz de la vida en la angustia del no saber frente a la gran incógnita:

Sepulturero que ves
con claros ojos sencillos,
dime qué sigue después
de tus trágicos ladrillos...
Donde repercute el eco
de ese golpe áspero y seco
que la caja terminal
produce al colmar el hueco
de lo negro y lo fatal
Dime si es vida serena
lo que está del otro lado
de aquello que tú has pegado
con mezcla de cal y arena
Árbol de la amplia ribera

por donde el humano enjambre
pasa a la sombra infinita,
dime qué es lo que palpita
arriba de tu cimera
y abajo de tu raigambre.

Y es lícito que nos preguntemos: ¿es eso lo que nos espera del otro lado? Esos prados verdes, las flores y los edificios tienen una sospechosa similitud con el mundo conocido de este lado. ¿Edificios? ¿Para qué necesitan edificios las almas que no tienen cuerpo? ¿Prados verdes? ¿Para verlos con qué ojos? Y sin embargo, hay mil posibles respuestas a tales preguntas. Ruego me disculpen si respondo con una pregunta a guisa de respuesta: ¿Y si el "más allá" fuera solamente un mundo paralelo, más cerca de la teoría cuántica de los científicos que de los conceptos religiosos, metafísicos y filosóficos? ¿Por qué no? ¿Tenemos derecho a excluir algunas de las respuestas?

Aceptada la reencarnación, ¿dónde permanecen las almas hasta regresar a la vida en un cuerpo diferente? Si el más allá es simplemente una dimensión diferente, un mundo paralelo más allá del tiempo y el espacio, podría contener arquetipos de lo que conocemos en esta vida; arquetipos que para un ser existente en un estado alterado de existencia podrían tener una cierta solidez y apariencia similar a cosas antes conocidas. Por otro lado, ¿cómo describir cosas para las que no existen puntos de comparación posibles? ¿Con qué palabras describiríamos la electricidad a un aborigen perdido en la selva, con desconocimiento total y absoluto de los más simples elementos de la civilización? ¿Y de nuevo, volviendo a nuestro ciego ya citado, ¿cómo podríamos describir a un ciego de nacimiento el color azul, o la belleza de una puesta de sol?

Cuando los viajeros a esa dimensión desconocida que llamamos muerte regresan y nos describen paisajes y edificios, ¿son víctimas de una especie de borrachera espiritual que creó tales cosas inexistentes como un simple entretenimiento? ¿Tal vez un dios burlón disfrutando en crear absurdas historias para los viajeros que regresaron a estas tierras?

Y sin embargo, existen curiosas coincidencias cuando los sujetos de estos encuentros con la muerte nos hablan de paisajes, calles y edificios. Dentro de ciertos límites, podemos pensar que tal cosa pudiera ser posible. Existe un libro único, *Journeys Out of the Body* (Viajes fuera del cuerpo) muy poco conocido, escrito por Robert A. Monroe. Pocos libros han sido escritos con tal transparencia y sinceridad. Es la historia de un hombre que por causas desconocidas lograba salir de su cuerpo físico. Comenzó a sucederle sin que él lo deseara. Sus primeras experiencias fueron aterradoras. Hasta que poco a poco pudo tener algún control sobre tales excursiones extra corporales. Comenzó a visitar sitios lejanos, y cuando adquirió más experiencia sobre tales sucesos, llegó a visitar otras dimensiones desconocidas.

Robert conocía a un médico con el que tenía gran amistad, a quien menciona en su libro como al Dr. Gordon. Cuando éste murió, a la edad de 70 años, Robert comenzó a considerar la posibilidad de salir fuera de su cuerpo y visitarlo en esa dimensión desconocida que llamamos el más allá. Un sábado en la tarde, decidió hacer su primer intento. Al cabo de cierto tiempo comenzó a sentir una especie de vibración que le anunciaba su próxima salida fuera del cuerpo. En ese momento, deseó con todas sus fuerzas poder visitar a su gran amigo muerto.

Lo siguiente que supo es que se encontraba en una amplia habitación o salón en el que había una puerta que daba a un salón de dimensiones aún mayores. Robert tuvo la impresión de que se trataba de algún tipo de universidad o algo parecido, pero antes de que pudiera hacerse más preguntas, sintió que alguien o algo lo empujaba hacia la puerta y le hacía detenerse en medio de ella. Desde allí, podía observar perfectamente el salón principal.

Al parecer se estaba desarrollando allí una conferencia de algún tipo. El salón estaba lleno de gente y todos escuchaban a un hombre joven que explicaba algo, como un orador, mientras gesticulaba con las manos. Entonces, una voz le dijo a Robert: *"Si sigues de pie aquí mismo, el doctor te verá en un minuto"* Pero inmediatamente Robert comenzó a sentir una gran angustia y sensación de malestar casi físico. Trató de reconocer a su amigo, sin lograrlo, entre los que escuchaban al orador, y pensó que tal vez llegaría a verlo desde otro sitio, no desde el salón. En ese momento el orador hizo un alto en su disertación y desde donde estaba, miró a Robert directamente a los ojos dejando su mirada intensamente fija en él durante unos instantes. Luego cambió la vista y continuó con su discurso.

El hombre se sentía cada vez peor, hasta que decidió que no podía seguir esperando a su amigo. Decidió regresar a su cuerpo y en poco tiempo estaba de vuelta en su casa, en su cama. Sintiendo su cuerpo frío y algo rígido. Preguntándose qué habría podido salir mal en su primer intento, decidió repetirlo la siguiente semana.

Dicho y hecho, el siguiente sábado se tendió en la cama y repitió su intento de contactar a su amigo. Pero tan pronto salió de su cuerpo, escuchó una voz que le decía, en tono casi como de reproche:

"¿Para qué quieres verlo de nuevo? Si ya lo viste el sábado anterior".

La sorpresa hizo a Robert regresar a su cuerpo físico. Y tan pronto estuvo de vuelta comenzó a revisar sus notas, pues siempre tomaba cuidadosamente notas de todo lo que sucedía cada vez que salía fuera de su cuerpo. Algo está mal. Había algún error en alguna parte que no podía comprender. El sábado anterior se había sentido frustrado, pues no había logrado ver a su amigo, como la voz le había prometido. Volvió a leer las notas que había tomado el sábado anterior y entonces comenzó a comprender.

El doctor te verá en un minuto…

Y aproximadamente en ese tiempo, el joven que estaba disertando, se detuvo para mirarle fijamente antes de proseguir con su discurso. ¿Sería posible que..? Sí, ahora comprendía. La voz no le dijo que el médico vendría a *hablar* con él, sino que "le vería en un minuto". Entonces, el joven que disertaba era su amigo muerto, el doctor Gordon. Pero un momento, el médico había muerto a los 70 años, y aquél era un hombre joven de menos de 30 años. Pero si del otro lado de la vida el tiempo no existía, ese sería el doctor Gordon como él nunca lo había conocido, en su juventud.

Decidido a salir de dudas, Robert visitó a la viuda del doctor Gordon y le pidió ver alguna foto de él cuando era joven, aunque sin decirle el motivo de su pedido. La mujer no tuvo inconveniente en mostrarle un par de fotos del médico, una de ellas cuando el mismo tenía unos 22 años, y Robert quedó petrificado. Aquél era el mismo joven médico que daba una conferencia a otros presuntos médicos como él, y que se detuvo a mirarlo fijamente.

Vemos de nuevo que un viajero al otro lado de la vida nos describe estructuras similares a las que existen en el mundo físico, y situaciones igualmente similares: un difunto con aspecto joven, en un salón como los reales, dando una charla o conferencia a otras personas, en algo parecido a una universidad. ¿Un mundo paralelo? ¿Arquetipos creados por algo o por la propia mente para dar sentido y un poco de comprensión a lo que está más allá de nuestro entendimiento limitado? Si el más allá fuera una dimensión paralela, podría ser como la nuestra, pero en un tiempo sin tiempo, con un tipo de materia tal vez diferente, como la antimateria tan mencionada últimamente por la ciencia. Hasta ahí, pienso que lo que hemos descrito anteriormente, podría ser posible.

No obstante, hay límites para lo que mi mente razonable puede aceptar. Hace un par de años tuve en mis manos un libro escrito por un renombrado espiritista y vidente, ya muerto, en que describía el otro mundo. En su historia, los difuntos vivían en ciudades como las nuestras, realizaban trabajos y recibían algo así como un salario, un sueldo imaginario, unos bonos inexistentes que les permitían adquirir bienes de consumo inmateriales, como radios o televisores. Utilizaban métodos de transporte como unas especies de autobuses o tranvías, y existían individuos que pudieran describirse como alcaldes o miembros de una especie de congreso. Las almas vivían en casas como las nuestras, etc.

Confieso que no pude terminar de leer el libro. La descripción de almas inmateriales tomando un autobús para ir al trabajo es algo más de lo que mi mente lógica puede aceptar.

Creo que hay límites para la incredulidad, pero debe haberlos también para la credulidad.

Esto nos lleva a evaluar algunas preguntas que tienen una base sólida. A lo largo de los años he escuchado esas preguntas que se repiten una y otra vez. Una de las más frecuentes es:

Yo estuve clínicamente muerto durante X minutos, y me revivieron. Pero yo no vi nada, ni túnel oscuro, ni luz brillante ni salí fuera del cuerpo. ¿Será que todo es pura imaginación?

Existen varias posibles respuestas a tal pregunta, como hemos dicho antes. Para los escépticos, la respuesta, por supuesto, es que se trata de imaginaciones. Pero hay otras respuestas con un enfoque distinto. La muerte se produce por etapas, y aunque una lectura plana del cerebro indica la muerte clínica donde no existe respuesta alguna del cuerpo o los sentidos, no siempre es posible utilizar dicho método, sobre todo en situaciones de extrema emergencia. Posiblemente algunos sujetos no habían muerto por completo y no llegaron al estadio de la entrada al túnel, el avance por el mismo, la luz, etc., y fueron revividos antes de llegar a ese punto.

Otra pregunta que he escuchado mucho es:

Cuando me operaron, estuve bajo anestesia varias horas, pero no salí del cuerpo ni recuerdo nada, sólo oscuridad. ¿No es lo mismo estar como muertos por la anestesia, que estar realmente muertos?

La situación es completamente diferente, pues bajo anestesia general, el paciente mantiene sus signos vitales: el corazón late, el cerebro tiene actividad, hay tensión arterial, etc. Los fenómenos de muerte clínica reportados, se producen solamente cuando la persona ha muerto clínicamente y no hay signos vitales.

Casos reales de mis archivos

La culpa olvidada – El hombre del frío – El fumador empedernido – Las marcas del diablo – El aviador temeroso -- Remisión del cáncer pulmonar – Una víctima de la Inquisición en el siglo XX – Drogas y alcohol, un coctel mortal – Progresiones y desastres – Un oído biónico en la vida real – Recuerdos no humanos – El lanzazo en la espalda – Un psiquiatra incrédulo – La ejecutiva impaciente – La azafata culpable.

Sonia H. 57 años, divorciada. Un hijo y una hija, ambos casados, vivían en otros Estados. Su madre murió siendo ella adolescente, y ella vivió con su padre hasta que se casó, a la edad de 20 años. Su historia clínica no reveló antecedentes psiquiátricos hereditarios, previos al inicio de los síntomas, ni enfermedades excepto hiperacidez y ocasionales dolores de cabeza. Antes de la muerte de su padre, vivió en la ciudad en que actualmente reside. Luego que éste murió, consiguió un mejor trabajo con otra empresa en una ciudad más importante, lejos de allí y se fue a ese sitio. Su divorcio le produjo sus primeros episodios de depresión, que logró superar al cabo de algún tiempo, y cuando ya sus hijos se casaron y fueron a vivir a lugares distantes, llegó a la conclusión de que nada la retenía allí. Vendió su casa y logró que la trasladaran de vuelta a la ciudad en que había vivido en su juventud. Quedó a cargo de un departamento de atención al cliente, y fue poco tiempo después que comenzaron sus ataques de pánico. Estuvo recibiendo psicoterapia por dos años, con resultados extremadamente limitados.

Sonia fue dirigida a mí por un amigo común. Sufría depresiones sin causa aparente y ataques de pánico cuando pasaba por una de las avenidas principales de la ciudad. Estuvo bajo tratamiento psiquiátrico a base de antidepresivos y psicoterapia durante un par de años. Los antidepresivos la mejoraban un tanto, aunque no lograban eliminar por completo los ataques de pánico. Por otra parte, algunos de ellos le producían efectos secundarios no deseables. Los cuidados psicológicos resultaron en un diagnóstico de ansiedad y topofobia *(miedo a ciertos lugares)*. Esto, sin embargo se supuso causado por el cambio a una nueva ciudad que durante sus años de ausencia había cambiado completamente. El tránsito por la zona era denso, con frecuentes taponamientos y tardanzas. Supuestamente, el esfuerzo de adaptarse al nuevo sitio y a familiarizarse con nuevas calles, lugares y personas, así como la tensión del tráfico, eran la causa directa de sus ataques de pánico.

Al atravesar por dicha zona, las manos se le enfriaban y comenzaba a sudar. Tenía temblores generalizados, principalmente en ambas manos, y ocasionalmente falta de aire y mareos. En tales condiciones, tenía que buscar un lugar donde estacionar su auto hasta que pasara el ataque. La sensación de indefensión le hacía llorar copiosamente y la situación comenzó a afectarle el rendimiento en su trabajo. Temerosa de perder el empleo e incluso de tener un accidente de tránsito y perder su licencia de conducir, desarrolló un insomnio pertinaz que combatía con medicamentos para dormir. Para evitar los ataques de pánico, dejó de transitar por aquella avenida, aunque hacerlo le significaba un desvío que la retrasaba durante más de media hora. A horas de tráfico denso o demoras debidas a accidentes, no podía evitar cruzar por el lugar que producía los ataques, aunque traba de evitar hacerlo por todos los medios.

La primera sesión, que consistió en preparar la hoja clínica y el cuestionario inicial para determinar su personalidad hipnótica no indicó nada realmente importante. Al tomar notas, le pregunté si los ataques sucedían en cualquier punto de la avenida en cuestión o siempre en el mismo lugar exacto. Me respondió que no necesariamente en el mismo lugar siempre.

Pregunté entonces que si sucedían dentro de un radio específico, es decir entre tales y más cuáles calles, aunque no fuera siempre en el mismo lugar exacto. Luego de pensar un poco respondió que así era en realidad. Al final de esa primera sesión de hipnoterapia, traté de ponerla en hipnosis, aunque sólo logré relajarla ligeramente. Marcamos la siguiente sesión para una semana después, lo que me dio tiempo para realizar algunas indagaciones.

Estando familiarizado con la zona en la que le sobrevenían a Sonia los ataques de pánico, conduje mi auto por el lugar tratando descubrir algo inusual, aunque solamente pude ver estaciones de auto servicio, un hospital, un banco, un pequeño centro comercial, una farmacia y algunas tiendas pequeñas, además de casas de vivienda de clase media. Guardando en mente todos estos detalles, comencé la segunda sesión pidiéndole información sobre la muerte de sus padres y su vida familiar. Sonia era hija única, su madre murió cuando ella tenía 13 años, de cáncer de colon. Su relación familiar con la madre no era cálida. La madre era dominante y demasiado interesada en sus amistades, más que en la familia. A su muerte, Sonia quedó viviendo con su padre hasta que se casó, a la edad de 20 años. Describió a su padre como un buen padre, no excesivamente afectuoso, pero protector y comprensivo. El padre murió de un ataque cardíaco cuando ella contaba 30 años de edad y no se había divorciado aún. En ese momento, su hijo tenía 7 años y su hija 6.

Durante esa segunda sesión, pude relajar a Sonia lo suficiente como para hacerla entrar en hipnosis y profundizarla hasta casi un estado cataléptico. Consideré eso suficiente para esa segunda sesión y no comencé la terapia hasta la tercera sesión, que describo a continuación:

Luego de lograr el estado cataléptico profundicé hasta un estado sonambúlico ligero, y le sugerí retroceder en el tiempo hasta el origen de su depresión. He aquí el registro del diálogo de esa sesión:

(S = Sonia   HT = Hipnoterapeuta)

S –   Mi padre está muy enfermo. Tuvo un infarto y lo llevaron de emergencia al hospital.
HT –   ¿Qué pasó después?
S –   Murió, pero lograron revivirlo.
HT –   ¿Estás allí con él?
S –   No, cuando lo supe corrí al hospital. Dejé a los niños con mi esposo.
HT –   ¿Qué sucede después?
S –   Hablo con los médicos. Me dicen que tratarán de operarlo, pero su corazón está en muy mal estado. No saben si

resistiría la operación. En este momento está inconsciente, sedado con medicamentos. Me preguntan si yo autorizo la operación.

HT – ¿Qué respondes?

(En este punto, Sonia mostró síntomas de vacilación y tensión antes de responder)

S – Es difícil, estoy muy nerviosa. Me dicen que si no se opera, morirá sin remedio, y si se opera hay una posibilidad pequeña de prolongarle un poco la vida. No sé qué hacer. Les digo a los médicos, que por favor, no le digan nada de eso a él, para que no se deprima. Está muy mal.

HT – ¿Qué decides al fin?

S – Que lo operen. Al menos así hay una posibilidad. Los médicos fijan la operación para el día siguiente en la mañana.

HT – ¿Vas a quedarte esa noche con él?

S – (Nuevas muestras de nerviosismo) No puedo, está en cuidados intensivos, pero me dejarán hablar un poco con él cuando despierte.

HT– Muy bien, ahora estás en ese momento. Ya él ha despertado de los sedantes y puedes hablar con él. ¿Qué hablan?

S – Está muy débil, no puede hablar mucho. Le digo que lo van a operar en la mañana y que no se preocupe. Le miento y le digo que los médicos piensan que saldrá bien de la operación. No me cree.

HT – ¿Por qué no te cree? ¿Ha hablado con los médicos?

S – No, yo le digo que había autorizado la operación porque él estaba inconsciente y era algo urgente.

HT - ¿Está de acuerdo?

S – Está, pero me dice que es inútil, que sabe que se va a morir.

HT – ¿Qué hora es?

S – No sé, ya es de madrugada y tengo que regresar a casa. Mi marido tiene que salir temprano para su trabajo, y yo preparar el desayuno para nosotros y llevar a los niños a la escuela.

HT – ¿Qué sucede después?

S – Me despido de mi padre. Le prometo ir a verle al día siguiente, luego de la operación, cuando me permitan verle.

HT –   ¿Está de acuerdo?

S –   No - comienza a llorar en silencio – Me pide que lo vea antes de la operación, que sabe que va a morir en la operación y quiere verme antes.

HT –   ¿Qué le respondes?

S –   (Visiblemente alterada, sollozando) Le digo que no puedo, que tengo que llevar a los niños a la escuela y yo misma ir al trabajo, pero que todo saldrá bien, que no se preocupe, que cuando despierte de la anestesia y se recupere, estaré a su lado.

HT –   ¿Y qué sucede?

S –   Estoy cansada. Me marcho de allí, no quisiera dejarlo tan deprimido, pero tengo cosas que hacer mañana. Pero voy a pedir permiso en el trabajo para salir más temprano y ver si puedo verlo luego de la operación.

HT –   ¿Qué sucede después?

S –   Respira entrecortadamente y solloza) Llego a la casa, y mi marido me está esperando en la puerta, muy alterado.

HT –   ¿Discutes con él?

S –   No, no, no es eso…. ¡Oh Dios mío, Dios mío!

HT –   ¿Qué sucede?

S –   Dice que llamaron por teléfono, que mi padre murió. Esta vez no pudieron revivirlo. Dios mío, él sabía que iba a morir… y yo, ¡yo lo abandoné!

Antes de despertarla, le pregunté el nombre del hospital en que había muerto su padre. Se trataba del mismo hospital que estaba en la avenida por la que ella pasaba actualmente para ir y venir de su trabajo, cuando no tenía otra opción. Era el mismo hospital que yo había visto, junto con otros edificios y comercios, tratando de descubrir algo inusual, al efectuar el mismo recorrido que ella hacía.

¿Qué había sucedido? Sonia quedó marcada por un profundo complejo de culpa. Se sintió egoísta e insensible al no quedar un poco más de tiempo con su padre. Al irse a vivir a otra ciudad distinta, ese trauma quedó aparentemente olvidado, aunque profundamente arraigado en su subconsciente. Luego de su divorcio, que la deprimió profundamente, cambiar de su trabajo habitual a uno similar pero en la ciudad de su juventud, significó algo positivo. No obstante, allí comenzaron los ataques de pánico. Aun cuando conscientemente ella ni siquiera notaba que pasaba frente al hospital en que su padre había muerto hacía tanto tiempo (que había sido remozado, pintado en color diferente y había cambiado totalmente de aspecto), su subconsciente recordaba completamente lo que había sucedido allí, y desataba el sentimiento de culpa de haber abandonado a su padre años atrás.

El tratamiento consistió en discutir con Sonia su complejo de culpa y hacerla entender la causa de sus ataques de pánico. Una vez que ella comprendió que los ataques se producían por recordar lo que había sucedido años antes en aquel sitio, habíamos ganado la mitad de la batalla. El resto de la terapia consistió en hacerla comprender que no había abandonado a su padre por egoísmo, sino porque tenía deberes familiares que no podía ignorar, no importa cuánto quisiera estar junto a su padre. En las sesiones finales de la terapia, hice visualizar a Sonia su paso por esa zona. Hice que se viera a sí misma cruzando frente al hospital al volante de su auto e incluso mirar al edificio y sentirse tranquila, ya que en realidad nada tenía que reprocharse. La terapia resultó efectiva, el trauma quedó resuelto y con él los ataques de pánico. A partir de ese momento, Sonia podía pasar frente al hospital sin experimentar temor alguno, y aunque dijo que no le gustaría entrar de nuevo a ese hospital, su vida volvió a la normalidad.

***

Manuel R. 30 años, soltero. Vivía con sus padres. Carácter introvertido y depresivo. Su hoja clínica revelaba una niñez normal. Familia de clase trabajadora. A la edad de 17 años, luego de una pesadilla lúcida en la que se veía envuelto en una tormenta de nieve, comenzó a cambiar. El invierno le producía preocupación y comenzó a usar prendas de vestir de abrigo incluso para días en los que la temperatura era casi normal. Su rechazo hacia todo lo frío se extendió hasta sodas y refrescos y derivó en cambio hacia el café y los tés calientes, incluso en verano, en días de calor sofocante. No obstante su temperatura corporal era normal.

Esta actitud le creó problemas de todo tipo. En su trabajo, sus compañeros se burlaban de él y hacían chistes a su costa, lo que desataba en él reacciones de furia que en ocasiones llegaron a crear choques físicos. Luego de perder varios trabajos por esta causa, sus padres lograron convencerlo de acudir a un psiquiatra. Diagnosticado con criofobia y trastorno obsesivo-compulsivo, el psiquiatra le recetó un antidepresivo, y finalmente un ansiolítico. Estos medicamentos lograron mejorar su estado normal de ansiedad, pero no por completo su estabilidad en bajas temperaturas o su rechazo a bebidas o alimentos fríos. Con el uso de ellos, aunque seguía rechazando todo lo frío, no tenía reacciones de extrema ansiedad.

Mejorado por el uso de los medicamentos, Manuel comenzó a trabajar de nuevo. Pero paralelamente a esta mejoría en su estado de ansiedad, se produjo un cambio en sus aficiones y costumbres. Viviendo en un clima tropical, de inviernos casi inexistentes y de veranos de calor sofocante, solamente los viajeros a sitios distantes y fríos necesitaban abrigos, guantes y demás objetos para protegerse de bajas temperaturas. No resultaba extraño por tanto, que solamente existiera una tienda en toda la ciudad, donde se vendieran tales artículos. Manuel comenzó a frecuentar dicha tienda y a comprar gruesos abrigos, guantes, bufandas y chaquetas. Guardaba cuidadosamente todo esto y disfrutaba enormemente revisando una por una todas estas cosas. Aunque ya no usaba prendas de vestir exageradamente gruesas, todavía usaba ropa completamente fuera de temporada.

Así las cosas, meses después Manuel tuvo nuevamente un sueño similar al que tuvo en su adolescencia y que pareció ser el origen de su fobia. Esta vez, vagaba por un bosque en medio de una severa tormenta de nieve. Sentía el frío que le calaba los huesos y temblaba violentamente. La pesadilla terminó con la imagen de un árbol en medio de la nieve y el sonido de perros ladrando. Manuel despertó temblando violentamente y corrió a envolverse en un grueso cubrecama. Por alguna causa, achacó haber tenido el sueño al uso de los medicamentos que estaba tomando, y decidió suprimirlos. Afortunadamente, decidió seguir el consejo del psiquiatra y dejar de tomar sus medicamentos gradualmente, en vez de hacerlo de golpe, lo que le hubiera ocasionado problemas adicionales.

Ante su negativa rotunda a seguir usando medicamentos de ningún tipo, el psiquiatra le aconsejó visitar a un psicólogo, cosa que hizo al cabo de un mes, cuando ya había disminuido las dosis de los medicamentos a menos de la mitad. El diagnóstico del psicólogo coincidió en el diagnóstico de criofobia, y mediante el uso de la psicoterapia creyó descubrir la causa subjetiva de dicha fobia y el motivo de los sueños causantes de la misma. Sin adentrarnos en el diagnóstico psicológico, que se basaba en una hipotética falta de "calor humano" y simpatía en su relación con el mundo exterior, diremos que su situación no mejoró, y por el contrario, empeoró, a pesar de los esfuerzos y dedicación del psicólogo que le atendía. Como un último recurso, alguien aconsejó a los padres que buscase ayuda con un hipnoterapeuta, y así fue como Manuel llegó hasta mí.

Una vez en conocimiento de todos los pormenores del caso, y ya en la segunda sesión logré un estado cataléptico profundo, le sugerí que retrocediera hasta el suceso que le hacía temer al frío. Luego de unos momentos de silencio, comenzó a temblar y a hablar con dificultad, como alguien que se encuentra aterido de frío. Retrocedió hasta una escena muy similar a la de sus sueños y comenzó a temblar. Para tratar de normalizar su habla y estado físico, inicié las sugerencias:

(HT) = Hipnoterapeuta. (M)= Manuel

HT – Al contar 3 podrá describir todo lo que vea, pero como una película. Usted no forma parte de lo que está sucediendo. Por tanto no sentirá calor o frío. La temperatura actual es agradable y le hace sentir cómodo y seguro.

Al cesar los temblores de Manuel, éste comenzó a describir una escena muy similar a la de ambos sueños

M –   Tengo que salir de la cabaña. Está nevando.
HT – ¿Dónde está la cabaña?
M –   En el bosque, por supuesto.

HT –   ¿Por qué vive allí?

M –   ¿Dónde voy a vivir? ¿No ves que soy trampero?

HT –   ¿Vive sólo?

M –   Sí, a las mujeres no les gusta vivir aquí… Les gusta la ciudad. La última que tuve no duró ni tres meses.

HT –   ¿Por qué tiene que salir?

M –   Tengo que ver las trampas… Hace dos días que la tormenta no me deja salir. Debo haber atrapado algún zorro al menos en las trampas… *(Pausa)* Ahora está nevando, pero no hay tanto viento. *(Pausa)* Si espero más, la tormenta puede hacerse peor y llegar la noche… Tengo que irme.

HT -   ¿Qué hace entonces?

M –   Llamo a los perros.. No quieren salir, porque le temen al viento. No a la nieve, pero el viento no les gusta.

HT –   ¿Qué pasa luego?

M –   Me pongo un abrigo. No encuentro el otro más grueso, debe estar arriba, donde guardo las pieles, pero no quiero revolver todo para buscarlo. Agarro el rifle y salgo con los perros.

HT –   ¿A dónde va?

M –   A revisar las trampas. Algo tiene que haber caído. Hace días que no cae nada y todavía no he podido vender las pocas pieles que me quedan.

HT –   Al contar tres estarás viendo las trampas.. Uno…, dos…,

M –   Las dos primeras trampas estaban vacías. ¡No ha caído nada!

HT –   ¿Cuántas trampas tiene?

M –   Tres… La cuarta está rota, tengo que arreglarla.

HT –   Muy bien, ¿qué sucede luego?

M –   Empiezo a caminar hasta la última trampa, pero está más lejos… Maldito viento, ahora está más fuerte y está nevando más.

HT –   ¿Por qué no regresa a la cabaña?

 M –   ¿Estás loco? ¿Luego de haber llegado hasta aquí? Si retrocedo, la cabaña queda mucho más lejos que la última trampa.

HT –   Muy bien, ¿qué pasa luego?

M –   Los perros no quieren seguir. El viento es demasiado fuerte. Me duelen las manos y los pies. La nieve sigue subiendo.

HT –   ¿No tienes abrigo y protección?

M –   Sí, pero el viento casi me arranca el gorro de la cabeza. Creo que se me han congelado las orejas, porque no las siento.

HT –   ¿Tienes guantes o botas?

M –   Claro. Nadie saldría sin eso con este tiempo. Pero hay demasiado viento y cada vez hay más frío. ¡Qué estúpido soy! Debí haber buscado el otro abrigo, este no me calienta tanto.

HT-   Muy bien, al contar tres ya estarás donde la última trampa… Uno.., dos.., y tres. ¿Qué ves?

M –   El árbol

HT –   ¿El árbol?

M –   Sí, ahí está la cadena. La clavé al árbol para asegurar la trampa.   Pero está vacía.

HT –   ¿Qué está sucediendo?

M –   Se está haciendo de noche. La nieve es tan densa que casi no veo. Tengo que volverme de espaldas para que el viento no me dé en la cara. Estoy temblando de frío.

HT –   ¿Qué haces entonces?

M –   Nada. Apenas puedo moverme… ¡Maldito viento!

HT –   Continúa.

M –   Los perros están ladrando. Están aterrados, el viento silba y es tan fuerte que casi nos arrastra. Apenas puedo moverme, pero logro abrazarme al árbol para que el viento no me arrastre.

HT –   ¿Y los perros?

M –   Escaparon… Han salido huyendo.

HT –   ¿Qué pasa entonces?

M –   No puedo moverme. Estoy abrazado al árbol y la nieve me cubre.

HT -   ¿Qué pasa después?

M –   No sé, creo que estoy muerto. Todo se volvió negro.

HT –   ¿Qué es lo último que has pensado?

M –   Que soy un estúpido. No debí haber salido con el abrigo más ligero.

Todo comenzó a cobrar sentido como un rompecabezas en que cada pieza ocupaba su lugar específico. Al guiar a Manuel hacia la causa original de su miedo al frío, apareció también la causa de sus sueños. Los sueños recurrentes parecen ser comunes en los casos de recuerdos de vidas pasadas. Por mecanismos que no conocemos, en ocasiones los sueños nos presentas escenas de experiencias vividas en existencias anteriores. Tal fue el caso de Manuel, que en dos ocasiones revivió en sus sueños su vida anterior como trampero, en cuya vida murió congelado, abrazado al árbol que apareció como un símbolo en su último sueño. La lección o experiencia adquirida por Manuel en su vida anterior fue protegerse del frío.

La terapia normal en este caso, consistió en hacer consciente a Manuel de la causa de su fobia, y luego insensibilizarlo a ese pasado. Una vez aceptada la causa del temor y restablecida la conexión de su lógica con la realidad completamente diferente de su presente, comenzó a perder su temor al frío y a sus manifestaciones. Luego de algunas sesiones, olvidó sus gruesos abrigos en su guardarropa, aprendió a disfrutar una cerveza fría y a salir a la calle en invierno con ropa normal para los leves inviernos tropicales de su ciudad.

***

Jorge R. había fumado por más de 25 años. Tenía 48 años y padecía de bronquitis crónica, hiperacidez y ansiedad. Vino a verme porque quería dejar de fumar, en cuyo caso, no era necesario buscar en el pasado causa alguna para su adicción; sino simplemente lograr que dejara de fumar. Luego de la segunda sesión, resultó claro que no sería fácil hacerlo entrar en hipnosis ni profundizar el trance. No fue sino hasta la tercera sesión que logró entrar en estado hipnoide, luego de que hube usado inducciones especiales para tales casos. En la cuarta sesión, comenzamos la terapia propiamente dicha.

Al llegar al estado cataléptico profundo, comencé con las sugerencias normales para el tabaquismo, las que repetí en las sesiones 6 y 7. Al llegar a su octava sesión, me confesó que aunque por momentos rechazaba los cigarrillos, su adicción era más fuerte que él y apenas había logrado reducir el consumo, de dos paquetes diarios a un paquete y medio. Lo alenté a que se sintiera feliz de lo que había logrado, pues esa reducción, aunque en apariencia pequeña, demostraba que ya había comenzado a vencer su batalla contra el tabaco. Sin embargo, dos meses después y varias sesiones adicionales, sólo lograron que Jorge redujera su consumo a un paquete diario. Todo indicaba que nunca lograría ir más allá de eso, por lo que tuve que usar un poco de creatividad para imaginar el modo en que erradicar su tabaquismo,

En estado sonambúlico ligero, comencé a preguntarle sobre sus relaciones de trabajo, familiares y sociales. Jorge resultó ser un hombre amistoso, trabajador y amante de su familia. Estaba casado, sin grandes problemas en su matrimonio. Tenía una sola hija que estudiaba en la universidad. Su relación con la esposa e hija era satisfactoria. Su madre vivía con un hermano soltero y pasaba los fines de semana en casa de Jorge, con su nieta y su nuera. Jorge sentía cariño por su madre y su esposa, pero la relación entre ambas no era muy buena, y aunque ambas trataban de mantener una calma cortés, saltaba a la vista que no simpatizaban una con la otra. Esto producía tensión en Jorge cada semana. No obstante, la situación no parecía tener solución, salvo tratar de mantener ese *statu quo* del mejor modo posible.

Cuando llegamos a su relación con el padre, que había muerto hacía años, quedó en claro que Jorge admiraba enormemente a su padre y literalmente veneraba su memoria.

Descubrirlo, me permitió desarrollar una terapia especial para el caso. La transcripción principal de la misma sigue a continuación:

HT – ¿Qué siente por su padre?
J – Mucho cariño. Lo admiro mucho.
HT – ¿Lo recuerda a menudo?
J – Cada día. Fue un padre excelente.
HT – ¿Fumaba?
J – Sí, pero dejó de fumar al final de su vida.
HT – ¿Por qué?

J –   Padecía del corazón. El médico le prohibió fumar.
HT –   ¿De qué murió?
J –   De un infarto masivo
HT –   ¿Provocado por el fumar?
J –   El médico pensaba que sí
HT –   Y usted ¿también lo cree?
J –   No lo dudo.
HT –   Por tanto, parece que el hábito de fumar llevó a su padre a
         la tumba.
J –   (Pausa) Sí (Queda en silencio)
HT –   ¿Le gustaría que su padre viviera ahora?
J –   Por supuesto
HT–   ¿Dejaría de fumar si su padre viviera ahora y se lo pidiera?
J –   Si mi padre volviera a la vida, por supuesto.
HT –   ¿Está seguro?
J –   Por completo… (Pausa) Creo que sería lo único que
         lograría hacerme dejar de fumar.
HT –   ¿Cree usted que existe vida después de la muerte?
J –   (Pausa) Sí…, pero… no soy religioso. (Pausa) Nunca voy a
         la iglesia.
HT –   No importa. Usted cree por tanto que su padre, o su alma,
         está en alguna parte.
J –   Lo sé… A veces…
HT –   ¿A veces, qué?
J –   A veces… me ha parecido que lo siento cerca de mí.
HT –   Es muy posible que así sea.
J –   (Silencio)
HT–   ¿Cree usted que su padre todavía se preocupa por usted
         y quiere su bien, dondequiera que esté?
J –   Desde luego.
HT–   ¿Cree que él pueda sentirse feliz de verlo a usted
         fumando, siendo ese hábito lo que le llevó a él a la tumba?
J –   (Pausa) No (Inquieto) No, no puede estar feliz… No.
HT –   Aunque su padre no pueda volver a la vida, usted puede
         hacer que su espíritu tenga tranquilidad y esté feliz.
J –   ¿Puedo..?
HT–   Usted sabe que sí. Si dejara de fumar, su padre estaría
         tranquilo.

En este punto, y ante el evidente nerviosismo de Jorge, que comenzó a realizar pequeños movimientos, decidí despertarlo, dejando en su subconsciente la idea de que podría dejar de fumar si con ello hacía feliz a su difunto padre. Antes de continuar, deseo dejar en claro que al margen de mis creencias personales, no importa si creemos o no en la continuación de la vida después de la muerte, si tal recurso puede beneficiar a un paciente o curarlo, considero completamente ético y justificado hacerlo, no importa si tal consideración tiene una base científica o empírica. Si una teoría *puede* curar a alguien de sus dolencias o tendencias que arruinen su salud, eso resulta más importantes que cualquier consideración de tipo filosófico o científico.

En la siguiente sesión, Jorge alcanzó rápidamente un estado sonambúlico medio. Mis preguntas fueron muy directas esta vez.

HT – ¿Está dispuesto a dejar de fumar para que su padre esté tranquilo y en paz?

J –   Sí, sí… pero… *(Queda en silencio)*

HT – ¿Qué le preocupa?

J –   No sé si pueda… Claro que quiero, quiero eso más que nada en el mundo, pero creo que me moriría si no pudiera fumar. *(Pausa)* No puedo pensar lo que sentiría sin fumar mi cigarrillo de la mañana… o los de después de comidas.

HT – ¿Su padre está enterrado?

J –   Sí

HT – ¿En un cementerio local?

J –   Sí

HT – Si yo le acompañara a ese cementerio, ¿pondría el paquete de cigarrillos sobre la tumba de su padre y le juraría no fumar nuevamente?

J –   Sí, lo haría

HT–   Muy bien, al contar tres, estaremos en ese cementerio, frente a la tumba de su padre. Ponga los cigarrillos sobre su tumba y júrele que nunca más va a fumar.

Espero pacientemente. El párpado izquierdo de Jorge comienza a latir y se produce el MRO (Movimiento Rápido de los Ojos) bajo sus párpados cerrados. Su brazo derecho se mueve ligeramente como para levantarse y luego cae de nuevo. Musita en voz baja y casi inaudible:

Lo juro – Su cabeza cae sobre el pecho y queda inmóvil. Decido despertarle, y le dejo recordar todo completamente. Despierta lentamente y mira alrededor.

¡Dios santo! – dice. – ¡Todo era tan real! Estuve allí realmente – Se lleva la mano al bolsillo y saca el paquete de cigarrillos, me lo entrega.

Tenga los cigarrillos – me dice – Ya no los necesito. He jurado a mi padre que no fumaré más. No lo voy a hacer.

Al fin hemos ganado la batalla al tabaco. A partir de ese momento, me pongo en contacto con Jorge cada semana para asegurarme de que no ha vuelto a fumar. Al cabo del primer mes, llamo una vez al mes, hasta el sexto mes, cuando quedo convencido de que dejó de fumar para siempre. O al menos eso pensaba.

Algo más de un año después, cuando acudí a comprar unas piezas de automóvil a la tienda en la que trabajaba Jorge, lo saludé afectuosamente y luego de pedirle lo que necesitaba le pregunté cómo se sentía ahora que ya había dejado de fumar para siempre. Su respuesta me dejó helado.

He vuelto a fumar de nuevo – me dijo lentamente, bajando la cabeza.

No puedo creerlo – dije casi sin pensarlo. – Pero ¿cómo es eso posible?

No es culpa suya, por favor, ni lo piense – respondió rápidamente. – Lo que usted logró fue casi un milagro.

¿Entonces..?

Jorge tosió ligeramente, llevándose la mano a la boca. – "Es que mi madre murió, y la acidez me empeoró y el médico me dijo… Bueno, no fui yo, fue el médico…"

Evidente, no sabía cómo decírmelo. Sentía que me había fallado y había fallado él mismo al juramento hecho anteriormente.

"El médico me dijo – comenzó vacilante – que al no tener el tabaco, la muerte de mi madre había empeorado mucho la acidez que tenía, y que.., bueno, que era preferible que volviera a fumar a que estuviera tan ansioso y con esa acidez".

Yo apenas podía creer lo que oía. ¿Cómo era posible que un médico "recetara" a un paciente con bronquitis e hiperacidez que comenzara a fumar de nuevo? Hasta los legos saben que el fumar produce hiperacidez y que a alguien con bronquitis crónica, fumar puede llevarle fácilmente al cáncer. No mencionemos siquiera los peligros del cáncer bucal y faríngeo, el daño a las arterias y al corazón. ¿Cómo puede un médico aconsejar a alguien que fume, cuando diariamente se hacen campañas masivas para que el público comprenda los daños mortales del tabaco y la nicotina?

Comenté este hecho con otros médicos de mi amistad y quedaron tan incrédulos como yo. Uno de ellos incluso sugirió reportar el caso al Colegio Médico para que tomaran cartas en el asunto. No quise hacerlo porque ello implicaría involucrar sin su permiso a un paciente en un caso tan desagradable. Haber luchado tanto para lograr erradicar el tabaquismo de Jorge y luego de lograrlo, ver todo el esfuerzo desplomarse lastimosamente era algo deprimente y frustrante. Ya no tenía sentido tratar de comenzar de nuevo terapia alguna para sacar otra vez a Jorge del tabaquismo. Di el caso por perdido y evité regresar a aquella tienda de repuestos de automóviles.

***

Elisa no fue enviada a mí por nadie. Buscando al azar en la guía telefónica, encontró mi nombre y teléfono y por algún motivo desconocido decidió llamarme a mí, de entre la larga lista de hipnoterapeutas que allí aparecían. Luego de cerciorarse de que era yo la persona que ella deseaba llamar, sin más preámbulos soltó la frase que me tomó por sorpresa.

"¡Lo llamo porque voy a suicidarme!"

La experiencia me ha enseñado que aunque muchas personas creen que los que van a suicidarse de verdad, lo hacen sin decir nada a nadie, la realidad es muy distinta. Cuando alguien afirma que va a suicidarse, debemos tomarlo muy en serio y no pensar que la persona simplemente está tratando de atraer la atención o lograr compasión o lástima. Aunque es posible que comunicar a otros sus ideas suicidas tenga como fin inmediato atraer la atención o lograr algún fin inconfesable, usualmente los que anuncian que van a suicidarse, al fin terminan haciéndolo.

Tratando de demostrar una gran tranquilidad, le pregunté cortésmente por qué motivo iba a suicidarse. – No estoy loca – me dijo. – Es que ya no puedo seguir viviendo.

Le respondí que si estuviera loca no me hubiera llamado, y la animé a que me contara lo que sucedía. El identificador de números de mi teléfono no indicaba ningún teléfono, sino "desconocido", de modo que si sentía que el peligro de suicidio era inminente, no podría avisar a la policía dónde estaba Elisa para que impidieran que cumpliera su amenaza. Le pregunté dónde estaba en ese momento, y comprendió por qué lo hacía. Inmediatamente me dijo que si seguía haciendo esas preguntas, cortaría la comunicación y se mataría allí mismo donde estaba. Logré convencerla de que le había preguntado por simple curiosidad. La realidad es que no sabía si Elisa era su nombre verdadero, y si lo era, había miles de Elisas por toda la ciudad. No sabía el aspecto físico que tenía, por tanto, si avisaba a la policía para que trataran de impedir su anunciado suicido, jamás la encontrarían.

Insistí en que me explicara por qué pensaba suicidarse, y me dijo que era algo tan increíble que nadie la creería y que si me llamaba era porque alguien tenía que saber el motivo por el que ella aparecería muerta luego, esto es, por qué se iba a matar. Dijo que su mente estaba muy mal y las manos le temblaban y no podía explicar todo lo que le pasaba por escrito, tenía que contárselo a alguien. La invité a que pasara por mi oficina para que me contara en persona lo que le sucedía y me dijo que nadie debería estar presente, y que no tratara de engañarla, porque sólo lograría acelerar su decisión de matarse. Le aseguré que podía venir sin preocupaciones y cancelé inmediatamente todas las citas pendientes, pues el caso era una verdadera emergencia. Pensé llamar a la policía para que le impidieran por la fuerza atentar contra su vida, pero sabía que estaría precipitando un final trágico, pues si la detenían y la llevaban a un hospital psiquiátrico, a los pocos días u horas la darían de alta, ya que en los Estados Unidos no existen, como en otros países, los manicomios para reclusión de enfermos mentales. Yo habría perdido entonces toda posibilidad de evitar que Elisa cumpliera su amenaza en cualquier otro momento.

Elisa llegó en un taxi. La vi a través de la ventana. No se bajó del taxi delante de la puerta, sino en el estacionamiento, un poco más allá del frente del edificio. Cuando el taxi se alejó, ella quedó en pie un par de minutos, observando todo a su alrededor, evidentemente cerciorándose de que nadie le iba a tender una trampa. Cuando estuvo satisfecha con el resultado de su observación, caminó lentamente hasta la puerta y tocó el timbre. Abrí la puerta y le tendí la mano.

¿Elisa?

Sí – respondió ignorando mi mano – ¿Está solo?

Por supuesto – le respondí haciéndome a un lado – Adelante.

Elisa entró rápidamente y se sentó bruscamente en el sillón frente a mi escritorio. Era una chica joven, aparentaba tener unos 24 o 26 años. No era bonita, pero su cara era agradable, no usaba maquillaje y llevaba el pelo revuelto. Era flacucha y vestía descuidadamente. Me acerqué ligeramente a ella, para preguntarle si podía ofrecerle una taza de café o un refresco o agua. Me hizo un gesto con la mano y se movió en el sillón hacia el lado opuesto.

No se acerque o trate de agarrarme o de impedir que haga lo que voy a hacer. – me dijo con resolución – Tengo una pistola en la cartera y sé usarla. No quiero hacerle daño a nadie, por favor no se me acerque.

Sentí mariposas en el estómago, porque tal vez aquella chica no trataba de impresionarme. Probablemente pensaba hacer lo que decía. Decidido a jugarme todo a una carta, le dije que no pensaba impedirle que se pegara un tiro si era eso lo que deseaba, sólo le pedía que no lo hiciera cerca de mí. Añadí que sentía curiosidad por saber qué era lo que la había motivado a tomar aquella decisión. Aquello pareció tranquilizarla un poco y se puso de pie. Con una mano movió la manga de su vestido hasta el codo y giró ligeramente el brazo.

Pude ver dos marcas de mordidas, una de ellas con sangre ya coagulada y formando postillas. No había duda alguna de que eran mordidas humanas.

Lo primero que me vino a la mente fue que Elisa era masoquista y se mordía ella misma como un modo de experimentar placer. Inmediatamente consideré también la posibilidad de que alguien estuviera abusando de ella, pero antes de que pudiera llegar a ninguna conclusión tentativa, se volvió de espaldas a mí, se inclinó hasta asir el borde de su largo vestido y levantó un instante la falda hasta la cintura. Lo que vi me dejó sin habla. Las piernas y principalmente los muslos estaban llenos de mordidas. Ella dejó caer la falda y se subió la blusa hasta la cabeza. La espalda estaba llena de mordidas, algunas de ellas recientes y aún con rastros de sangre, otras en período de cicatrización, Nadie, por supuesto, puede morderse la espalda, por lo que toda posibilidad de que ella misma se hubiera mordido, quedaba descartada.

Elisa se sentó de nuevo y puso su bolso en el regazo, esperando que le preguntara algo. Mi pregunta, por supuesto, fue sobre la causa de aquellas mordidas.

¿Quién te mordió, Elisa? – le pregunté asombrado.

Dirá mejor *qué* me mordió – respondió cerrando las manos con desesperación sobre su bolso – ¡Yo no puedo seguir viviendo de este modo y voy a volverme loca!

Traté de calmarla lo mejor que pude y le sugerí que me respondiera algunas preguntas. La primera fue si estaba recibiendo tratamiento médico, o si había visto a algún médico para tratar su problema. Me respondió que había visto a un psiquiatra, quien le había sugerido internarla durante unos días en un hospital psiquiátrico, dado que pensaba que se trataba de un caso de estigmatización autoinducido producido por la histeria. – Yo no estoy loca – casi gritó Elisa – pero acabaré loca si no me mato antes. ¡No quiero más teorías estúpidas, porque esto es real, y yo no puedo haber creado esto!

Durante todo el diálogo, no perdí de vista un instante su bolso y sus manos. Si hubiera tratado de abrirlo, pensé haber saltado a impedirlo, porque realmente podía esperarse cualquier reacción inesperada de la chica. Me llamó la atención, sin embargo, que cuando se puso en pie para mostrarme las marcas, había quedado de espaldas a mí y a un par de pies de distancia del sillón en que había dejado el bolso. En aquel instante me habría sido fácil agarrarla, apartarla del bolso y arrebatárselo para impedir que si tenía un arma allí, pudiera usarla y acabar con su vida. No obstante, algo me decía que si lo hubiera hecho, nunca habría podido ayudarla realmente y aquel misterio quedaría como tal. Por otra parte, siendo una enferma mental, podría luego decir a la policía que tenía el arma para defenderse de mí y yo traté de atacarla. Nunca se sabe de lo que es capaz una mente enajenada, y a veces uno puede verse en una situación legal muy peligrosa por tratar de ayudar a alguien.

Elisa consintió en responder algunas preguntas, aunque se negó a hacer un test o prueba de personalidad que tal vez podría ayudarla. En líneas generales, su niñez había estado marcada por la ausencia de su padre, que había abandonado a su madre teniendo ella unos 3 años de edad. La madre se había casado nuevamente, y su padrastro había sido como un padre para ella. Su madre había demostrado gran amor hacia ella, y su padrastro la había tratado siempre bien, aunque de forma un poco impersonal. Al comenzar sus estudios secundarios, Elisa había tenido su primer encuentro con el sexo y las drogas, y durante unos 3 años había tenido adicción a la mariguana primero y posteriormente a la cocaína. Luego de un aborto traumático, abandonó sus estudios superiores y finalmente se fue de la casa y comenzó a trabajar en una tienda, rentando un apartamento pequeño con una amiga que la convenció de comenzar un tratamiento de desintoxicación. Un par de años más tarde, logró escapar del mundo de las drogas y luego de varios encuentros sexuales y un par de relaciones más o menos estables, pero insatisfactorias, comenzaron los síntomas inexplicables.

Elisa carecía de creencias religiosas definidas. Dudaba si Dios existía o no, pero por el momento eso no le interesaba. No creía en la magia negra ni era supersticiosa, pero lo que sucedía le había hecho revaluar sus creencias. Era bastante coherente en su pensamiento y no parecía muy disociada con la realidad.

Cuando le pregunté cómo se formaban esas marcas, me respondió que usualmente cuando dormía, y despertaba aterrada al sentir que algo o alguien la estaba mordiendo. No sentía el dolor que normalmente producirían mordidas como las que ella recibía, capaces de romper la piel y crear un sangrado que dejaba cicatrices. El dolor era mínimo en realidad, según sus propias palabras. Un par de veces los ataques, puesto que como tal ella los definía, se produjeron estando despierta. En una ocasión mientras se estaba bañando y en otra cuando estaba a punto de desayunar junto con la amiga con la que compartía su pequeño apartamento.

La amiga, que en ese momento estaba sentada a la misma mesa, tampoco vio nada cuando ella se quejó y sintió una mordida en la espalda. La amiga, sin embargo, que en varias ocasiones había visto en el cuerpo de Elisa aquellas marcas inexplicables, estaba aterrada y decidió mudarse a otro sitio, dejándola ante la imposible obligación de pagar ella sola el alquiler del apartamento, por lo que comenzó a buscar a alguien que quisiera remplazar a su amiga, poniendo un anuncio clasificado.

La descripción de todos estos sucesos fue coherente y lúcida. Elisa parecía una persona inteligente y bastante normal, teniendo en cuenta que el uso de las drogas durante algunos años, necesariamente tuvo que haberle dejado algunas secuelas físicas y mentales. No podíamos hablar de alucinaciones, puesto que las mordidas eran completamente reales. No presentaba síntomas de esquizofrenia, salvo quizá por su actitud un poco beligerante. Su forma de hablar, sin embargo, descartaba la esquizofrenia. Por otra parte, excepto por los ataques invisibles que le producían las marcas, Elisa no presentaba delirios de persecución u otros síntomas que pudieran asociarse con los típicos delirios o ilusiones de los paranoicos.

Cuando le pregunté si quería que la ayudara, me respondió que no creía que nadie pudiera ayudarla y que por eso pensaba acabar su propia vida. Cuando insistí, me preguntó que cómo trataría yo de ayudarla. Cuando le propuse relajarla bajo hipnosis, lo rechazó enérgicamente, y dijo que "nadie iba a cambiarle la mente". Todo intento en esta dirección resultó inútil. También se negó rotundamente a visitar a ningún psiquiatra o psicólogo de nuevo, y cuando le pregunté por qué había acudido a mí, si rechazaba la hipnosis, me dijo que el nombre que leyó le había dado la impresión de que yo no pensaría que estaba loca y la creería. Le aseguré que así era.

Le pregunté qué o quién pensaba ella que la mordía y me respondió que no sabía, pero que evidentemente, lo que fuera estaba tratando de destruirla. Traté de seguir alguna pista y al preguntarle si había estado asociada con grupos de magia negra o de alguna secta ocultista, me respondió que no, y que no le interesaba nada de eso. Su único contacto con algo que pudiera asociarse con el ocultismo, me dijo, fue el uso de una guija en una reunión con amigos en la que bebieron alcohol y algunos usaron drogas. La guija, dijo, había dicho "disparates", como por ejemplo, a otra chica presente, que moriría el año próximo (Elisa nunca supo de ella de nuevo luego de aquella noche, por lo que ignoraba si realmente había muerto o no), a uno de los hombres allí reunidos le dijo que tendría un accidente con su auto, y a ella le dijo "sabrás de mí", algo que a ella le pareció completamente carente de sentido, ya que nunca participó de nuevo en ninguna experiencia semejante.

Continué tratando de llegar al fondo de aquel enigma, y le pregunté cuándo y dónde pensaba matarse. Me respondió que ese mismo día, pero que iba a cambiarse de ropa "para no morir con aquel vestido tan feo". Aquello no encajaba con la decisión de una persona realmente decidida a quitarse la vida. En realidad todo el asunto estaba realmente fuera de una lógica o metodología normal. Le pregunté a continuación si pensaba matarse realmente dándose un tiro con la pistola. Al mencionar el arma, se puso tensa, abrió el bolso y metió la mano en él. Durante la fracción de segundo en que el bolso quedó abierto, no pude ver en él nada que pudiera sugerir un arma de fuego. Me respondió que sí, que se pegaría un tiro en el corazón con el arma y que no tratara de impedírselo o lo haría allí mismo. No obstante, los músculos de su brazo no mostraron la contracción que habitualmente se produciría si su mano hubiera realmente agarrado un arma. Decidí jugarme el todo por todo y le dije que me estaba engañando y que ella no tenía ningún arma en el bolso. Me respondió poniéndose en pie, aún con la mano dentro del bolso y me gritó que no me acercara o me tendría que disparar, y no quería hacerlo. Sin embargo, no mostró ningún arma.

La situación era muy difícil para mí. Si trataba de agarrarla para impedir que escapara y le arrebataba el bolso, que ya estaba seguro no contenía arma alguna, podía acusarme de haber tratado de asaltarla. Si yo llamaba a la policía para reportar un intento de suicidio y no trataba de retenerla allí por la fuerza, ella escaparía y sería muy difícil encontrarla. Y aún si la policía la encontraba no hubieran podido evitar que más adelante se suicidara. También podría decir que tenía miedo porque yo había tratado de agredirla. No sabía el nombre del psiquiatra que ella dijo que había querido recluirla en un sanatorio de enfermos mentales, y que hubiera podido corroborar mi historia.

Decidí tratar de ayudarla en lo posible. Traté de calmarla y le dije no me importaba si tenía un arma o no, que lo que quería era ayudarla y le dije que la remitiría a alguien que podría ayudarla. Saqué de un tarjetero sobre mi escritorio la tarjeta de un colega que era parapsicólogo, se la entregué y le sugerí que se pusiera en contacto con él, y que si quería se pusiera también en contacto con un sacerdote o un pastor de alguna iglesia. El asunto escapaba por completo a mi esfera de experiencia y actividad profesional.

Elisa se marchó y nunca supe de ella de nuevo. Cuando llamé a mi amigo y colega parapsicólogo, tiempo después, me dijo que Elisa nunca lo había llamado. Llamar a todos los pastores o sacerdotes de las iglesias de la comunidad, hubiera sido una tarea imposible. Nunca supe del suicidio de una chica como Elisa, si es que ese era su nombre verdadero, pero confío en que no se quitara la vida realmente y los ataques cesaran. Muchas de las piezas de este caso enigmático no encajaban unas con otras. Lo único cierto era que las marcas de las mordidas eran reales. Qué o quién se las produjo, es algo que yo nunca podré conocer, y posiblemente ella tampoco.

Como dato interesante, añadiré que a través de la historia se han registrado numerosos casos similares a éste. En el pasado, e incluso en nuestros tiempos, se ha interpretado este tipo de ataques como de origen diabólico, o como opción más moderna, de *poltergeists* o espíritus alborotadores. La parapsicología, que ha significado un paso de avance entre la psicología tradicional y nuevas corrientes más abiertas a los fenómenos de este tipo, nos ofrece una versión a mitad de camino entre la negación del fenómeno y su causa más allá de lo físico. Los parapsicólogos tratan de explicar a los poltergeists, no como entidades separadas de sus víctimas, sino como producto del subconsciente de estas últimas. Tal teoría supone que en los casos de actividad poltergeist siempre existe como causa directa un adolescente cerca del sitio en que ocurren los fenómenos. Esto no siempre es así, pero al menos el enfoque de la parapsicología no niega el hecho, aunque la interpretación del mismo no resulte completamente satisfactoria.

Uno de los casos más conocidos de este tipo de fenómenos es el de la niña rumana Eleanore Zugun, quien recibió ataques físicos continuados por algo invisible que además creaba ruidos y manifestaciones terroríficas en su casa. El caso adquirió tal notoriedad que en 1926 Harry Price el famoso "caza fantasmas" detector de fraudes e imposturas, decidió investigar el caso. Price llevó a Eleanore a Londres y en su laboratorio la sometió a diversas pruebas. Price no pudo detectar ningún fraude, ya que los ataques eran reales, causados por algo invisible. Esta energía o entidad no solamente atacaba a la niña, sino también movía objetos, creaba ruidos de todo tipo y llegó a romper una ventana. El investigador inglés llegó a la conclusión de que era la niña la que creaba estos fenómenos, lo que presuponía que la misma tenía el poder de la telequinesis, al mover objetos distantes. Sin embargo, Price nunca pudo explicar cómo se formaban las marcas en el cuerpo de la niña, y hasta el día de hoy el caso permanece en el misterio.

***

Leo H. era un hombre joven y saludable. Leo, a la edad de 32 años, no tenía historial médico de ninguna enfermedad, salvo algunas alergias poco importantes. No poseía creencias religiosas definidas y su interés por la metafísica, teorías relativas a la reencarnación y similares era mínimo. No obstante, algo realmente singular sucedió en su más tierna infancia que luego se relacionó con el problema que terminó llevándole a mi consultorio.

A la edad de 2 años, cuando su padre estaba en el trabajo y su madre preparaba el almuerzo, el pequeño Leo, que dormía plácidamente, se sentó en la cuna. Su madre, que en ese instante llevaba en las manos varios platos recién lavados para guardarlos en la alacena, se quedó petrificada cuando escuchó la voz de un hombre a pocos metros de ella. Sabiendo que el marido estaba en su trabajo y toda la casa cerrada, pensó que alguien había entrado de algún modo. Su primera mirada fue hacia su hijo, al que vio sentado en la cuna con los ojos abiertos, pero vueltos hacia dentro, mostrando sólo lo blanco de los ojos. Y entonces, sin poder dar crédito a lo que estaba sucediendo, vio que los labios del niño se movían. ¡Era el pequeño Leo el que estaba hablando con la voz de un hombre maduro!

Los platos escaparon de sus manos y se hicieron añicos contra el suelo, mientras la voz que hablaba por el niño, decía claramente: *"Estoy cayendo con mi avión"*. Acto seguido, el niño cerró los ojos y cayó hacia atrás sobre la cuna, quedando al parecer profundamente dormido. La mujer quedó presa del pánico y corrió hacia el niño, tomándolo en sus brazos para comprobar que seguía vivo. El pequeño despertó y se abrazó a su madre sonriendo mientras decía "ma...má" con su tierna vocecita de siempre. Presa de un ataque de nervios la madre llamó al marido a su trabajo, y éste regresó rápidamente a la casa. Al principio pensó que su mujer necesitaba un psiquiatra, pero cuando ésta logró convencerlo de que lo que había sucedido era real, decidieron llevar al niño inmediatamente al pediatra, al que pidieron un turno de emergencia.

El pediatra revisó al niño y no encontró nada anormal en las pruebas que le hizo. La salud del niño era perfecta y las pruebas motoras y neurológicas las normales para un niño de su edad. La madre repitió su historia punto por punto y el pediatra insistió en preguntar si estaba segura de lo que había escuchado. La madre insistió en que no había imaginado nada. El pediatra mencionó que posiblemente el niño había escuchado algo de algún programa que ellos estuvieron viendo en la sala en la televisión o había escuchado alguna vez una conversación en la que alguien decía aquellas palabras. En cuanto a la voz de hombre, tal vez el niño tenía un principio de resfriado y la voz sonaba un poco diferente. La preocupación de la madre por su hijo le había hecho imaginar que la voz sonaba mucho más grave y adulta que la normal del niño, pues a veces la mente juega malas pasadas. En cuanto a la perfección con la que el niño expresó la frase, imposible para su edad, el médico no pudo formar una opinión al respecto.

La explicación no logró convencer a la mujer, que estaba segura de lo que había oído. El padre del niño se dio por satisfecho con la explicación del pediatra, y dado que el hecho no se repitió, aquella extraña experiencia fue quedando en el olvido.

Cuando el pequeño Leo fue creciendo, comenzó a demostrar predilección por juguetes que semejaban los toscos y simpáticos aviones para niños de 4 y 5 años. A los 8 y 10 años de edad, hacía aviones de papel que lanzaba por la sala de la casa y el patio, y pintaba insignias de la fuerza aérea en los mismos. Les añadía curiosos detalles aeronáuticos que no estaba supuesto a conocer, como los alerones y timones de profundidad para hacer que los aviones planearan o mantuvieran el rumbo recto, y parecía saber cómo tenía que regularlos cuando los avioncitos no volaban del modo que él quería.

A los 14 años descubrió la existencia de aviones plásticos para armar, compuestos de cientos de pequeñas piezas que eran necesario ensamblar y pintar cuidadosamente, añadiéndole luego las calcomanías. Tan pronto salía de la escuela y terminaba sus tareas escolares en la casa, mientras otros niños iban al parque a jugar pelota o baloncesto, él parecía escapar de la realidad armando sus aviones o contemplado los que ya tenía en su armario y sobre el escritorio de su cuarto. A los 16 años estaba convencido de que en el futuro quería ser piloto militar, y leía todo lo que podía sobre los aviones militares usados en la II Guerra Mundial y en Vietnam. Llegó a adquirir un gran conocimiento sobre los aviones militares del pasado y del presente. Conocía todos los diferentes modelos, su potencial de combate, el armamento que llevaban, en qué batallas o bombardeos habían participado y todo cuánto se refería a tales temas.

A los 18 años, Leo llegó al momento de hacer realidad el sueño largamente esperado: ingresar en la fuerza aérea de

Estados Unidos. Luego de las gestiones preliminares y pasar sin dificultad las pruebas físicas, fue trasladado de la Florida, donde vivía con sus padres, a una base de la fuerza aérea en California, donde comenzó sus estudios teóricos. Todo estuvo bien mientras se trataba de los estudios teóricos. En las clases, Leo obtenía excelentes notas, y le excitaba escuchar el motor de los aviones y el tronar de los jets que despegaban y aterrizaban. Sin embargo, los problemas comenzaron cuando a Leo lo llevaron a sentarse en la cabina de un caza a que se familiarizara con los controles. Comenzó a sudar y a experimentar una gran angustia, hasta el punto en que tuvo que excusarse y bajar por la escalerilla del avión hasta llegar a tierra. El instructor lo tomó a broma y pensó que estaba tan deseoso de volar en un caza que la tensión le había provocado esa reacción.

La siguiente vez en que Leo subió a la cabina de un caza, le acometieron fuertes temblores, comenzó a sudar profusamente, se le dificultó la respiración y todo lo que le rodeaba pareció desaparecer para dar paso a una visión en la que se vio a sí mismo en la cabina de un caza envuelto en llamas que caía sin control, mientras él trataba desesperadamente de abrir sin éxito la cabina para saltar fuera en paracaídas. Cuando abrió de nuevo los ojos se encontraba en la enfermería de la base. Había perdido el sentido y lo llevaron allí de emergencia. Una vez que se recuperó y los médicos comprobaron que sus signos vitales estaban normales, ordenaron pruebas adicionales, pero todas dieron negativas. No obstante, los oficiales llegaron a la lógica concusión de que Leo nunca podría ser un piloto militar, sin importar las causas que motivaran sus extrañas reacciones. Leo no pudo terminar su entrenamiento y tuvo que regresar a la Florida bajo el efecto de una profunda depresión.

Las 3 sesiones con Leo sólo confirmaron que en su vida anterior había sido un oficial de la Fuerza Aérea que había sido derribado cerca de la costa de Japón en 1945. Aunque le ofrecí terapia de desensibilización sistemática para que lograra vencer su miedo a pilotar aviones, me dijo que ya había renunciado a ese sueño y estaba estudiando diseño gráfico en la universidad.

***

Hazel M. tenía 42 años de edad. De familia judía, aunque no una verdadera creyente, podría definirla como casi atea. Casada con un cubano americano, Rodolfo M., agnóstico. Hazel tenía un productivo negocio inmobiliario que atendía personalmente. Rodolfo trabajaba por su cuenta remodelando propiedades y entre ambos tenían los medios económicos para vivir holgadamente. Por razón de su trabajo, y su carácter activo, Hazel fumaba asiduamente. Comenzó a fumar desde los 19 años de edad y a los 41 años, luego de dolores de pecho y espalda y tos crónica, le diagnosticaron cáncer pulmonar microcítico. Luego del impacto inicial de conocer su terrible enfermedad, Hazel decidió luchar contra ella. Con el apoyo total de su marido, dejó de fumar y se puso en manos de uno de los mejores oncólogos de un famoso hospital local.

Pero como su cáncer resultaba inoperable, el oncólogo prescribió el tratamiento habitual de quimioterapia y medicina nuclear para prolongarle la vida. Pero a medida que pasaban los meses, los efectos devastadores de la quimioterapia y las radiaciones comenzaron a hacer estragos en su cuerpo. Comenzó a perder el cabello, perdió 23 lbs. (algo más de 10 kgs) de peso y tuvo que dejar de trabajar, dejando el negocio en manos de un hermano.

El tratamiento médico, el mejor que podía recibir en aquellos momentos de manos de un excelente oncólogo, logró retardar, pero no detener, el crecimiento del tumor y su expansión. Los efectos colaterales de las terapias anticancerosas cambiaron la vida de Hazel hasta el punto de preguntarse si valía realmente la pena sufrir de aquel modo para prolongar un poco más su vida. Vomitaba frecuentemente, no sentía deseos de comer y tenía un terrible sabor metálico en la boca, producto de las radiaciones que recibía. La lengua se le hinchaba y se le resecaba la boca. Se negó rotundamente a continuar los tratamientos médicos y dijo que si iba a morir, prefería morir como un ser humano. A partir de ese momento, solamente aceptó la morfina para calmarle el dolor. Llegó el punto en que le pidió a su marido que la dejaran morir o la inyectaran para detener su vida. Fue en esos días que Rodolfo decidió llevarla a mi consultorio.

Cuando revisé su hoja clínica, y pude verla a ella en persona, me sentí pesimista. El deterioro físico era alarmante. No podía siquiera permanecer sentada en un sillón durante más de unos pocos minutos. Apenas podía caminar y el tumor continuaba creciendo y expandiéndose. Su marido, un antiguo conocido mío, decidió llevármela como último recurso, cuando ya habían perdido todas las esperanzas. Lograr convencerla de que tratara la hipnosis, allí donde la medicina más avanzada sólo había logrado prolongarle una vida que sufrir, más que disfrutar, no fue tarea fácil. Al principio, se negó rotundamente a ir siquiera con Rodolfo a mi oficina. Sólo cuando su vida se convirtió en algo insoportable y llegó a pensar en el suicidio, accedió a que Rodolfo la trajera a verme. Desde el primer momento, me dijo abiertamente que no creía que yo pudiera hacer nada por ella, pero que había accedido para complacer a su marido.

Esta primera visita, sirvió como un primer contacto para conocer exactamente el avance de su letal enfermedad, su historial de salud desde su niñez, sus actividades, creencias, historia familiar, medicamentos que estaba tomando, etc. No había historia de cáncer en su familia, excepto en una tía lejana que había muerto siendo ella una niña. Además de fumar excesivamente, Hazel bebía alcohol, a veces sin moderación. Esta combinación no auguraba nada bueno respecto a su salud futura, aparte de cualquier factor genético que hubiera podido existir, lo que aparentemente no existía.

En esta visita inicial, logré explicarle un poco sobre la hipnosis y le dije que la misma no era nunca una alternativa a su tratamiento médico. Por tanto, le expliqué, ella debía continuar su tratamiento y seguir las indicaciones de su médico, incluyendo sus medicamentos y sesiones de radio y quimioterapia. A esto último ella se negó rotundamente, aduciendo los terribles efectos secundarios de dichas sesiones, e insistió en que la hipnosis era la última prueba que haría antes de dejarse morir. Sólo seguiría tomando la morfina para aliviar sus dolores.

Primera sesión – Hazel parecía extremadamente desconfiada, y repitió nuevamente que no pensaba que yo pudiera ponerla en hipnosis, ya que no podía siquiera permanecer sentada durante largo tiempo, y dependía de la morfina para aliviar sus dolores. No obstante, inicié la relajación conversando con ella. Le pregunté qué era lo que más le molestaba y qué le gustaría eliminar de su enfermedad y respondió enseguida que el dolor y el sabor metálico en la boca, relacionado también con las náuseas. Le pregunté algo que parecía absurdo preguntar, esto es, que si le gustaría eliminar estos síntomas y los malestares, a lo que por supuesto, respondió que sería como volver a nacer. Hacer tal pregunta, puede parecer algo absurdo pero no lo es. Cuando la persona que sufre responde vehementemente que sí, que le gustaría eliminar tales malestares, estamos revertiendo su posición de rechazo a la hipnoterapia. Afirmar que quisiera eliminar los síntomas, y saber que está allí para ese propósito es comenzar a aceptar a nivel subconsciente la hipnosis como el modo de lograrlo.

Luego de la charla inicial, le expliqué que usaría el método Simonton. Aunque no le describí el método en sí, para que conocerlo no le hiciera perder efectividad, le expliqué quién era el Dr. Carl Simonton y cómo con su método había logrado curaciones increíbles en pacientes con cáncer, usando principalmente la hipnosis para combatirlo. Luego de las preguntas de los formularios normales, hice un pase a la inducción hipnótica (puesta en trance). Esta primera sesión, logró llevarla a un estado hipnoide solamente y no quise prolongarla, ya que muy pronto dio muestras de dolor y malestar.

Segunda sesión – Llegó un poco menos pesimista. Me dijo que, a diferencia de otras ocasiones, en las que la morfina no lograba eliminar el dolor por completo, había tenido varias horas sin dolor alguno luego de la última sesión. Pensaba que la morfina le hacía un mejor efecto luego de la primera sesión. Esto ya constituía un paso de avance, pues lograr que la morfina le hiciera un mejor efecto, significaba que comenzaba a creer que la hipnosis podía mejorarla de algún modo. En la primera sesión no le hice sugerencia alguna respecto al efecto de la morfina, lo que significaba que la sugestión ya había comenzado a funcionar. Así trabaja la hipnosis.

Luego de la inducción, logré llevarla a un estado cataléptico. En tal estado, le sugerí olvidar el número de su teléfono al despertar. Al cabo de unos minutos, la desperté y luego de una corta conversación intrascendente, le dije que quería verificar su número de teléfono tal como aparecía en su documentación inicial en mi consultorio. Tomé en la mano el formulario inicial y pretendí estar leyéndolo mientras le hacía la pregunta. Ella pareció confundida por la pregunta.

¿Qué número puse ahí? – preguntó extrañada (lo que me indicaba que le era difícil o imposible recordar el número y trataba de evitar responderme).

Eso no es importante, – le respondí – lo importante es ver que pueda dar respuestas rápidas. Eso es necesario para tener una idea general de su estado emocional en este momento.

Mi teléfono es... – comenzó a decir, y luego quedó en silencio, evidentemente nerviosa – Creo que estoy peor de lo que pensaba. No puedo acordarme de mi número de teléfono. Debe ser la morfina.

Le aseguré que, por el contrario, no poder recordar su número de teléfono indicaba que su estado de relajación era tan satisfactorio, que algunos datos o detalles habían perdido interés para ella en ese momento (por supuesto, no mencioné que fui yo quien le sugerí olvidar el número de teléfono). Eso logró tranquilizarla y fácilmente pude ponerla de nuevo en hipnosis mencionando la palabra clave. Esto era importante, pues la sugerencia de entrar inmediatamente en hipnosis al yo pronunciar dicha palabra, evitaba tener que usar nuevamente la inducción completa, como en la primera sesión. Durante unos 10 minutos, la dejé dormir tranquilamente y luego de sugerirle que en las sesiones futuras cada vez le sería más fácil entrar en hipnosis al escuchar la palabra clave, y cada vez entraría más profundamente en el sueño, le indiqué que al despertar lo haría sintiéndose maravillosamente, sin dolor alguno y llena de esperanza. También le sugerí que al despertar podría recordar perfectamente su número de teléfono y que olvidaría completamente, a nivel consciente, todas mis palabras, pero aceptaría totalmente mis sugerencias y las pondría en práctica aun cuando no pudiera recordarlas en lo absoluto.

Hazel despertó con una leve sonrisa. No podía creer que hubiera estado durante tanto tiempo sentada en el reclinable cuando normalmente no resistía más de 5 ó 6 minutos, no importa cuán cómodo fuera el asiento. Dado el éxito de aquella segunda sesión decidí no prolongarla innecesariamente (había durado casi una media hora) y la dejé marchar con su marido, con una nueva esperanza.

Tercera sesión – Hazel no se sentía muy bien ese día. Aunque sus dolores habían mermado, el sabor metálico en la boca la desesperaba, y las náuseas iban y venían. Me concentré en esta sesión en eliminar el desagradable sabor en su boca y a controlar las náuseas. Aún no había comenzado la terapia anticancerosa basada en el sistema Simonton, pues antes de llegar a ese punto, quería despejar todos los obstáculos posibles que pudieran impedir la efectividad de la misma.

Luego de la inducción, le sugerí que poco a poco el sabor metálico iba desapareciendo de su boca y podría sentir mejor el sabor de los alimentos. Igualmente le di sugerencias para que pensara en una cierta palabra cada vez que sintiera náuseas, y éstas desaparecerían rápidamente. La sesión terminó con sugerencias de que podría dormir mucho mejor, casi ininterrumpidamente y que cada día al despertar, se sentiría mejor que el anterior.

Sesión 4 – Después de informarme que el sabor a metálico en su boca había mejorado ligeramente, me dijo que le había sorprendido haber podido dormir 5 horas seguidas, sin despertar siquiera. Por primera vez, comenzó a tener fe en los efectos de la hipnoterapia.

En esta sesión, logré llevarla hasta un estado sonambúlico ligero, más allá de la catalepsia anterior. Continué reafirmando la desaparición del sabor metálico, los dolores y las náuseas.

Sesión 5 – El sabor metálico casi había desaparecido por completo. Ahora podía permanecer sentada durante 1 hora o más, sin tener que correr a acostarse. El dolor había desaparecido por completo usando la morfina. Se le notaba más animada y su piel tenía mejor color. Los profundos círculos negros bajo sus ojos se habían vuelto ligeramente más claros. Continué con las sugerencias de la sesión anterior.

Sesión 6 – El sabor metálico desapareció por completo. Hazel comenzó realmente a tener esperanzas de una mejoría en su estado. Por primera vez, comencé la terapia de imaginación guiada, creando imágenes en su mente a las que les asignaban un valor arquetípico. Aún ignoraba qué beneficios reales pudiera reportarle esta terapia, pero valía la pena probarla.

Sesión 7 – Hazel había cambiado su aspecto y toda su familia lo notaba. De una mujer resignada a morir, se había convertido en alguien llena de esperanza y con deseos de luchar. Esto era absolutamente necesario, pues cuando un enfermo quiere morir, ningún médico, hipnoterapeuta o sanador psíquico puede retenerle en este mundo. Su médico había notado el cambio, aunque ella no le había mencionado aún que estaba recibiendo hipnoterapia.

Sesión 8 – Continué con la terapia de imágenes guiadas. Por primera vez desde el comienzo de las sesiones noté que Hazel se había maquillado ligeramente. Lo que indicaba claramente sus nuevos deseos de vivir.

Sesión 9 – Continuación de la terapia de imágenes guiadas y reforzamiento de ausencia del dolor. En esta sesión le sugerí que disminuyera la dosis de morfina que usaba diariamente. Pareció aterrada. Por nada del mundo quería volver a experimentar los dolores intensos que tuvo antes de comenzar las sesiones. Ahora que tan buen efecto le estaba haciendo la morfina, no quería arriesgarse a estropearlo todo cortando la dosis de pronto.

Decidí jugarme todo a una carta.

Hazel – le pregunté – ¿cree realmente que es la morfina la que le ha hecho desaparecer totalmente el dolor?

Por supuesto – respondió extrañada.

Antes de comenzar las sesiones – le indiqué - ¿no estaba tomando la morfina y ésta solamente conseguía aliviarle el dolor? Sin embargo, luego de las sesiones el dolor ha desaparecido totalmente.

Es cierto – aceptó – La hipnoterapia ha mejorado el efecto de la morfina.

Más que eso, Hazel – insistí – En realidad, la hipnoterapia ha logrado eliminar el dolor, allí donde la morfina sólo logró aliviarlo. ¿No significa esto que la hipnosis está teniendo mejor efecto que el medicamento?

Bueno, eso parece. - afirmó no muy convencida.

No lo dude ni por un segundo – afirmé con toda seguridad – La hipnosis puede tomar el lugar de la morfina.

Sesión 10 – Hazel llegó visiblemente optimista. Había aceptado visitar a su oncólogo de nuevo, a pesar de continuar rechazando el tratamiento convencional, excepto la morfina para el dolor. El médico, sorprendido, le había informado que el tumor primario no había aumentado de tamaño desde su última visita, y que algunas metástasis parecían haber desaparecido. En términos generales, todas las pruebas indicaban una leve mejoría. Esto la impulsó a hacer algo que un poco antes la había aterrado: reducir a la mitad la cantidad de morfina que usaba para combatir el dolor. El dolor, no obstante, continuaba sin manifestarse.

El resto de la sesión, consistió en reafirmar todas las sugerencias anteriores: la ausencia de dolor, incluso sin depender de la morfina, la continuación de ausencia de sabores extraños en la boca, una mayor energía y el deseo de comer alimentos nutritivos nuevamente. Añadido a esto, continué con las imágenes guiadas de los arquetipos del cáncer y de sus enemigos imaginarios, que terminaban derrotándole.

Sesión 11 – Hazel mejoraba a ojos vistas. Ya estaba levantada la mayor parte del tiempo y había recuperado el placer de comer. Aunque comía muy poco todavía, le encantaba poder saborear los platos que más le gustaban y sentir la diferencia entre un sabor y otro, lo que le parecía casi un milagro. De nuevo se interesó por lo que sucedía en el mundo: leía un poco y comenzó a ver un rato la televisión cada día.

Sesión 12 – En vista del éxito obtenido al cortar a la mitad su dosis de morfina, y animada por su visible mejoría, decidió algo que en otros momentos habría considerado impensable y absurdo: eliminar por completo la morfina. Para su asombro y casi incredulidad, el dolor continuó sin manifestarse. Hazel no daba crédito a lo que estaba sucediendo, y finalmente decidió contarle a su médico en la próxima visita.

Sesión 13 – Hazel llegó a mi oficina radiante. Se había pesado y había aumentado de peso, nada menos que 12 libras (poco más de 5 kilos) Por primera vez se atrevió a sentarse tras el volante de su carro y a conducirlo hasta mi oficina, aunque todavía acompañada por su marido.

Sesión 14 – Me alarmó la apariencia de Hazel cuando llegó a esta visita, pues llegó sumamente deprimida. Me dijo que le había contado a su oncólogo que luego de comenzar las sesiones de hipnoterapia, había comenzado a mejorar, como demostraban todas las pruebas, y éste le había respondido que era imposible que eso se hubiera producido a consecuencia de la hipnoterapia, que a veces se producían remisiones o mejoras espontáneas en la enfermedad por causas desconocidas, pero que al haber rechazado los tratamientos convencionales no tenía esperanza alguna de curación. Esto la deprimió bastante y comenzó nuevamente a dudar. Antes de ponerla en hipnosis, conversé largamente con ella. Le expliqué que muchos médicos, principalmente de la "antigua escuela", rechazaban todo tipo de curación que no se debiera a las técnicas que ellos conocían por sus estudios, pero que usualmente los médicos más jóvenes eran más abiertos a nuevas ideas. Le recordé además que el principal motivo del rechazo de muchos médicos a la hipnoterapia era que, al igual que muchas otras personas que no pertenecían a las profesiones de la salud, habían estado expuestos a shows de TV y espectáculos de teatro en los que un hipnotista hacía varias demostraciones absurdas. Tales espectáculos realmente resultan a veces chocantes pues hacen que los hipnotizados hagan cosas ridículas e inútiles. Este tipo de espectáculos hace pensar a muchos que la hipnosis es sinónimo de algún "control mental", y algo extremadamente peligroso y ridículo que se debe evitar cuidadosamente.

Le confirmé que su médico trataba simplemente de protegerla, ya que no estaba familiarizado con la hipnoterapia, y que los médicos que sí la conocían sabían de sus efectos y potencialidades. Y si bien es cierto que la hipnoterapia en manos de un hipnoterapeuta calificado puede ser de enorme ayuda para la medicina tradicional, la hipnosis sin más fines que el espectáculo o como entretenimiento, puede ser peligrosa.

Le dije que le recordara a su médico que cuando vino a verme a mí, ya había decidido no recibir más quimioterapia ni radiaciones y dejarse morir, y que yo siempre le había alentado a seguir los consejos y tratamientos de su médico, y no intentaba suplantarlo. Porque la hipnoterapia es un campo muy vasto, pero no diagnostica ni intenta remplazar a la medicina, sino simplemente la apoya. Y existen casos como los de Hazel en los que el paciente ya ha abandonado toda esperanza, por decisión propia y se ha apartado de todo auxilio o tratamiento médico, y de no ser por la hipnoterapia, se abandonaría totalmente a morir.

Todo esto pareció animarla de nuevo y la sesión se desarrolló normalmente, pero tuve que reforzar de nuevo todas las sugerencias básicas y tratar de restablecer su seguridad en el efecto de la hipnosis, que funcionaba ya con vida propia, independiente incluso de la morfina, que ella había dejado de tomar completamente.

Sesión 15 – Sesión complementaria. Dedicada completamente a reforzar su seguridad en los efectos y beneficios de la terapia hipnótica recibida.

Sesión 16 – Sesión de reforzamiento. Igual a las anteriores.

Sesión 16 – Continuación de la terapia de imágenes guiadas.

Sesión 17 – Hazel continuó mejorando, tanto que decidió reincorporarse a su trabajo y volver a dirigir su oficina de bienes inmobiliarios, contando con la ayuda de su hermano. Aumentó dos libras más y su aspecto físico mejoró casi hasta la normalidad, aunque ocasionalmente tenía períodos de falta de energía.

Sesión 18 – Hazel llegó un poco nerviosa, pues esa semana tendría nuevos exámenes médicos. Por tanto, reforcé su seguridad en que la terapia continuaba haciendo efecto por sí sola, como un sistema automático que una vez puesto en marcha no se detendría (lo que es completamente cierto, aunque a veces situaciones externas pueden afectar este mecanismo mental). Hasta el momento, Hazel había detenido completamente el uso de la morfina y de la quimioterapia, aunque continuaba tomando medicamentos para reforzar su sistema inmunológico y otros recetados por su oncólogo, lo que yo le alentaba a continuar. La sesión se desarrolló normalmente y ella se despidió tranquila.

Sesión 19 – Hazel llegó con muy buen aspecto. Me dijo que al parecer sus exámenes habían resultado buenos, porque su oncólogo había ordenado que los repitiera de nuevo, cosa que había hecho en el hospital enseguida. Aunque el médico trató de disuadirla de concebir falsas esperanzas, advirtiéndole que a veces las mejoras son aparentes y luego hay un retroceso, ella continuaba optimista. Basado en los segundos exámenes, el médico le había dicho que, "aparentemente" su condición había mejorado. Aunque todavía ella no había recibido un informe formal sobre esto, se sentía llena de esperanza.

La sesión se extendió por una hora y Hazel llegó a un grado casi profundo de sonambulismo hipnótico, lo que aproveché para implantar profundamente en su mente las imágenes guiadas y sugerencias de bienestar, curación y energía.

Sesión 20 – Hazel tendría su sesión a las 2 de la tarde, pero a las 10 de la mañana recibí una llamada telefónica inesperada. Me llamaban del hospital en que la trataban por su enfermedad. Cuando la telefonista me dijo *quién* quería hablar conmigo, me quedé helado de la sorpresa. Se trataba del oncólogo que la trataba, uno de los más conocidos del Estado. Inmediatamente me sentí aprensivo, imaginando que el médico iba a acusarme de estar haciendo algo dañino a su paciente, o a definir la hipnoterapia como una estupidez. No obstante, la conversación resultó sorprendente. Hace años de ella, pero la recuerdo casi perfectamente:

    M (médico) – Hola
    HT (hipnoterapeuta) – Hola
    M – ¿Hablo con el hipnotista?
    HT – Hipnoterapeuta, doctor
    M – OK, hipnoterapeuta. ¿Es usted?
    HT – Sí, al habla.
    M – Soy el doctor _____ Le llamo porque creo que está usted tratando a una de mis pacientes, Hazel M.
    HT – Así es, doctor.

En este punto me preparé para una conversación desagradable en la que se me acusara de charlatán, de interferir con la medicina y los médicos, poner en peligro la vida de un paciente, etc. Pero tras un instante de silencio que me pareció eterno, el famoso oncólogo dijo:

    M – No sé qué **** ha estado haciendo usted, pero cualquier cosa que sea, sígalo haciendo, porque el tumor primario se está reduciendo, y los otros ya no están.

Suspiré aliviado. Apenas podía creer lo que estaba oyendo. Uno de los más famosos oncólogos del Estado, había aceptado al fin una verdad incontrovertible: que la hipnosis profesional podía lograr resultados increíbles, incluso en casos en que la medicina tradicional había llegado al límite de sus posibilidades. Como si hubiera leído mis pensamientos, el oncólogo continuó:

M –   Por supuesto, no se le ocurra siquiera repetir mis palabras a nadie. Le pido una absoluta reserva y confidencialidad.
HT – Desde luego, doctor, cuente usted con ello.
M –   Imagino que conocerá usted al menos algo de terminología médica.
HT – Desde luego, doctor, no se preocupe.

A continuación, el médico me detalló el tamaño original del tumor y el porciento de reducción (casi un 42%) en centímetros. Igualmente me comunicó que aunque ya no había evidencias de metástasis, algunos ganglios linfáticos parecían ligeramente anormales, lo que era preocupante. Me preguntó a continuación qué hacía para lograr la mejoría de Hazel, y le expliqué que usaba el método Simonton, que él conocía, ya que había leído sobre eso.

M –   Pero nunca le di mucha importancia. Siempre lo consideré como una teoría no sometida a prueba. A veces se producen remisiones inexplicables, incluso como resultado del efecto placebo.
HT– Así es. La sugestión es tal vez la medicina más poderosa de todas.
M –   (Luego de un corto silencio, como si meditara en mis palabras) Es posible… Bien, estoy muy ocupado, pero quería hablar con usted. Le recuerdo que esta conversación debe quedar confidencial. Está en juego mi reputación profesional.
HT – Quede tranquilo, doctor. Agradezco su confianza.
M –   Por nada. Llame a mi secretaria si tiene alguna pregunta o quiere comunicarme algo *realmente importante* sobre esta paciente. Anote el número de teléfono.

Con estas palabras, se despidió el oncólogo, dejándome todavía sorprendido. Guardé el número de teléfono y quedé recordando cada palabra. En la tarde Hazel llegaría para su sesión, pero como quiera que el oncólogo no me dijo si debía mencionarle a ella o no, que me había llamado, decidí esperar a que ella me lo informara directamente.

Hazel llegó en la tarde a su sesión habitual, con una sonrisa. Me contó muy animada que las últimas pruebas indicaban que el tumor se estaba reduciendo. Me dijo que parecía un milagro. Le respondí que la hipnoterapia *era* un milagro científico. La sesión se desarrolló normal y satisfactoriamente.

Sesión 21 – Luego de 20 sesiones, se imponía un alto en el tratamiento. La hipnosis exitosa es como una máquina de movimiento continuo que una vez puesta en marcha no se detiene hasta producir los efectos deseados. Dado que la mejoría de Hazel era impresionante, llegué a la conclusión de que no eran necesarias más sesiones para mejorar su salud, al menos por el momento. Sin embargo, dado que no existía un historial familiar de cáncer en su familia, la lógica conclusión era que su cáncer pulmonar fue provocado por su hábito de fumar, y esa era también la opinión del oncólogo. Su uso a veces inmoderado del alcohol, ciertamente debía haber contribuido a su enfermedad. No obstante, quise descartar cualquier otra causa concomitante posible, y le sugerí hacerle una regresión a la adolescencia y a la infancia, tratando de hallar causas más remotas para su enfermedad, lesiones, golpes o ingestión de substancia que ella no pudiera recordar conscientemente.

Cuando le mencioné la palabra *regresión,* esto pareció intranquilizarla tremendamente.

Quedó en silencio y comenzó a moverse nerviosamente en la silla en que estaba sentada.

¿Es necesario eso *realmente*? – me preguntó, recalcando el "realmente".

Le expliqué por qué pensaba que tal cosa sería muy conveniente. No obstante, noté enseguida una gran resistencia a la idea. A continuación, dijo algo que me sorprendió.

Déjeme pensarlo – me dijo rápidamente – Yo le dejaré saber si lo haremos o no.

Sus palabras no auguraban nada bueno. Al contrario de como normalmente se despedía, esta vez la despedida fue tensa y apresurada. No supe de ella en un par de semanas, y me sentí preocupado. Llamé a su marido y éste me preguntó si podía pasar por mi oficina ese día. Acordamos vernos en la tarde.

Cuando llegó me preguntó qué había sucedido, pues Hazel había dado un gran cambio. Había desaparecido su optimismo y parte de su energía. Yo le expliqué que el único motivo posible pudo haber sido mi sugerencia de regresarla a la infancia. Él estuvo de acuerdo en que esa era probablemente la causa, pues ella nunca hablaba de su infancia, y evitaba cuidadosamente el tema, cambiando la conversación cuando él lo mencionaba. Ambos llegamos a la conclusión de que algo terrible había sucedido en su infancia que ella no quería recordar o dar a conocer. Yo sugerí entonces que el mes siguiente continuáramos con las sesiones regulares, sin efectuar la regresión temporal, para mantener la mejoría de su enfermedad y al mismo tiempo hacerla recuperar el optimismo. Rodolfo estuvo de acuerdo y me dijo que se lo sugeriría a ella.

Sesión 22 – Hazel llegó con expresión cansada. Le pregunté cómo se sentía y me dijo que bien, pero que había tenido algún dolor en la espalda. Le pregunté cómo estaba durmiendo y me dijo que "bastante bien". Le expliqué que quería reanudar las sesiones regulares y que olvidaríamos por el momento la regresión. No obstante, le pregunté, tenía curiosidad de saber por qué había rechazado esa parte del tratamiento si había mejorado tanto. Quedó en silencio un momento antes de decir:

"No creo que eso pueda hacerme ningún bien. No tiene nada que ver con el resto del tratamiento. Yo aborrezco eso de las regresiones. Sólo de pensarlo, me siento mal, muy mal"

¿Por alguna razón en especial? – le pregunté.

"No sé, no puedo decirlo exactamente. Pero me aterroriza sólo pensarlo. *Prefiero morir a pasar por eso".*

Sus últimas palabras me alarmaron enormemente. Las palabras son mucho más que ellas mismas y llevan una fuerza oculta y poderosa. Si alguien que se encuentra todavía padeciendo una enfermedad mortal dice que "prefiere morir" antes que hacer algo que puede completar su curación, es posible que esté casi firmando su propia sentencia de muerte. Esto me indicó, además, que era necesario reafirmar todas las sugerencias anteriores relacionadas con su curación. Le dije a Hazel que no se preocupara, que nos concentraríamos en consolidar su mejoría solamente. Pero las sorpresas no habían terminado. Ella se levantó y se excusó cortésmente.

"No lo tome a mal – me dijo – pero no creo que me sienta hoy como para dar una sesión. Es mejor que lo dejemos para más adelante".

Sabiendo que sería inútil insistir, la dejé marchar diciéndole que había mejorado enormemente y no debería interrumpir el proceso de curación. Pero algo me decía que sería inútil esperar que ella regresara, y así fue. No volví a ver a Hazel, y su marido me dijo que ellos habían discutido esto y él le había insistido y rogado que continuara las sesiones, aunque no aceptara la regresión, pero ella se negó rotundamente, de igual modo a como había rechazado anteriormente continuar con la quimioterapia o la radioterapia. No obstante, la diferencia entre ambos tratamientos era enorme, ya que la hipnoterapia, lejos de producirle efectos desagradables, había eliminado casi completamente los mismos, y había logrado una mejoría realmente sorprendente.

El epílogo de este caso fue desolador. Hazel se resistió sistemáticamente a regresar a las sesiones de hipnoterapia. Realmente se abandonó a su suerte. Por supuesto, algunos se preguntarán por qué yo tenía que introducir en la terapia un nuevo elemento, como la regresión a la infancia, cuando el tratamiento estaba dando magníficos resultados sin eso. La respuesta es que a pesar de los resultados casi asombrosos del tratamiento, faltaba todavía un elemento que sellara por completo, por decirlo de algún modo, los efectos a largo plazo de la curación. Demasiadas veces contemplamos casos en que la curación parece terminada y exitosa, pero a falta del elemento clave que en primer lugar causó la enfermedad o la aceleró, se produce una recaída y al final los efectos benéficos desaparecen. En este caso específico, la existencia de algo traumático de extrema importancia era ese elemento clave.

Algo había sucedido en la infancia o adolescencia de Hazel que ella quería evitar sacar a flote de nuevo hasta el punto de poner en juego todo lo que había logrado en su batalla contra el cáncer. Yo me comuniqué con el oncólogo para dejarle saber lo sucedido, y su comentario fue sombrío. Sin los cuidados de la medicina convencional ni los de la hipnoterapia, los días de Hazel estaban contados, ya que el cáncer pulmonar microcítico resulta extremadamente agresivo y puede extenderse rápidamente, acabando con la vida del enfermo en unos pocos meses y a veces hasta en semanas.

Aunque me mantuve en comunicación con el marido de Hazel regularmente, me sentí deprimido e impotente frente a una situación que escapaba de mis manos. Rodolfo estaba realmente desesperado y trató de llevarla a las sesiones por la fuerza casi, algo que yo rechacé de inmediato. Me contó que cada vez que trataba de convencerla, ella repetía que "había perdido la fe en la hipnoterapia"; esto a pesar de su casi increíble curación. Evidentemente, a lo largo de este proceso, habíamos llegado al fondo de algo crucial, y ella se resistía a enfrentarlo.

Aun cuando podemos discutir durante años las causas verdaderas del cáncer, que pueden ser tantas como distintos tipos de cáncer hay, muchos médicos, hipnoterapeutas y psicólogos opinan que básicamente el cáncer es un proceso inmunitario en el cual los mecanismos de defensa del cuerpo se vuelven incapaces de destruir las células anormales del cáncer. Diversos estudios llevados a cabo en los últimos años, parecen indicar que largos períodos de estrés o depresión, sea ésta endógena o transitoria, pueden disminuir considerablemente la efectividad del sistema inmunológico, lo que hace al cuerpo blanco fácil de diversas enfermedades o disminución de ciertas funciones orgánicas, incluyendo la fagocitosis, la absorción y eliminación del calcio en el organismo, etc.

El triste epílogo de este caso fue que Hazel, como era de esperarse, comenzó a retroceder todo lo que había avanzado. Regresaron los dolores, su energía disminuyó enormemente, volvió a perder el peso trabajosamente ganado y tuvo que regresar a la morfina. Cuando en una de sus crisis tuvo que ser hospitalizada, las pruebas resultaron alarmantes. El tumor no solamente había vuelto a crecer, sino que había creado metástasis en una vértebra cervical. Hazel sobrevivió poco más de 4 meses llegada a ese punto, en que el cáncer empezó a propagarse a su organismo. Sin recibir tratamiento alguno, solamente aceptó altas dosis de morfina para mitigar los dolores. Los estragos físicos de la enfermedad resultaron crueles y destructores, dejando emocionalmente destruido a su marido, que nunca logró reponerse de lo sucedido y se convirtió al final en alcohólico.

Pienso que Hazel pudo haberse salvado, o al menos prolongado su vida con una calidad aceptable durante varios años más. Nunca sabremos qué escondía en su pasado remoto que la aterraba hasta el punto de rechazar una ayuda salvadora y comprobada. Su única hija, que vivía en un estado lejano, me informó posteriormente que su madre nunca le había hablado de ningún suceso terrible en su niñez. Quedamos a oscuras, pues, respecto a las verdaderas causas, aparentemente inexplicables, del rechazo de esta mujer a lo que pudo cambiar su vida y salvarla de una muerte cruel e inmediata. Pero como todo médico sabe bien, cuando un enfermo no quiere ya vivir, no existe poder en el mundo que pueda retenerlo. Siempre recordaré un caso en el que un médico amigo me contaba cómo un paciente con un paro cardíaco había sido revivido por él y su equipo de ayudantes. Cuando lo felicité por haber salvado esa vida, me dijo que no lo felicitara, pues el hombre moriría antes de llegar al día siguiente. Me extrañó aquella explicación, y le pregunté si tan mal estaba aquel corazón que a pesar de haber sido revivido, no podría reponerse.

"No, – me respondió – el problema no es ése, sino que él no quiere vivir más. Y cuando un enfermo no quiere vivir más, no existe médico en este mundo que pueda retenerlo. Muere rápidamente". – Y así sucedió. El paciente murió aquella madrugada, tal y como lo deseaba.

***

Laura llegó a mi oficina porque quería saber por qué le temía tanto al fuego. Desde pequeña, ver el fuego le producía temor, y a diferencia de la mayor parte de los niños, que en algún momento de su infancia han tenido encuentros dolorosos con el fuego, especialmente cuando muy pequeños, ella nunca trató de agarrar objetos muy calientes o acercarse peligrosamente al fuego, hornillas de la estufa al rojo, sopas hirvientes, etc. Cuando su hermana encendía velas perfumadas en la casa, ella se alejaba de las mismas. Ver en la TV películas o noticieros en los que se veía fuego la aterraba hasta el punto de cambiar el canal inmediatamente. Su temor al fuego la hacía a veces blanco de las bromas de sus amigas.

Fue su hermana, que la acompañaba, la que me describió el problema. Laura se sentía avergonzada de contar sus temores, pues decía que "todo el mundo pensaría que estaba loca". Se trataba de un caso típico de *pirofobia,* aunque la catalogación de su miedo no resolvía el problema en sí. Le pregunté si en alguna ocasión había sufrido alguna quemadura de algún tipo, o había visto a alguna persona que recibiera quemaduras, pero respondió categóricamente que no, lo que fue confirmado por su hermana, que era mayor que ella. La madre de ambas también les había informado que Laura nunca se había quemado siendo pequeña ni ya de más edad. Tratar de eliminar el miedo sin conocer la causa del mismo hubiera sido absurdo, de modo que quise confirmar si había existido algún suceso traumático en su vida anteriormente, tal vez algo visto en la TV o el cine, por lo que le propuse hacerle una regresión a la adolescencia y luego a la infancia, y ella estuvo de acuerdo.

A sus 36 años de edad, Laura tenía una salud estable, no había sufrido operaciones ni había sido diagnosticada con ningún problema nervioso, psicológico o psiquiátrico, excepto su pirofobia. A veces tomaba medicamentos para dormir, pues padecía de insomnio ocasional. Era alérgica a la aspirina y al polen, que le provocaban estornudos incontrolables. Huérfana de padre desde muy pequeña, se había criado con su madre y su hermana. Su carácter era tranquilo y aparte de su temor al fuego y a cosas calientes, no presentaba síntomas de ningún trastorno serio de su personalidad. Por otra parte, este temor no le impedía llevar una vida normal en todos los demás aspectos de su vida. Los formularios de prueba indicaron una personalidad emotiva y sensible.

En la primera sesión, Laura entró en hipnosis fácilmente. En la segunda pude llevarla fácilmente hasta el estado sonambúlico, y comencé a regresarla en el tiempo. La regresión a la adolescencia y a la infancia no reveló nada importante a los efectos de su fobia. La muerte de su abuelo, siendo ella casi una niña, le afectó profundamente, aunque el hecho no guardó relación alguna con su problema actual. Le pregunté si quería que la regresara al pasado antes de su infancia, y quedó confundida. Me preguntó cómo eso era posible, pues antes de su infancia, ella no había nacido todavía. Luego de una breve conversación, quedó claro que ella no tenía ideas definidas o conceptos preconcebidos respecto a la reencarnación. Vagamente imaginaba que existía alguna forma de vida después de la muerte. No era una persona religiosa, aunque creía en Dios y decía haber leído la Biblia alguna que otra vez. Aunque criada en el seno de una familia católica, dejó de ir a la iglesia en su primera juventud. Su matrimonio por el rito católico fue "por hacer feliz a su familia", lo que no impidió que se divorciara pocos años después.

Cuando le expliqué que en ocasiones, la regresión a otras vidas pasadas podía descubrir causas muy remotas para problemas actuales, aceptó inmediatamente la idea. En la tercera sesión, luego de la puesta en trance, le sugerí que retrocediera en el tiempo hasta algún momento en el que se hubiera empezado a manifestar su temor al fuego y a las cosas quemantes. Luego de varias preguntas que dieron respuestas incoherentes, Laura pareció más consciente de una existencia anterior.

HT - ¿Dónde estás?
L – En un campo.
HT - ¿Es de día o de noche?
L – De día. Es un lindo día. Hay una brisa deliciosa.
HT - ¿Cómo es ese campo?
L – Muy verde. Parece que hay sembrado pasto. Hay montañas a lo lejos.
HT - ¿Hay animales?
L – Sí, tenemos dos vacas… corrales, y hay perros, los siento ladrar de vez en cuando.
HT - ¿Vives ahí?
L – Sí, claro, en la cabaña.

HT -   ¿Vive alguien contigo?

L –   Por supuesto, mi marido y mis dos hijos.

HT -   ¿Cómo te llamas?

L –   Agnes.

HT -   ¿Y los otros? ¿Cómo se llaman todos?

L –   George, mi marido, y Tim y Rosa, mis hijos.

HT -   ¿Qué edad tienes?

L -   ¿Para qué quieres saberlo? Aquí nadie piensa en   eso. Uno no sabe a veces ni cuándo nació.

HT -   ¿No hay registros parroquiales o documentos de un juez, cuando alguien nace?

L –   Ah, eso en las ciudades. Aquí no hay eso. La gente nace y hace su vida y se muere, y a nadie le importa cuándo pasan esas cosas.

HT -   ¿Eres feliz?

L –   Me gusta el campo, los animales. Me siento orgullosa de George y me gusta ver crecer a mis hijos.

HT -   ¿Qué hace George?

L –   Es leñador. Es muy fuerte y sabe cortar los árboles y hacer leña mejor que todos los hombres de este lugar. ¿No ves lo bien que ha hecho nuestra cabaña? Es la mejor de todo este lugar. Cuando llueve o cae nieve, no cae agua dentro. Y siempre tenemos leña.

HT –   Háblame de tus hijos.

L –   Tim es muy inteligente. A veces el padre se lo lleva para que vea cómo se cortan los árboles. Cuando crezca un poco más, ya podrá ayudarlo. La niña es muy pequeña, pero siempre está a mi lado cuando yo trabajo en la casa.

La regresión continuó con otros detalles interesantes. Aparentemente, por la descripción posterior del lugar y las actividades en él, Agnes vivía en Canadá o en alguna parte del norte de Europa. La época parecía ser a finales de los 1700. Dado que vivían en alguna especie de bosque, apartados de cualquier ciudad, no estaban al tanto de los acontecimientos mundiales o de su país, que nunca quedó bien definido. Agnes hablaba del "rey", pero nunca había leído un periódico, ni había visto uno. No sabía leer ni escribir, al igual que George.

Cuando le indiqué que se moviera en el tiempo hacia algún hecho importante o decisivo en esa vida, llegó a un momento sumamente trágico. Había acompañado a su marido al campo, él a hacer leña y ella a ordeñar una vaca y llevar leche a la casa. Dejó el cántaro con leche en la casa, en la cocina, encendió el carbón en la estufa, de modo que estuviera listo para cocinar la comida cuando ella regresara y tomó otro cántaro vacío para ir hasta el río y traer agua. Recomendó al niño que cuidara de su hermanita y se alejó de allí mientras George cortaba leña. El río quedaba a una media hora de distancia, y cuando regresaba, observó con horror que la cabaña se encontraba en llamas. Corrió hacia allí pensando en sus hijos, pero antes de llegar vio a George sentado en una piedra, con las ropas chamuscadas. Cuando le grito que dónde estaban los niños, el hombre le gritó que habían muerto en el incendio y que él trató de rescatarlos, pero no pudo. Ella trató de correr hacia la cabaña, ya casi consumida por el fuego, pero George le impidió hacerlo y empezó a culparla por la muerte de los niños. Sin duda alguna uno de ellos habría propiciado el incendio.

Esa noche, mientras George vagaba como un zombi entre los árboles, quejándose de dolor por las quemaduras recibidas y desesperado por la pérdida de los niños, que había enterrado en el bosque, Agnes, enloquecida, se lanzó al río y murió ahogada.

Antes de despertarla, logré calmarla explicándole que ella no había sido culpable de lo sucedido, no importa lo que George dijera, que ella estaba trabajando duramente para atender a su familia y que a veces la mente no puede estar al tanto absolutamente de todos los detalles. Luego le dije que olvidaría totalmente lo sucedido en esa vida, excepto que una cabaña se había quemado (esto era necesario para que comprendiera a nivel consciente por qué le temía al fuego). Al despertar y preguntarle qué recordaba, me dijo que poco, solamente el campo y que había visto una cabaña que se había quemado. La dejé con tales recuerdos hasta la próxima sesión.

(Notemos que en este caso no se trata de un "cambio de libreto", ya que en ningún caso traté de cambiar el final de la historia, sino solamente de hacerle olvidar los detalles que la atormentaban.)*

En la siguiente sesión, Laura entró rápidamente en hipnosis profunda, y le pedí que regresara en el tiempo a la primera vez en que hubiera tenido problemas con el fuego. Se mostró muy nerviosa, y le dije que no tenía nada que temer, que todo eso ya había sucedido en el pasado y que sería solamente un recuerdo. Aun así, no se notaba totalmente tranquila.

HT –   ¿Cómo te llamas?
L -   Carmen.
HT –   ¿Dónde estás?
L -   Estoy en una sala muy grande, y hay gente sentada. Yo estoy de pie y tengo miedo, los soldados me han traído aquí.
HT -   ¿Los soldados?
L -   Sí, soldados con espadas. Fueron rudos y me insultaron.
HT -   ¿Por qué te llevaron ahí?
L -   Por culpa de mi vecina. Me acusó de ser una bruja.
HT -   ¿Por qué hizo eso?
L –   Siempre me tuvo envidia. Ella es fea y el marido no la quiere. A mí los hombres me miran.
HT -   ¿Qué edad tienes?
L –   Diecinueve años
HT -   ¿Y ella?
L -   Quizá 10 o 15 años más que yo.
HT -   ¿Qué año es?
L -   No sé… año de Nuestro Señor mil seiscientos y algo, Nuestro rey es Felipe
HT –   ¿Con quién vives?
L –   Con mi madre, mi padre murió hace años.
HT -   ¿De qué te acusan?
L -   De brujería. Hay epidemias de peste. Muere mucha gente todos los días, y esa mujer maligna me ha acusado de ayudar al diablo a extender la peste.
HT –   ¿Qué pasa luego?
L -   Quieren que firme una declaración de que he hecho un pacto con el diablo. Yo les digo que jamás he hecho eso, que esa mujer me ha acusado falsamente, pero no me quieren escuchar. ¡Estoy perdida!

HT –   ¿Qué te dicen entonces?

L -   Hay un sacerdote con una capucha, y otro con una cruz
       apoyada en el suelo. Y están los soldados, y un
       escribiente. Me dicen que sería mejor para mí reconocer
       mi delito, que si no tendrán que interrogarme. Tengo
       miedo, mucho miedo. Estoy temblando.

(Trato de calmarla recordándole que todo eso ha pasado ya.
Comienza a respirar más tranquilamente.)

L –   Me llevan a otra parte de ese edificio. Bajamos unas
       escaleras, es como un sótano y hay antorchas
       encendidas. Oigo gritos.

HT –   ¿Qué está pasando allí?

L -   ¡Oh Dios! ¡Oh Dios! Tienen gente colgando del techo, y
       hay una anciana como en una mesa de madera. La están
       estirando con cuerdas y grita de dolor. Se me doblan las
       piernas de terror. Me caigo al suelo.

HT –   (Le recuerdo una vez más que todo eso ha pasado ya y
       que esto es solamente un recuerdo) ¿Y qué te dicen?
       ¿Quiénes están allí?

L -   Hay otro cura, con un hábito marrón. Su cara es maligna,
       me mira con odio… y con deseo. Me dice que si no firmo
       la confesión, yo seré la próxima. Pero siento que quiere
       hacerme daño y no quiere que firme.

HT –   ¿Qué haces?

L -   Le digo que firmaré lo que ellos quieran.

HT –   ¿Por qué lo haces?

L -   Porque de todas formas me harán hacerlo. Nadie
       puede resistir las torturas… Todos acaban firmando. La
       gente habla de eso… Así al menos, no me torturarán.

HT –   ¿Qué pasa después?

L -   No quiero seguir… ¡Sácame de aquí! ¡Sácame!

HT –   Muy bien, ya no estás allí. Ahora estás tranquila. Ve al
       momento de tu muerte, pero lo verás como una película.
       Te verás a ti misma, pero "desde afuera", como si no
       fueras tú.

L -   *(Luego de unos instantes de silencio)* Ella está amarrada a una estaca. *(Habla en tercera persona, como si no se tratara de ella)* Con cadenas y cuerdas. Tiene leña a los pies, hasta las rodillas. Van a quemarla viva, pero le dijeron que por haber firmado y haberse arrepentido la estrangularían antes de quemarla.

HT -   ¿Entonces no la queman?

L -   No entiendo... Eso le dijeron... Pero no, es el cura de abajo. Ese hombre maligno la deseaba. Es un sádico. Quería torturarla y no pudo, y la odia. ¡Dios del cielo! Le quita la antorcha a uno de los soldados y enciende la leña. Ella empieza a gritar que la iban a matar primero, pero nadie la oye.

HT –   ¿Quiénes más están allí?

L -   La vecina. Esa mala mujer que la odia. Está feliz de ver que la van a quemar viva... Y hay mucha gente viendo eso. Algunos le gritan insultos a la chica. Uno le tira una piedra a la cara, y le veo sangre allí

HT –   Muy bien, ve al momento exacto de la muerte. Ya eres tú ella. ¿Qué sucede entonces?

L -   Me siento bien. Ya no tengo dolor ni tengo miedo, todo se ha vuelto negro. No puedo ver nada.

HT –   ¿Y luego?

L -   Es como si flotara. No siento peso. Ahora se hace claro. Ella está allá abajo, como algo negro, retorcido, amarrado a la estaca. Todavía *"eso"* está humeando. La gente empieza a irse... La vecina le entrega unas monedas de oro al cura de cara maligna, pero nada me importa... Estoy muy tranquila.

HT –   ¿Y después?

L -   Me caigo como por un pozo. Caigo y caigo, pero no acabo de caer. Todo está oscuro de nuevo. No veo nada.

HT –   ¿Sigues cayendo?

L –   Sí, pero ahora veo como una luz al fondo del pozo. Es muy brillante, y se está agrandando.

En ese momento, decidí terminar la sesión, puesto que ya habíamos descubierto el verdadero origen del miedo al fuego de Laura. La siguiente sesión fue solamente para asegurarme de que no existía ninguna otra causa de su miedo al fuego y para reafirmar que en lo adelante, el fuego no le inspiraría ese terror de antes. Le hice una progresión en la que veía velas encendidas, hornillas de cocina y leña con fuego en el hogar sin que esto le diera temor. Laura pudo reanudar una vida normal.

***

Marcos L. era un excelente sujeto hipnótico. Desde el principio, era capaz de llegar a los más profundos niveles de sonambulismo. Aunque las primeras sesiones fueron para tratar de descubrir la causa de unos síntomas inexplicables, mencionados más adelante en este capítulo, Marcos sirvió como un excelente sujeto para algunas pruebas como la que describo a continuación.

Puesto en estado profundo, pedí a otras dos personas conocidas que se colocaran en el estacionamiento, a suficiente distancia, y que cuando les indicara con una señal, comenzaran a hablar en voz baja. Una vez colocados en el sitio, pedí a Marcos que abriera los ojos y me siguiera (recordemos que un sujeto es estado sonambúlico puede abrir los ojos, caminar y hablar sin perder el profundo nivel de hipnosis en que se encuentre) hasta la puerta de entrada que daba al estacionamiento. Una vez allí, abrí la puerta, salimos, y nos quedamos junto a la puerta. Sugerí entonces a Marcos que al contar 3, su oído sería capaz de captar las palabras que hablaran aquellas dos personas que se veían de pie a lo lejos al fondo del estacionamiento, e hice un gesto con la mano a ellos para que comenzaran a hablar.

Marcos pareció concentrarse y ladeó ligeramente la cabeza, sin mirar directamente hacia donde estaban hablando los otros dos participantes de la prueba, y al cabo de un momento dijo:

"Están hablando del accidente de tráfico que hubo ayer en la autopista…

Uno dice que… es un milagro que no hubiera algún muerto…

El otro le dice que... es porque llevaban puestos los cinturones de seguridad...”

Consideré que eso bastaba para saber si la prueba había tenido éxito. Indiqué por señas a los dos sujetos a lo lejos que podían dejar de hablar y entré de nuevo a la oficina con Marcos, todavía en estado de sonambulismo. Las otras dos personas que me ayudaron en aquella prueba regresaron y entraron tras nosotros. Una vez sentado de nuevo en el reclinable, desperté a Marcos y pregunté a los que habían participado en aquella corta conversación qué era lo que habían hablado. La respuesta, aunque esperada, no dejó de sorprenderme, pues repitieron, palabra por palabra, lo mismo que me había dicho Marcos.

Nadie, absolutamente nadie, podría ser capaz de escuchar ni siquiera mal, aquella conversación en voz muy baja, desde donde nos encontrábamos. Los dos participantes en la conversación estaban sorprendidos. No podían creer que aquello fuera posible. Y en verdad que parece imposible. ¿Cómo puede la hipnosis hacer que un sujeto pueda aumentar el alcance de audición normal? El oído humano sólo puede captar frecuencias específicas y son necesarios cierto número de decibeles para que el oído registre cualquier sonido. ¿Puede la hipnosis cambiar momentáneamente las estructuras del oído o sus componentes para que puedan registrar sonidos inaudibles para la audición humana? Es sabido que los perros y otros animales poseen una capacidad auditiva muy superior a la humana, pero en un caso como éste, la respuesta no está clara.

Si la hipnosis no puede cambiar las estructuras físicas del oído, ¿cómo puede hacer posible que alguien aumente su capacidad auditiva hasta tales límites? Evidentemente, la mente nos guarda muchas sorpresas. El hombre posee maravillosas capacidades aún por descubrir. El cerebro encierra zonas de las que nada conocemos, y la hipnosis parece ser capaz de llegar a profundidades tan remotas que no podemos siquiera imaginar

Otro de los casos interesantes de Marcos L. fue el del dolor en la espalda. Padecía de unos extraños dolores espantosos en la espalda que los médicos no habían logrado diagnosticar. Comenzó a padecerlos en la adolescencia. La primera vez, el dolor fue tan agudo que cayó al suelo sin poder apenas respirar. Al mismo tiempo, perdió sensibilidad en las piernas. Trasladado de emergencia a un hospital cercano, los Rayos-X y las pruebas de sangre y orina no revelaron ninguna anomalía. El diagnóstico inicial de un cólico nefrítico tuvo que revisarse en la ausencia de pruebas clínicas convincentes.

Los médicos dudaban entre un disco herniado, una neuritis localizada y una afección muscular aguda, pero todo quedó en teorías que no pudieron comprobarse y el episodio se olvidó por completo, hasta que a la edad de 19 años, se repitió nuevamente, esta vez en una fiesta familiar. Nuevamente Marcos fue llevado de emergencia a una clínica cercana, donde no pudieron encontrar ninguna causa para el agudo dolor de espalda del joven. Luego se le hicieron pruebas en un hospital para detectar alguna posible enfermedad extraña degenerativa, pero todas las pruebas fueron negativas.

A los 26 años de edad, el ataque se repitió. Sucedió en la mañana, cuando apenas había despertado y se dirigía a la cocina a tomar su café. De pronto, el ya conocido dolor insoportable se le clavó en la espalda, cortándole la respiración. Dejó de sentir las piernas, que no le sostuvieron, y cayó al suelo derrumbado. Nuevamente le llevaron al hospital, donde quedó ingresado por varios días bajo observación. Todos los posibles análisis y pruebas fueron hechos: resonancias magnéticas, electroencefalogramas, mapas cerebrales, pruebas de sangre, pruebas de virus, de orina, punciones lumbares, de actividad de nervios, circulatorias, cardíacas, pero todas resultaron negativas. Dado que los ataques duraban unas pocas horas y luego el dolor desaparecía misteriosamente, le administraron sueros intravenosos con fuertes analgésicos y le recetaron otros al dejar el hospital, pero fueron innecesarios, pues ya el dolor había desaparecido. Al darle de alta, le remitieron a psiquiatría, suponiendo que los extraños dolores tenían un origen psicosomático, pero Marcos decidió no acudir al psiquiatra, pues estaba seguro de que nada podría resolver en esa dirección.

A los 32 años, el ataque se repitió, y esta vez, Marcos ni siquiera acudió al hospital. Quedó en cama y tomó fuertes analgésicos y al día siguiente el dolor había desaparecido. Una semana más tarde, alguien le habló de mí y decidió visitarme.

Nunca lo habían tratado con hipnoterapia, pero había leído sobre el tema, incluyendo las regresiones de vidas pasadas. Marcos poseía una personalidad tranquila y estable y aparte de algunas alergias poco importantes y ocasionales períodos de insomnio, su salud parecía estable y sin historial médico de ninguna anomalía digna de tener en cuenta.

Marcos entró en un nivel sonambúlico medio en la primera sesión, que sirvió de punto de partida para las posteriores. Una vez lograda dicha profundidad, le desperté con sugerencias de relajación, bienestar y energía y marcamos la segunda sesión para la siguiente semana.

La segunda sesión, como la primera, llevó a Marcos sin dificultad al nivel sonambúlico, que continué hasta el nivel profundo. Una vez allí, lo fui regresando a etapas anteriores de su vida, a la juventud, adolescencia y finalmente a la niñez, pero nada pude encontrar allí relacionado con los extraños ataques de dolor en la espalda y pérdida de sensibilidad en las piernas.

Cuando lo continué retrocediendo en el tiempo, Marcos llegó a una vida anterior, como un funcionario de menor categoría en la Francia del siglo XVII. Nada hubo allí tampoco que pudiera relacionarse con los extraños ataques que periódicamente le aquejaban en el presente. Luego de una vida anodina, murió en la miseria de fiebres, como un anciano.

En la siguiente sesión, se manifestaron en sucesión otras 4 existencias sin relevancia alguna, una de ellas como un político que murió asesinado por un rival en Colombia en el siglo XVIII, otra como un soldado español, y otras dos en épocas más remotas, una como una india aparentemente maya y otra difícil de precisar, como un mercader en alguna parte de Asia. La vida como el político o el soldado no ofrecieron pistas sobre los ataques presentes, pues el político fue apuñalado en el cuello y el pecho, y el soldado murió muy anciano, luego de haber estado muchos años alejado de guerras y combates. Su única herida seria recibida fue con una espada en la cabeza que le alcanzó sólo tangencialmente y al resbalar le cortó una oreja. Las otras dos vidas fueron irrelevantes y sin relación alguna con su condición presente.

La tercera sesión cambió dramáticamente la relación del pasado con el presente. Desde el comienzo de entrar en esa vida, Marcos mostró síntomas de gran intranquilidad.

HT -　　¿Quién eres?

M -　　Soy Gumbar, hijo de Kidar

HT -　　¿Dónde estás?

M -　　Junto al río, vine a buscar agua

HT -　　¿Tienes sed?

M -　　No, pero tengo que llevar agua al pueblo

HT -　　¿Para ti?

M -　　Para todos. Soy el aguador y tengo que llevar agua para que no falte.

HT -　　¿Dónde la llevas?

M -　　En estos odres y en los cántaros. Pongo todo en el carro y lo llevo al pueblo. Tengo que dar muchos viajes.

HT -　　¿Qué edad tienes?

M -　　Soy muy joven. Todavía no puedo hacer la guerra con los hombres de mi pueblo.

HT -　　¿Hay una guerra ahora?

M -　　Siempre hay guerra. Nos han atacado varias veces recientemente.

HT -　　¿Quiénes?

M -　　Ellos, siempre son ellos.

HT -　　¿Cómo se llaman? ¿Quiénes son?

M -　　No tienen nombre, son salvajes. Les decimos ellos. Arrasan todo lo que ven. Matan a todo el mundo y son crueles. Les gusta torturar a la gente y se ríen cuando gritan de dolor.

HT -　　¿Tienen ustedes un rey?

M -　　No, tenemos un jefe que es el mejor guerrero de todos nosotros. Es muy fuerte y maneja muy bien la espada. Nadie ha podido vencerlo.

HT -　　¿Qué sucede cuando estás llevando el agua?

M -　　No la estoy llevando, algo pasa.

HT -　　¿Qué es lo que pasa?

M -　　Está sonando el cuerno.

HT -　　¿Qué cuerno?

M -   El que tocan los vigías. Los dioses me ayuden... Tengo
        que correr al pueblo. Es que ellos vienen a atacarnos.

HT -   ¿Y por qué tienes que correr al pueblo?

M -   Porque allí puedo estar seguro. Los vigías en la montaña
        han visto que ellos vienen, y en el pueblo están los
        guerreros y los caballos. Ellos pueden defendernos.

HT -   ¿Qué pasa luego?

M -   Dejo los odres con agua y los cántaros. No tengo tiempo
        de ponerlos en el carro. Tengo que huir antes de que ellos
        lleguen o me matarán (su voz suena llena de terror)

HT -   Bueno, todo eso sucedió en el pasado, estás recordando
        eso, ahora estás seguro.

M -   (Se relaja ligeramente)

HT -   ¿Qué haces después?

M -   Trato de desenganchar los caballos del carro y montar uno
        de ellos para escapar al pueblo.

HT -   Muy bien. Y cuando desenganchas los caballos, ¿qué
        pasa después?

M -   ¡Oh dioses! No me dará tiempo. Ya se oyen los caballos.
        El pueblo está lejos y ellos están más cerca.

HT -   ¿Más cerca de ti?

M -   Más cerca... ¡Más cerca! Puedo ver el polvo de sus
        caballos corriendo. Están entre el pueblo y yo. (Respirando
        rápidamente) No podré llegar al pueblo. ¡Van a matarme!

HT -   Todo eso pasó hace mucho tiempo. Sabes que eras tú,
        pero ya nada de eso podrá dañarte.

M -   Veo humo a lo lejos, en el pueblo. Veo el polvo de los
        caballos y ruidos. Los guerreros deben estar luchando con
        ellos.

HT -   Continúa

M -   No puedo escapar en el caballo alejándome del pueblo.
        Ellos siempre atacan en dos grupos, uno primero y otros
        después.

HT -   ¿Y eso qué significa?

M -   Tiene que haber otro grupo que no ha llegado todavía. Ese
        grupo está en alguna parte detrás de mí, y los que están
        atacando el pueblo están delante. ¿No entiendes? ¡Estoy
        atrapado entre los dos grupos!

HT -   ¿Y qué haces?

M -   Tengo que esconderme rápido. Es mi única posibilidad. Si huyo a caballo, ellos verán el polvo y me atraparán.

HT -   Muy bien, ¿cómo te ocultas?

M -   No me oculto. Espanto a los caballos.

HT -   ¿Los espantas?

M -   Claro. No los he desenganchado del carro todavía.

HT -   Explícame eso.

M -   Si espanto a los caballos, ellos verán el polvo a lo lejos, creerán que hay alguien en el carro y lo perseguirán. Cuando lo vean vacío estarán lejos de aquí y yo estaré escondido. Los voy a alejar de mí.

(Evidentemente, un adolescente de aquella época parecía conocer intuitivamente las reglas elementales de supervivencia. En una sociedad muy distinta a la nuestra, la gente poseía un instinto casi animal de escapar al peligro, cuando la vida pendía de un hilo y la ley del más fuerte se imponía como regla.)

HT -   ¿Qué haces luego?

M -   Golpeo a los caballos en la grupa con una vara y corren arrastrando el carro lejos.

HT -   ¿Te escondes?

M -   Busco, pero no hay muchos sitios donde esconderse. Los árboles son muy bajos y no resistirían mi peso. Las ramas no son tupidas, me verían.

HT -   ¿Y entonces?

M -   Tengo que esconderme rápido, ya siento los caballos más cerca. Son los del segundo grupo, porque los oigo desde detrás de mí. Hay un grupo pequeño delante y el resto detrás.

HT -   Muy bien. ¿Cómo te escondes entonces?

M -   Tiro la vara al río para que se la lleve la corriente. Corro hacia unas matas tupidas en el recodo del río y me escondo allí. Ya se ven los jinetes del segundo grupo. Van persiguiendo el carro vacío.

HT -   ¿Qué pasa después?

M -   Al fin logran alcanzar el carro. Uno de ellos salta al carro y detiene a los caballos. Miran debajo del carro.

HT -   ¿Por qué?

M -   No sé, probablemente para ver si yo estaba escondido ahí agarrado debajo del carro para escapar.

HT -   ¿Qué hacen luego?

M -   Parecen confundidos. Están hablando entre ellos. Miran en todas direcciones.

HT -   ¿Te han descubierto?

M -   No creo, parece que discuten lo que van a hacer.

HT -   ¿Qué hacen?

M -   De pronto uno de ellos señala hacia el suelo. Los otros dan la vuelta alrededor del carro. Se detienen y hablan de nuevo, mirando hacia el suelo.

HT -   ¿Por qué hacen eso?

M -   ¡Estoy perdido! Van a seguir las huellas dejadas por el carro, y llegarán hasta aquí.

HT -   ¿Cómo lo sabes?

M -   (Molesto) ¿No lo sabes tú también? Todo el mundo sabe eso. Yo también lo haría.

HT -   ¿Qué pasa después?

M -   Dos de ellos se quedan con el carro y los caballos. Los otros empiezan a seguir las huellas del carro. Vienen despacio. No tienen prisa.

HT -   ¿Y tú?

M -   Estoy temblando. Van a encontrarme y a matarme, son crueles y me harán sufrir. Dioses, protéjanme. ¡Ayúdenme!

HT -   Al contar tres, habrás avanzado hasta el siguiente momento importante. Uno… dos… tres. ¿Qué está pasando?

M -   Ya están aquí. Puedo verlos perfectamente. Se han dividido en dos grupos. Unos siguen por la orilla del río, los otros buscan por donde yo estoy, agazapado en la tierra.

HT -   ¿Te han visto?

M -   Todavía no, pero vienen hacia acá. Trato de no respirar siquiera.

HT -   Continúa.

M -   Uno de ellos lleva una lanza muy larga, y con la punta empieza a mover las matas a ver si yo estoy escondido debajo.

HT -   ¿Qué pasa después?

M -   Mueve la mata bajo la que yo estoy, pero las ramas de la que está al lado, al moverse, creo que no lo han dejado verme, porque sigue de largo.

HT -   ¿Y entonces?

M -   Empieza a soplar la brisa y el caballo se detiene y relincha. El hombre detiene el caballo y vuelve atrás.

HT -   ¿Por qué hace eso?

M -   Porque el caballo me ha descubierto. Los caballos conocen el olor de ellos y ahora el animal ha sentido el mío. Ya saben que estoy aquí.

HT -   ¿Qué haces?

M -   Tengo miedo. ¡Miedo! No sé ni lo que hago, me levanto y salgo corriendo. No puedo más.

HT -   ¿Qué hacen ellos?

M -   Se ríen, se ríen a carcajadas, pero no hacen nada.

HT -   ¿No te persiguen?

M -   ¿Para qué? Saben que no puedo escapar. Se están divirtiendo con mi terror. Me gritan algo que no entiendo.

HT -   ¿Qué pasa entonces?

M -   Quedan callados y yo sigo corriendo. Cuando estoy a cierta distancia, uno de ellos grita algo y siento un caballo que empieza a correr detrás de mí.

HT -   ¿Un solo caballo?

M -   Sí, miro hacia atrás y es el jinete de la lanza larga. Debe ser el jefe.

HT -   ¿Te persigue?

M -   Sí, sabe que no puedo escapar y se está divirtiendo, como los otros… Ya está casi sobre mí.

HT -   ¿Te alcanza?

M -   Por supuesto. El caballo es más rápido. El hombre me atraviesa con la lanza por la espalda y me clava en la tierra con ella.

HT -   ¿Qué sientes?

M -   Un dolor espantoso, no puedo ni respirar. Quiero gritar y no puedo. El dolor me llena todo el cuerpo, menos las piernas. No siento las piernas.

HT -   ¿No las sientes?

M -   No, es como si no las tuviera. No puedo moverme.

HT -   ¿Qué pasa luego?

M -   El de la lanza grita algo y se acerca otro jinete que lleva una tea encendida y se la da al de la lanza. Todos empiezan a reír.

HT -   ¿Qué hacen entonces?

M -   El de la lanza pega la tea encendida a mis piernas, pero no siento nada, sólo el olor de la carne quemada.

HT -   ¿Qué pasa luego?

M -   Ya no se ríen. Creo que querían verme gritar al quemarme las piernas, pero no las siento.

HT -   ¿Qué más sucede?

M -   Me pegan la tea encendida bajo el brazo. Creí que ya no podía sentir más dolor, pero me estremezco y al moverme, el dolor en la espalda y el pecho es como un estallido en la cabeza. Y todos se ríen a carcajadas.

HT -   ¿Es el fin?

M -   Creo que sí… Empiezo a vomitar sangre y uno de ellos me pega en la cabeza con un hacha… Hay como un relámpago. Todo se pone negro y entonces ya no siento dolor… Me veo abajo, en la tierra, clavado por la lanza, y con la cabeza rota, pero no siento nada. Estoy tranquilo. No me importa lo que pasa allá abajo.

Despierto a Marcos sugiriéndole que recuerde todo lo que sucedió en esa vida, pero sintiéndose relajado y tranquilo, con una gran sensación de bienestar. Cuando despierta, me dice que ahora comprende por qué le sucedían esos extraños ataques de dolor en la espalda y perdía la sensibilidad en las piernas, cayendo al suelo. Sin duda alguna, el lanzazo le había partido la médula, paralizando las piernas y dejándolas insensibles.

Aunque ha pasado el tiempo y he perdido el contacto directo con Marcos, varios años después, los extraños ataques no se habían repetido.

***

Jorge L., a sus 28 años, era dinámico y de buena salud. Se había casado joven, a los 25 años, con una chica de 22. No tenían hijos. Pero la vida de Jorge se había convertido en un caos a causa de las drogas y el alcohol. Era un hombre tranquilo en estado normal, pero cuando estaba embriagado, se volvía violento e irracional. Su joven esposa se había separado en varias ocasiones de él, incapaz de soportar sus explosiones de ira e insultos, que últimamente habían llegado a agresiones físicas. Finalmente, embarazada de 5 meses, se había divorciado de Jorge y pedido la custodia de su hijo por nacer, la que un juez le había concedido.

Jorge estaba destruido cuando acudió a pedirme ayuda. Su matrimonio deshecho, y él cada vez más dependiente de las drogas y el alcohol. Incapaz de hacer nada productivo, se sentía atrapado en un callejón sin salida. Su padre era dueño de varios negocios y disfrutaba de una excelente posición económica. Lo había internado en clínicas especializadas en tratamientos contra la dependencia del alcohol y las drogas, pero los resultados resultaron efectivos sólo a corto plazo, y al cabo de un tiempo, el hijo volvía a sus antiguos hábitos.

Según sus propias palabras, su ex esposa era una santa. Una mujer fiel, abnegada y amorosa, y él se sentía arrepentido por haberla tratado mal. Pero cuando bebía o usaba drogas (cocaína principalmente) perdía completamente el control. Comenzó a usar la droga en la escuela, siendo adolescente, y nunca había logrado apartarse de ella por completo, aunque había pasado por etapas de abstención parcial. Se hizo adicto al alcohol para tratar de olvidar las desgracias que le habían acarreado las drogas, con lo que creó otra dependencia más.

Luego de las pruebas preliminares, comencé a conversar con Jorge para definir sus motivaciones. Así pude saber que había comenzado a usar la cocaína en sus primeras experiencias sexuales con chicas en la escuela. Llegó a depender tanto de ella que no podía tener sexo con ninguna mujer sin usar la cocaína. El uso de esta droga llegaba a producirle un placer físico tan intenso que en ocasiones no precisaba siquiera de una compañera para disfrutar un placer sexual de gran intensidad.

Su alcoholismo se circunscribía a la cerveza, de la que consumía varios vasos al día, hasta quedar usualmente embriagado. Consciente de la miseria en que había hundido su vida, la embriaguez de la cerveza le hacía olvidar momentáneamente sus desgracias. Huérfano de madre desde muy pequeño, la familia se había apartado de él y lo repudiaba por borracho y drogadicto. Sólo su padre continuaba apoyándolo y tratando de ayudarlo.

El caso no era fácil, ya que una doble dependencia de la droga y el alcohol presenta enormes dificultades para erradicarlas. El aspecto positivo del caso era que Jorge realmente deseaba con todas sus fuerzas escapar del infierno en que había convertido su vida. En todo tratamiento hipnoterapéutico, resulta imprescindible que el sujeto realmente desee obtener el resultado propuesto.

De sobra conocido es el hecho de que no se le puede quitar algo a alguien sin darle algo a cambio, o sin dejarle un remplazo de algún tipo. En este caso, decidí que lo más difícil e inmediato era romper la dependencia a la cocaína, y dejar para un segundo término su uso del alcohol. El primer paso lógico para alejar a alguien de algo es eliminar la atracción. Nos sentimos atraídos a lo que es placentero. Salvo casos de masoquismo, si algo deja de ser placentero, nos apartamos de lo que ya no nos produce placer.

De acuerdo con este concepto, comencé a convertir la cocaína en algo que no solamente ya no producía placer, sino sensaciones desagradables. Al estar fuertemente asociada con la actividad sexual, la relacioné en el subconsciente de Jorge con una completa impotencia. Usar la droga, equivalía entonces a la imposibilidad de efectuar el acto sexual. Para reforzar el efecto negativo del uso de la droga, creé en su subconsciente la seguridad de sufrir anorgasmia (imposibilidad de eyacular) cada vez que usara la cocaína.

Más allá de los efectos puramente relacionados con los órganos sexuales, es sabido que la cocaína, que en un principio aumenta la liberación de dopamina (el agente que crea la sensación de placer en el cerebro), cambia completamente la forma en que esta actúa, con el uso continuado de la droga. Mientras menos placer experimenta el sujeto, más cantidad de droga necesita para experimentarlo, y mientras más droga usa, menos dopamina produce el cerebro y menos placer experimenta. Esto conduce a una espiral en la que cada vez el adicto necesita más y más cocaína para experimentar el mismo nivel de placer que experimentaba al principio, hasta destruir su salud y eventualmente perder la vida, por causas directas o relacionadas con el consumo de la droga.

En eso consistió la primera parte del tratamiento; privar al sujeto totalmente de los efectos placenteros de usar la droga. Al privarle de los efectos placenteros, se creaban los efectos opuestos, es decir, los efectos desagradables de usarla, tales como la impotencia y anorgasmia. Las primeras 6 sesiones fueron por completo dedicadas a este fin. Una vez logrado, es decir, una vez que el uso de la droga no producía placer, sino efectos desagradables, resultaba urgente crear una especie de recompensa o gratificación por no usar la cocaína. Las siguiente 4 sesiones fueron para arraigar profundamente en el subconsciente de Jorge la idea de que al no usar la droga, la impotencia desaparecería totalmente, al igual que la anorgasmia, y el placer sexual inexistente anteriormente, sería incluso mucho más intenso.

Dado que Jorge había tenido sus primeros encuentros con la cocaína en su adolescencia, y tenía 28 años cuando decidió acudir a mí para que le ayudara, no cabía duda alguna de que su cuerpo había sufrido los efectos continuados del uso de la droga. Aunque solamente durante los dos últimos años había usado cocaína en cantidades apreciables, el uso cumulativo de la misma tenía por fuerza que haber deteriorado su cuerpo, y así era en realidad.

Jorge padecía de deficiencias de memoria y a no dudarlo se arriesgaba a una embolia cerebral en cualquier momento, debido entre otros factores a la vasoconstricción que la droga produce en las venas del cerebro. Pero Jorge también estaba expuesto a otros peligros, desde el agrandamiento de su músculo cardíaco o latidos irregulares hasta un ataque coronario, y era urgente por tanto que recibiera tratamiento paralelo de un médico competente. Logré convencerlo de que era crucial que recibiera tratamiento médico y finalmente aceptó acudir a un médico amigo al que lo encaminé. Este médico, al que había transferido anteriormente otros pacientes que precisaban cuidados de ese tipo, era de mente abierta, muy experimentado y se sentía cómodo de trabajar en equipo con un hipnoterapeuta.

Puse al tanto a mi amigo médico de los pormenores del caso, y una vez que obtuve el consentimiento escrito de Jorge, le remití todos los documentos de las pruebas, resultados de las sesiones, desarrollo de las terapias, etc. A su vez, el médico convino en hacer lo mismo y ponerme al tanto de cualquier hallazgo médico o clínico que encontrara en Jorge. Obviamente, sus primeros cuidados consistirían en someter a Jorge a todo tipo de análisis y pruebas para determinar el efecto fisiológico o los daños reales causados por la droga en su cuerpo.

Las siguientes sesiones de hipnoterapia se concentraron en aumentar el rechazo al uso de la droga. Para ello, utilicé un conjunto de sugestiones sobre efectos desagradables causados por el uso de ella. Por supuesto, tuve buen cuidado en aclarar al sujeto que todas las sensaciones desagradables que experimentaría tendrían lugar solamente en su mente, sin manifestaciones reales en su cuerpo. Las cosas desagradables las sentiría *como si* estuvieran realmente sucediendo. Dichas sensaciones incluirían malestar generalizado, náuseas, etc. Además, acudirían a su mente imágenes muy claras en las que se vería a sí mismo muriendo por efecto del consumo de drogas.

Como contrapartida a estas sensaciones creadas por el consumo de la cocaína *o cualquier otra droga ilegal,* la abstención de las mismas le crearía sensaciones extremadamente placenteras, gran sensación de bienestar, alegría y optimismo, fuerza física, excelente desempeño sexual, etc. Al mismo tiempo, en su mente se formarían imágenes agradables en la que se vería a sí mismo viviendo una vida feliz y llena de actividades positivas. Por supuesto, las imágenes sólo se formarían en su mente durante el sueño o en momentos en los cuáles no requeriría su atención, como al manejar un vehículo u operar herramientas o maquinarias. Igualmente, no serían imágenes de tipo alucinatorio, sino del tipo de recuerdos o asociaciones imaginativas.

Al ir disminuyendo su dependencia de las drogas, Jorge aumentó su consumo alcohólico, aunque yo ya contaba con eso. La segunda parte del tratamiento consistiría, precisamente, en apartarle del consumo del alcohol, pero primero era necesario cortar totalmente su dependencia de las drogas. Varias sesiones más adelante, cuando fuera el momento preciso, despertaría en él un fuerte deseo de hacer ejercicios físicos, como trotar, usar máquinas de gimnasia, caminar por praderas y sitios naturales, etc. Todo esto le ayudaría a eliminar de su cuerpo los rastros de la droga y así desintoxicar su organismo.

Como tantas veces he repetido, nadie sabe lo que la hipnosis realmente es. Pero sí puedo decir que es algo increíble que tiene que ver con las facultades más elevadas del hombre: su mente poderosa de la que sólo conocemos un pequeño porcentaje. Las posibilidades resultan ilimitadas.

En estado sonambúlico profundo, llevé a Jorge a los estados más indescriptibles de placer y felicidad al apartarse de la droga, y a los más desagradables y miserables al pensar sólo en usarla de nuevo. Para la costumbre mecánica de poner la droga en un papel o platillo y aspirarla, sugerí que obtendría el mismo resultado si olía su frasco de colonia. Por supuesto, una vez alejado completamente de la droga, borrados sus recuerdos del uso de la misma, también eliminaría la falsa dependencia de tener que oler el frasco de colonia para remplazar la costumbre de oler la cocaína.

Apartar a alguien del uso de drogas tales como la cocaína, el opio o el "éxtasis", no es tarea fácil, como puede atestiguar cualquier médico, trabajador social o psicólogo. Pero mientras estos profesionales trabajan, unos con medicamentos químicos y otros con diagnósticos mentales que no logran en realidad cambiar la dependencia irracional a la droga, la combinación de diversos factores puede lograrlo. No cabe duda alguna de que ciertos medicamentos pueden ayudar enormemente a alejarse de las drogas, al menos temporalmente, pero infelizmente, el recuerdo y la costumbre o dependencia fuertemente arraigada en el subconsciente, asociada con el falso placer conocido y el temor a una prometida solución desconocida y no comprendida, hacen que en la mayor parte de los casos, los drogadictos regresen al uso de los tóxicos que terminarán matándole.

Resulta discutible si el centro del placer está simplemente en el cerebro o en la mente, en este caso subconsciente, puesto que el placer no depende del análisis ni de la capacidad racional asociativa. El placer no necesita ser comparado con nada, a diferencia de otras sensaciones que dependen de otros mecanismos. Igualmente, no necesita ser "comprendido" o "razonado", sino simplemente experimentado. Si aceptamos que se trata de un proceso irracional y primitivo, comparable a los procesos primarios de la mente arcaica, comprenderemos por qué resulta casi siempre imposible erradicar el uso de la droga a quienes llevan demasiado tiempo en ella, especialmente si el cerebro se ha deteriorado y con ello la capacidad del consciente de comunicarse con la mente subconsciente.

El niño que ha tratado de poner su mano en la llama o en un objeto al rojo vivo, no lo hará de nuevo por un proceso asociativo que le recuerda el dolor experimentado la primera vez que lo hizo. Pero el dolor en sí, la terrible sensación de la quemadura inicial no necesitaba de proceso mental alguno, puesto que las reacciones primitivas relacionadas con la lucha o la huida son procesos vitales de supervivencia de la mente arcaica del hombre. Igualmente lo es el placer, que en el plano sexual ha hecho posible la continuidad de la raza humana y de otras especies.

Manipular el placer, el temor y las sensaciones de dolor y alegría, así como reacciones puramente fisiológicas, sólo resulta posible mediante el uso de fármacos o de la hipnosis. El efecto de los fármacos termina con el uso de los mismos, sin mencionar que muchos de ellos tienen efectos secundarios temibles. Sin embargo, usados con discreción, y combinados con el uso de la hipnosis, pueden ser de gran ayuda para quienes deseen apartarse del uso de las drogas. La Naloxona y otros fármacos se han usado con moderado éxito para combatir ciertas drogas.

Cabe mencionar aquí que aquellos que han tenido la desgracia de caer en la trampa de la drogadicción, pueden encontrarse en distintas etapas de la misma. Para propósitos de referencia, nos referiremos al nivel 1, 2,3 y 4. El primer nivel corresponde al principio de adicción a la droga y ocurre generalmente en la adolescencia. En muy pocos casos se mantiene este nivel al llegar a plena edad adulta, y casi siempre el adicto va consumiendo cada vez cantidades mayores de la droga, por el mecanismo que ya hemos explicado anteriormente, válido para toda materia tóxica que el cuerpo trata de neutralizar.

En este nivel, el adolescente comienza a usar las drogas para "probar", o para imitar a adultos que la consumen, o porque la mayor parte de sus amigos o compañeros de escuela la usan. Aún no se ha creado dependencia ni fuertes lazos conceptuales con la droga y resulta fácil alejar al sujeto de su uso si se le aparta de aquellos que la usan y la familia le ayuda y brinda su apoyo. En casos raros, hay adultos que también comienzan a "probar" la droga en esta etapa.

En la etapa 2 el adolescente presenta problemas de personalidad y deficiencias en sus estudios, reacciona en forma extraña hacia la familia y comienza a cambiar su personalidad. En esta etapa, usualmente no se han producido aún daños físicos, o éstos son leves y reversibles. Resulta posible apartar al adicto del uso de la droga con alguna facilidad. Infelizmente, muchas familias tienen problemas de adaptación social, alcoholismo o drogadicción, lo que induce al sujeto a continuar usando las drogas como un escape. Si se trata de un adulto procedente de una familia normal, las posibilidades de cura resultan aún mayores que para un adolescente.

En la etapa 3, si ésta se produce al final de la adolescencia, la dependencia de la droga es completa. Si el sujeto aún se encuentra estudiando, en la escuela o universidad, desaprueba sus exámenes, olvida las materias estudiadas o simplemente pierde interés en las mismas y por lo regular abandona los estudios. Si trabaja, comienza a faltar al trabajo, a llegar tarde al mismo o a reducir su rendimiento en forma alarmante. Al perder contacto cada vez más con la familia y amistades habituales, comienza a establecer relaciones de todo tipo con otros usuarios de la droga. Es en esta etapa que el adicto suele irse de la casa o abandonar el trabajo, entrando en una etapa de dificultades económicas que pueden llevarle al delito y a acciones violentas para obtener droga, a la prostitución, al robo y al fraude. El efecto fisiológico de la droga en el cerebro, el corazón y otros órganos comienza a ser severo. En esta etapa resulta extremadamente difícil erradicar la dependencia a la cocaína y otras drogas.

En la etapa 4, los daños físicos y mentales de la droga son tan severos que usualmente resultan irreversibles. El sujeto puede vivir en una comuna de drogadictos y dedicarse a actividades ilegales para subsistir y obtener la droga, o puede vivir como un vagabundo, en un sitio donde estar a salvo bajo los puentes o en edificios o almacenes abandonados. No existen nexos familiares o recuerdos de amistades pasadas. El mundo se limita al consumo de la droga; la alimentación e higiene personal se ignoran parcial o totalmente. La muerte se produce usualmente en esta etapa.

Jorge se encontraba en la segunda etapa cuando comenzamos su tratamiento. Cuatro meses después, había renunciado completamente a las drogas. Su consumo de alcohol había aumentado de unas 4 cervezas diarias a 7. Mi amigo médico comenzó a tratarlo por las secuelas, afortunadamente aún reversibles, causadas por el consumo, y yo comencé la terapia para alejarlo del alcohol.

La terapia para el alcohol resultó más simple, por supuesto, que la anterior, para la cocaína. El padre de Jorge vendió su casa y compró una nueva en un sitio diferente. Jorge dejó de frecuentar a sus amistades que usaban drogas y se dedicó con empeño a tratar de rehacer su vida. Su hijo estaba por nacer y Jorge soñaba con verlo cuando naciera. Este empeño facilitó curarlo del alcoholismo. En la hipnoterapia, conocer cuáles son las motivaciones de los sujetos es lo que conduce al éxito, pues es sobre esa base que debemos trabajar.

En poco más de dos meses, Jorge se liberó completamente de su dependencia del alcohol, comenzó a trotar en los parques, y acudió regularmente a un gimnasio. Tan impresionado quedó con el resultado de los métodos naturales de curación que decidió estudiar homeopatía y acupuntura. Más adelante abrió un centro de medicina natural y vive en compañía de su esposa, con la que se casó nuevamente, y su hijo, que en la actualidad es ya un chico normal y vivaz que obtiene magníficas notas en la escuela.

***

Aníbal T. era un amigo psiquiatra de 56 años. Excelente médico, casado con una ex vendedora de productos de belleza interesada en la medicina natural y la espiritualidad. Aníbal, por el contrario, era un médico "de la vieja guardia". Nada existía fuera de los medicamentos psicotrópicos, ansiolíticos y tranquilizantes. La vida comenzaba con el nacimiento y terminaba con la muerte. Punto. Los médicos que propugnaban la vida en el más allá, la reencarnación y "otras cosas" habían en realidad equivocado sus carreras y debieron haberse dedicado a escribir ciencia ficción.

A pesar de sus puntos de vista tajantemente materialistas y pragmáticos, nos unía una buena amistad, y conversábamos a veces sobre diversos temas, como la política, los descubrimientos científicos, los misterios del universo o la historia. Cuando su esposa comenzaba a mencionar temas como la supervivencia después de la muerte y la conversación giraba en esa dirección, mi amigo psiquiatra guardaba un cortés silencio o se limitaba a comentar de vez en cuando con monosílabos o frases cortas "es posible", "quién sabe", etc.

En una ocasión en la que celebré un taller sobre regresiones, al que acudió numeroso público, lo invité a él y a su esposa a que acudieran al mismo. Ella aceptó encantada, aunque él trató de excusarse y sólo a regañadientes, y para complacer a su mujer, aceptó finalmente acompañarla.

En un taller de regresión, se hace una puesta en trance general, para todos los asistentes, y cada uno queda en libertad absoluta de vivir sus propias experiencias. A nadie se le sugiere ninguna experiencia determinada ni se le guía hacia ninguna vida anterior, específica o no. Solamente se le crean las condiciones necesarias para que cada uno retroceda a vidas anteriores. Por razones de seguridad, se indica durante la puesta en trance, que todo lo que suceda no es real, sino que son cosas que ya han pasado, y que si en cualquier momento alguien quiere terminar la experiencia, podrá hacerlo sólo con desearlo, y despertará inmediatamente. Esto se hace para evitar que situaciones traumáticas puedan afectar la salud o el bienestar de los asistentes. También se pregunta si alguno de los presentes padece o ha padecido alguna vez de epilepsia, en cuyo caso debe abandonar el salón antes de comenzar la experiencia. Igualmente, siempre se coloca en el salón a dos o tres ayudantes que observan a los asistentes en trance para detectar cualquier posible problema.

En experiencias grupales de este tipo, siempre hay una parte de los asistentes que no logra entrar en hipnosis, y esto se debe a diferentes razones. La primera de ellas es que el modo ideal de poner en hipnosis a cualquier sujeto es utilizando la inducción adecuada. Para ello es necesario, como hemos explicado anteriormente, hacerle un test de sugestibilidad hipnótica por medio de un formulario, y esto sólo puede hacerse individualmente, por lo que resulta imposible hacerlo para un grupo de 50 ó más personas.

Otra de las razones por las que un sujeto no puede entrar en hipnosis es porque no quiere hacerlo. Muchas personas imaginan que si logran vencer la sugerencia del hipnotista y permanecer despiertos, han demostrado que tienen una mente más fuerte que la de él o ella, y lo consideran como una especie de triunfo personal. Esto es absurdo, pues podrían ahorrarse el costo de la entrada, el viaje y el tiempo, para probar algo como eso. Si se trata de una experiencia como un taller, pierden el tiempo y el dinero. Si se trata de recibir hipnoterapia por un problema psicológico, resistirse a entrar en hipnosis sería como acudir a un médico y negarse luego a tomar las medicinas recetadas. Sin embargo, frecuentemente uno encuentra sujetos que reaccionan de esta manera.

Durante este taller, efectuamos una puesta en trance grupal, de la que formó parte el Dr. Aníbal. Había unas 40 o 50 personas en el público y la mayoría de ellas entraron en hipnosis, probablemente en nivel cataléptico, a juzgar por sus cabezas inclinadas sobre el pecho. Como era previsible, algunas permanecieron completamente despiertas y dimos comienzo al experimento guiado. Al cabo de algunos minutos, cuando terminó el período de inducción y guía, dejamos que cada asistente comenzara a vivir sus propias experiencias. La mayor parte de ellos lo hicieron sin indicios visibles de problemas. En algunos casos, la respiración se hacía más profunda o más raramente entrecortada o ansiosa, pero hubo un par de casos que requirieron intervención inmediata. Uno de ellos el Dr. Aníbal.

Uno de mis ayudantes en el taller, me hizo señas de que acudiera rápidamente a donde estaba sentado el médico, y al hacerlo, comprobé que parecía estarse asfixiando y se agarraba el cuello con ambas manos. Justo cuando iba a tratar de despertarlo, despertó por sí solo, mirando alrededor como si no comprendiera dónde se encontraba. Respiraba afanosamente y continuaba con las manos en el cuello. Le pregunté en voz baja qué le sucedía y tardó unos instantes en contestar. Al responder lo hizo con voz ronca y lenta y me dijo que luego me contaría. Le dimos a beber agua y le brindamos café, que rechazó.

El segundo caso, una chica joven, sollozaba en silencio en uno de los asientos de la primera fila, mientras una compañera, tal vez una hermana o amiga, trataba de consolarla en voz baja. Les pregunté qué les sucedía y si preferían salir fuera del salón al estacionamiento a respirar aire puro, lo que aceptaron inmediatamente, diciendo que entrarían de nuevo al final de la sesión.

Al cabo de unos 15 minutos, comenzamos a dar instrucciones a los presentes para que regresaran a aquel lugar y momento, guardando un recuerdo claro de todo lo que hubieran experimentado durante el tiempo que duró la regresión. Lentamente, de acuerdo con las sugerencias verbales impartidas, todos comenzaron a despertar, la mayoría de ellos en estado de sorpresa o ligeramente confusos, como si no hubieran comprendido completamente lo que había sucedido. Todos miraban alrededor como para cerciorarse de que realmente estaban allí. Se escucharon muchos suspiros y algunas risitas nerviosas.

Pasados un par de minutos y luego de ofrecer agua y té a todos los que lo quisieran, lo que muchos aceptaron, pedí a todos que nos contaran sus experiencias si así lo deseaban, aclarando que los que no desearan hacerlo, no estaban obligados a ello. Aunque algunos optaron por callar, la mayor parte accedió a contarnos a todos lo que habían experimentado.

La chica que sollozaba regresó al salón más calmada, y le pregunté si quería contarle al resto del grupo por qué había reaccionado de aquel modo. No tuvo inconveniente en hacerlo y comenzó a relatar su experiencia.

Estaba en una especie de celda pequeña, con paredes de piedra… No era yo… como ahora. Era un hombre, y había hecho algo y me habían castigado tirándome allí. Arriba podía ver el cielo, porque había una reja cerrando el agujero por donde me habían tirado allí dentro. Varios hombres se acercaron y miraron dentro. Yo tenía una pierna rota y me dolía terriblemente. Me la partí cuando me tiraron allí dentro...

El techo donde estaba la reja quedaba como a 6 ó 7 pies sobre mi cabeza, y no podía alcanzarlo. Los hombres se marcharon y al cabo de un rato llegaron arrastrando algo muy pesado que colocaron en el suelo al borde de la reja. Cuando lo vi me horroricé, porque era algo redondo y negro, enorme, que estaba humeando. ¡Era aceite hirviendo y me lo iban a tirar encima a través de la reja!
Empecé a gritar pidiendo clemencia mientras ellos manipulaban el caldero, inclinándolo sobre la reja, pero ellos me insultaban y se reían...

¡Dioses, piedad!! Van a freírme vivo.
Traté de pegarme contra la pared de piedra para que no me alcanzara el aceite, pero el primer chorro de él me cayó sobre los pies, asándomelos. Yo saltaba y gritaba y pedía que me mataran enseguida, pero ellos siguieron echando el aceite que me fue cayendo en la cabeza, en los brazos, hasta que ya no pude moverme y caí al suelo y ellos siguieron echando aceite hasta que ya nada sentía y todo se hizo negro.

En este punto, la chica comenzó a sollozar. Cuando su compañera logró calmarla, le pregunté qué había sucedido después. Pareció recordar y me dijo que había "logrado salir" del pozo y veía "desde arriba" a los hombres inclinados sobre la reja mirando el cuerpo retorcido y quemado que había en el fondo del pozo. Cuando le pregunté cómo había logrado salir del pozo, no supo contestarme. Pareció confusa y luego dijo que probablemente porque ya estaba muerta.

Muchos otros participantes contaron sus experiencias. Por supuesto, no faltaron las falsas regresiones en las que algunos participantes dijeron haber sido personajes famosos en otras vidas. Hubo un par de Cleopatras, un general Custer y un Maestro Ascendido sin identificar, tan evolucionado que "sabía que esa era su última encarnación".

Todo hipnoterapeuta o psicólogo que haya utilizado la hipnosis y las regresiones, se ha encontrado en algún momento con sujetos que no han entrado realmente en hipnosis o no han pasado más allá del primer estadio, en los cuáles el ego crea personajes ficticios de fama histórica. Esto no quiere decir que en casos raros, el sujeto regresado no haya sido en realidad un personaje histórico famoso, pero por regla general el hipnotista desconfía de tales "recuerdos", los cuáles usualmente son fáciles de descubrir como falsos, cuando el supuesto personaje no puede describir momentos importantes de su vida o demuestra un nivel de inteligencia o cultura muy por debajo del que tal persona tuvo en vida.

No todas las experiencias que narraron los asistentes fueron traumáticas, o no tan terribles como aquellas. Hubo recuerdos de vidas anteriores como marinos, mercaderes, esclavos, soldados, monjes, comerciantes, ciudadanos comunes, delincuentes y prostitutas. Muchos murieron de muerte natural por edad o a causa de enfermedades, y algunas experiencias fueron más definidas y detalladas que otras. Un par de asistentes dijeron no haber experimentado absolutamente nada.

En cuanto a mi amigo el psiquiatra, fue la sorpresa de la sesión. Cuando le pedí si quería referirnos su experiencia, empezó a narrarla de este modo:

"Quiero comenzar diciendo que soy médico. Soy psiquiatra y conozco el cerebro y la mente humana en su totalidad…

Puedo diferenciar una ilusión o una alucinación de otro tipo de imágenes.

Además, afortunadamente, no soy esquizofrénico ni paranoico, y no sufro de alucinaciones (Risas).

Puedo afirmar categóricamente que lo que experimenté fue algo tan real que no encuentro palabras para describirlo…

Yo estaba en algún lugar del antiguo oeste de los Estados Unidos. Había ganado y pastos. Yo estaba sobre un caballo y me habían amarrado los brazos… Iban a ahorcarme, acusándome de cuatrero, pero yo era inocente y no había robado ganado alguno.

De pronto sentí un tirón cuando hicieron correr al caballo y me encontré colgando del cuello en el aire, el dolor era horrible y quería respirar y no podía. Sentí que la cabeza se me iba a reventar... (se tocó el cuello) Todavía me duele el cuello.

Varios de los asistentes comenzaron a hacerle preguntas. Por tratarse de un médico, y por ende psiquiatra, su narración revestía un interés especial para todos. Todos querían saber su opinión profesional y las experiencias de los otros asistentes quedaron relegadas a un segundo término durante algunos minutos. El Dr. Aníbal trató de responder a todos, y al final resumió su experiencia con estas palabras:

Como médico psiquiatra, puedo decir que esto no fue una imaginación ni una alucinación. Por supuesto no fue un recuerdo, pues nunca me ahorcaron antes, al menos en esta vida (Risas)... Es como, estar viviendo realmente todo, es... estar allí. Es estar viviendo todo realmente.
No puedo asegurar que esté convencido de que se trataba de una vida pasada o de que la reencarnación sea un hecho, pero sí puedo decir que ya no me atrevo a negar que esa posibilidad exista.

La sesión duró mucho más de lo esperado, y todos querían contar sus experiencias. Pero sin duda alguna, la más importante fue la de mi amigo psiquiatra, que días después, cuando fui a visitarlo, me confió que había comenzado a leer literatura médica e histórica sobre los encuentros cercanos con la muerte (ECM), la reencarnación, etc. Tan impresionado quedó por su propia experiencia que ya no definía a sus colegas médicos que habían escrito libros sobre los ECM o la reencarnación como "escritores de ciencia ficción", y a partir de ese momento frecuentemente me llamaba para hacerme preguntas sobre la hipnoterapia y la regresión a vidas pasadas.

***

Marisol T. era la clásica ejecutiva auto suficiente. Llegó una tarde, vestida con un sobrio traje de dos piezas y un maletín ejecutivo en la mano, el pelo recogido en la nuca y un aire de impaciencia notable. Con otro peinado y una expresión más relajada, pudiera haberse dicho que era bonita. Todo su aspecto era sobrio y elegante, aunque poco femenino. Tomó asiento frente a mí mirando a cada momento su reloj de pulsera en la muñeca. Cuando le pregunté el motivo de su visita, sus palabras fueron:

"¿Cuánto tiempo tardará esto? No tengo mucho tiempo, soy una mujer muy ocupada"

Aquello no dejó de divertirme, y haciendo un esfuerzo para no sonreír, le respondí que en primer lugar, no sabía siquiera el motivo de su visita, y eso era lo primero que debería decirme.

"Es muy largo de contar, y no dispongo de mucho tiempo. Por eso quiero saber si esto demora mucho. Ni siquiera sé si dará resultado. Soy muy escéptica, ¿sabe?"

En ese punto, le dije que si tenía tanta prisa sería mejor que regresara en otro momento en que dispusiera de tiempo. Le aclaré además que la hipnoterapia era un método princi-palmente de relajación, antes de poder entrar a la hipnosis propiamente dicha. No podría decirle si una primera sesión tardaría una hora o más, pero a menos que dispusiera de un mínimo de una hora, sería inútil intentar nada.
Cuando mencioné una hora, en su cara se dibujó un gesto de disgusto.

¡Una hora! ¿Sabe lo que significa eso para mí? Tengo miles de cosas que hacer, no puedo estar fuera de esa oficina tanto tiempo, o todo se hará un caos allí.

Le pregunté si, en el poco probable e infortunado caso en que ella muriera de repente, la oficina tendría que cerrar sus puertas y el negocio terminaría. Me respondió que por supuesto que no, y por primera vez la vi sonreír cuando añadió: *"Pero no pienso morirme por ahora".*

Quedamos en que dispondríamos al menos de una hora para la sesión, sin presiones de ningún tipo. Le pedí que se quitara el reloj de la muñeca y lo guardara en su bolso.

¿Por qué? – me preguntó - ¿Interfiere con la hipnosis tener puesto algo de metal encima?

Le aclaré que no, pero no quería que estuviera continuamente pensando en la hora y en mirar su reloj. Aceptó la sugerencia y lo guardó en la bolsa. Nuevamente me dijo que iba a hacer la prueba, pero no pensaba que pudiera ponerla en hipnosis. La experiencia me ha demostrado que quienes afirman tal cosa suelen ser los sujetos que más profundamente entran en hipnosis. Le propuse un trato: si no lograba ponerla en hipnosis, no tendría que pagar nada por mis honorarios. Pareció sorprendida, pero aceptó enseguida.

Antes de comenzar la puesta en trance, le pregunté el motivo central de su visita y me dijo que la tensión la estaba matando. Que tenía que usar pastillas para dormir y que el exceso de trabajo era demasiado ya para ella. Llenó rápidamente los formularios y pasamos a las pruebas de personalidad, y de ellas a las de sugestibilidad con pase a hipnosis.

(Debo aclarar que esta proposición constituye en sí misma un pequeño truco para propiciar una fácil entrada en hipnosis. El sujeto siente la tentación de resistir con todas sus fuerzas la puesta en trance, para no tener que pagar, pero al mismo tiempo sabe que si no entra en hipnosis, aunque no tenga que pagar por la sesión, no obtendrá beneficio alguno. Este pequeño combate entre la lógica de la mente analítica y el subconsciente aparta la voluntad de enfocarse en impedir la entrada en trance, la que se produce indefectiblemente al cabo de pocos minutos).

Cuando se tendió en el reclinable estaba ya en estado hipnoide ligero, y entró fácilmente al estado cataléptico. Y entonces, tan pronto comencé a sugerirle relajación profunda y facilidad para enfrentar problemas sin perder la calma, comenzó a producirse una catarsis espontánea. Marisol comenzó a sollozar primero y luego a llorar sin consuelo. Le permití que dejara escapar la presión por el llanto y sin despertarla, la calmé lo suficiente para que pudiera comunicarse sin dificultad. Profundicé su estado y comencé a preguntarle.

(HT) Hipnoterapeuta
(M) Marisol

HT -   ¿Por qué llorabas?
M -   Porque por primera vez puedo hacerlo.
HT -   ¿Por qué no puedes llorar? ¿Nunca has llorado?
M -   Oh, sí… Demasiadas veces. Pero me escondo
HT -   ¿Te escondes para llorar?
M -   Tengo que hacerlo
HT -   ¿Por qué tienes que hacerlo?
M -   Porque nadie debe saber lo que realmente siento.
HT -   ¿Por qué?
M -   Todos creen que soy fuerte, una mujer dura, pero no soy así (sollozo).
HT -   ¿Cómo eres?
M -   Como cualquier otra mujer… Quisiera tener hijos, un matrimonio estable, irme a la tienda con las amigas, ser como ellas.
HT -   ¿Y qué te impide hacerlo?
M -   Soy la ejecutiva, la directora de la empresa. Los accionistas confían en mí. Me he hecho una imagen… tengo que mantenerla.
HT -   ¿Y eso es lo que te hace daño?
M -   Sí, eso… Trabajo hasta casi caerme. Resuelvo todos los problemas. Tengo bajo mi mando a muchos empleados… No es fácil.
HT -   ¿Cómo te afecta eso?
M -   Toda mi vida. Perdí mi matrimonio… y un hijo. Estuve embarazada hace años, pero fue un embarazo difícil. Los médicos me dijeron que tenía que descansar y no quise, pues perdería el trabajo.
HT -   Y perdiste a tu hijo.
M -   (Solloza) Sí, y mi matrimonio también. Eduardo nunca me perdonó eso. Fue un caos.

HT - ¿Y por qué no dejas ese trabajo?

M -   ¿Dejarlo? No es fácil conseguir un trabajo así. He llegado muy alto. Me ha costado mucho trabajo llegar ahí. No puedo echarlo todo a rodar.

HT - ¿Y vale la pena tanto sacrificio? ¿No estás cambiando tu felicidad por un buen salario?

M -   No es sólo el dinero. Es... el prestigio, la posición. La respetan a una. No es fácil competir con los hombres en el trabajo. Tienes que ser mejor que ellos y7 demostrarlo, para poder salir adelante. No es fácil.

HT - ¿Y eso te hace feliz?

M -   No, no feliz, pero sí... realizada. Me siento orgullosa de lo que he logrado, y puedo vivir sin depender de nadie.

HT - ¿Siempre ha sido así?

M -   Oh, no, por supuesto... Éramos muy pobres. Mi madre trabajó de criada. No la trataban bien. Mi padre... también trabajaba muy duro y nos quería, pero era alcohólico, Murió y no teníamos dinero ni para enterrarlo.

HT - Y por eso quieres triunfar?

M -   Sí, y ya he triunfado.

HT - Y si ya lo has logrado ¿por qué no vives ahora la vida que quisieras vivir?

M -   No puedo. Es algo que se le mete a una en la sangre. Cuando has vivido a sí antes, y luego... luego pensar en renunciar a todo...

HT - ¿Qué quieres hacer?

M -   Quiero ser feliz. Sólo eso.

HT - Pero sabes que no puedes serlo como hasta ahora. Tienes que renunciar a algunas cosas.

M -   Sí, lo sé.

HT - ¿Quisieras rehacer tu vida? ¿Casarte? ¿Tener hijos?

M -   Más que nada en el mundo.

HT - ¿Podrías encontrar otro trabajo menos absorbente, que te dejara tiempo para ti misma y te permitiera ser lo que quieres ser?

M -   Tal vez.. Tengo mucha experiencia administrando empresas. Pero ese trabajo sería igual en otra parte. Administrar una empresa es esclavizarse en ella.

HT -   ¿Y si no fuera dirigiendo una empresa? Quizá un trabajo menos importante.

M -   Bueno, sí. Después de haber dirigido empresas una puede hacer cualquier cosa menos complicada.

HT -   ¿Lo harías?

M -   Quisiera poder hacerlo, pero... Ganaría mucho menos. Y dependería de un jefe. No quiero eso.

Decidí terminar la sesión puesto que ya quedaba en claro la base misma del problema de Marisol. Se trataba simplemente de un conflicto entre lo que era y lo que quería ser, de una guerra interior que la dividía. Bajo la apariencia impersonal y estólida de la ejecutiva perfecta, había una mujer sensible que para triunfar había tenido que dejar de ser ella misma. Y le aterraba perder el terreno ganado, la posición conquistada con sacrificio.

Al despertarla, quedó como tratando de ajustarse a la nueva realidad de haberse quitado la máscara diaria, permaneció en silencio unos instantes y luego volvió a sollozar. Le ofrecí una taza de café que aceptó y la dejé hablar sin preguntarle nada.

Marisol comenzó luego a hablar más relajada. La expresión de su rostro había cambiado, se había suavizado. Hablaba más pausadamente. Se soltó el cabello, recogido en la nuca y sacudió la cabeza. Tenía un hermoso cabello.

Me contó detalles adicionales de su vida, de su niñez y de su juventud. Pero lo más importante que me dijo era que hacía muchos años que no había llorado, y le había hecho bien llorar. Jamás hubiera podido hacerlo en su oficina, ni en casa de sus hermanos siquiera. Estaba aferrada a su imagen de mujer exitosa, siempre en control de su vida y sus emociones. Pero allí, tendida en el reclinable en mi oficina, se sentía en un terreno neutral, y por primera vez en muchos años pudo ser ella misma. Pudo ser, simplemente, una mujer. Una mujer como otras, capaz de sentirse débil, vulnerable, femenina. Capaz de soñar con hijos y relaciones, sin la máscara de insensibilidad y rigidez que día tras día escondía su verdadera personalidad.

El resto del tratamiento fue fácil. Todo consistió en darle la fuerza de voluntad necesaria para romper con su falsa personalidad y aceptar cambios en su vida. Al cabo de unas pocas sesiones, comenzó a buscar otro trabajo que le permitiera tener una vida más personal. Lo encontró rápidamente, debido a sus calificaciones y experiencia, y aunque no ganaba lo mismo que en su trabajo ejecutivo anterior, tenía un buen salario. Su estilo de vida también cambió totalmente. Comenzó a dedicar más tiempo a su aspecto. Se maquillaba, cuidaba su pelo, se pintaba las uñas. Comenzó a hacer amistades.

Un par de años después de terminar su última visita, Marisol me hizo una visita de cortesía. Venía acompañada por un hombre jovial y elegantemente vestido al que me presentó como su prometido. Pensaban casarse a fines de ese año y hablaban de tener un par de hijos. Un final feliz para un caso que, infelizmente, resulta muy común en nuestros tiempos.

***

¿Es posible tener recuerdos no humanos en una regresión? Por extraño que parezca, es posible, y fue uno de los casos más extraños que tuve jamás. La señora Ellen W. resultó una magnífica sujeto hipnótica y durante un período de varios meses tuvo varias regresiones, todas ellas convincentes. Se trató de la persona que más regresiones tuvo de todas las que regresé a lo largo de los años. Más de 35 diferentes vidas fueron apareciendo a lo largo de varios meses. Algunas, vidas muy antiguas, prácticamente hasta los albores de la civilización. Muchas de ellas insulsas e intrascendentes, otras de mayor importancia, pero la más sorprendente de todas fue la última de ellas, que fue en realidad, en términos evolutivos, una vida o existencia en este mundo, *antes de existir como un ser humano*.

Acepto de antemano que lo referente a este caso puede ser altamente polémico y discutible, por lo que primero me referiré al caso en sí y posteriormente discutiremos todas sus implicaciones. En el caso a que me refiero, una vez en estado sonambúlico, y puesto que ya habíamos explorado más de 35 vidas anteriores, le pedí regresar a la vida más antigua que pudiera recordar.

HT -   El tiempo es como un torbellino. Nada importan las horas ni los años, ni los siglos ni los milenios. Podrá moverse en

273

el tiempo y retroceder no importa cuánto, hasta llegar al primer recuerdo.

E -   (Asiente con la cabeza)

HT-   Ahora comienza a moverse en el tiempo…. Al año pasado, al siglo pasado, a mil años   antes…. Y sigue, y sigue retrocediendo. Su mente infinita no tiene la limitación de su cuerpo.

E -   (Respira profundamente)

HT-   Retrocediendo… Retrocediendo… Hasta llegar al primer recuerdo.

E -   (Silencio)

HT-   Al contar 5, estará ya en ese momento. Uno.., dos.., tres.., cuatro.., y cinco.

E -   (Se estremece ligeramente)

HT-   Ya está allí… ¿Dónde se encuentra?

E -   (Silencio)

HT-   ¿Puede ver dónde se encuentra?

E -   (Silencio)

HT-   ¿No puede hablar?

E -   (Responde que no, moviendo la cabeza)

HT-   ¿Es muda?

E -   (Mueve la cabeza ligeramente)

HT-   ¿No tiene lengua?

E -   (Silencio)

HT-   ¿No puede hacer ningún sonido?

E -   (Asiente con la cabeza, y a continuación hace un extraño sonido que me pone la carne de gallina, porque nunca he escuchado nada semejante. Parece algo metálico, extraño. Me recuerda el sonido de las ballenas bajo el agua, pero más agudo y angustioso)

HT-   ¿Qué está pasando ahora?

E -   (Se mueve intranquila)

HT -   ¿Está en una montaña o un valle?

E -   (Niega con la cabeza)

HT -   ¿Está en el mar?

E -   (Asiente)

HT -   ¿Se siente bien?

E -   (Niega)

HT -   ¿Está sucediendo algo?
E   (Asiente y se mueve inquieta)
HT -   ¿Algo malo?
E -   (Asiente, cada vez más intranquila, como con temor.
        Nuevamente produce ese extraño sonido)
HT -   ¿Está en peligro?
E -   (No responde, pero comienza a moverse y abre la boca y
        los ojos con expresión de terror. Decido despertarla)

Cuando la despierto, tengo que darle un vaso de agua. Y entonces, me describe, aterrada, lo que sucedía.

"No podía hablar" – me dice – No tenía habla. Vivía en el mar. Era… algo que vivía bajo el agua. Nadaba, no caminaba. No tenía brazos ni piernas. ¡Era… un animal, algo que vivía en el agua!

Le pregunto por el motivo de su terror.

"Había un animal muy grande que me perseguía para comerme" – Me explica – "Yo nadaba rápido, tratando de escapar, pero aquello era enorme y más rápido que yo, y al final abrió la boca y… ¡Gracias a Dios que me despertó!"

Esta fue tal vez la más extraña de todas las regresiones que jamás hice. Nunca nadie había logrado retroceder tanto en el tiempo. Estos fueron los hechos escuetos. Ahora, veamos las implicaciones de los mismos.

Aunque algunas sectas hindúes creen posible la transmigración, la inmensa mayoría de quienes aceptan la teoría de la regresión, ya sea por razones religiosas, filosóficas o incluso científicas, rechazan la posibilidad de que una persona pueda reencarnar como un animal. Este caso, sin embargo no pertenece a dicha categoría, puesto que no se trata de una persona que reencarna en un animal, sino precisamente lo opuesto.

En términos generales, los reencarnacionistas piensan, al igual que los evolucionistas, que siempre se avanza hacia adelante y que el fin de la evolución es alcanzar la mayor perfección posible. Tanto en el plano biológico como espiritual, las almas en un caso, y las formas de vida en el otro, van adquiriendo experiencias y se van adaptando para sobrevivir, en el caso de las especies, o se van perfeccionando y decantando en el caso de los humanos, hasta ir eliminando sus defectos y avanzando hacia la perfección.

En la teoría de la evolución de Darwin, las especies se transforman de acuerdo al medio ambiente. Y las que no se adaptan y se transforman, desaparecen. Pero siempre avanzan, no retroceden. Hoy día se acepta que el único caso en que una especie pudiera retroceder sería por mutación, pero aun así, su capacidad de adaptación decidiría su supervivencia o su extinción. La premisa básica, por tanto, es que la evolución siempre se manifiesta como avance, nunca como retroceso.

La teoría reencarnacionista más aceptada postula igualmente que las almas reencarnan buscando la perfección y en cada vida aprenden lecciones, muchas veces dolorosas y terribles, de acuerdo con el karma que hayan creado. Pero siempre reencarnarán como personas, nunca como animales. Las almas avanzan hacia niveles superiores, no retroceden nunca. El karma acumulado puede hacer que una persona sea sana en esta vida, reencarne en la próxima como un ciego, o como alguien con deformaciones físicas, si debe aprender una lección de esa manera. Sin embargo, ello no significa un retroceso, pues el avance se refiere siempre al alma y no al cuerpo. Si bien el nuevo cuerpo puede ser mucho más deficiente e imperfecto que el anterior, el alma se estará perfeccionando y avanzando por medio de esas experiencias. En otras palabras, tanto la reencarnación como la evolución, se mueven siempre hacia delante, no retroceden nunca.

¿Cómo puede explicarse entonces una regresión como la descrita anteriormente? Veamos las dos formas paralelas en que se mueven ambas teorías. La evolución de las especies de Darwin nos habla de cómo una forma de vida se va transformando a formas más complejas y adaptables al medio ambiente: un organismo unicelular se convierte en formas multicelulares y éstas en seres más complejos aún, hasta formas de vidas más definidas como animales acuáticos, anfibios, reptiles, etc. Antes de que los dinosaurios fueran dueños del planeta, existieron desde el período cámbrico formas de vida multicelulares extremadamente simples, que dieron paso a otras más complejas como los trilobites. Así se fue produciendo la transformación de la vida hasta llegar a los dinosaurios y luego de la extinción de éstos, a los mamíferos, primates y por último a los homínidos, hasta llegar al hombre.

La evolución anteriormente descrita es lineal y genética, absolutamente biológica y material. La evolución espiritual teórica es paralela a la darwiniana, pero en vez de las especies convertirse o transformarse en otras, es el alma o principio vital, lo que evoluciona sin cambiar su esencia. Es decir, la primera manifestación de vida física de nuestra alma fue como un organismo unicelular, luego, fuimos organismos multicelulares y así, pasando de una especie a otra, el alma primigenia fue evolucionando, reencarnando en formas de vida cada vez más desarrolladas, adquiriendo más conocimiento y poder, más experiencia de vida. Pero, al igual que en la evolución darwiniana las especies no dan un salto atrás salvo por una mutación provocada por agentes externos desconocidos, en la evolución espiritual, el alma del hombre, una vez que ha alcanzado ese estado, nunca retrocede para encarnar en un animal.

En otras palabras, de acuerdo a ese enfoque reencarnacionista, hemos sido organismos unicelulares, peces, anfibios, primates, etc., hasta llegar al hombre. Pero en ese avance hacia delante no hay regreso posible. Una vez que fuimos seres humanos, jamás regresamos a la forma animal. Podemos reencarnar como humanos más o menos perfectos, físicamente hablando, pero una vez que el alma ha alcanzado el nivel humano, sólo puede continuar avanzando hacia un mayor desarrollo.

En el recorrido hacia la perfección, cuando una forma viva alcanza el máximo desarrollo posible dentro de su especie, pasa a una forma de vida más evolucionada. Así por ejemplo, una vez que un insecto ha llegado al máximo desarrollo posible como insecto, encarna quizá en un pez, y cuando éste a su vez encarna en el más avanzado de todos los peces, encarna en un mamífero, etc., y así hasta llegar a ser delfines, perros y especies animales altamente inteligentes, las que eventualmente, siguiendo esta línea de desarrollo, comienzan a encarnar en humanos, cada vez más inteligentes y espiritualmente evolucionados.

Dentro de esta teoría, la base misma de ella es que los animales tienen alma y reencarnan, cada uno dentro de su especie hasta pasar a especies más avanzadas, lo que equivale a decir también almas más avanzadas.

No es el propósito de esta obra analizar complejas teorías metafísicas, y si hemos mencionado brevemente las mismas ha sido en relación con el curioso caso mencionado anteriormente, en que alguien que había recordado muchas vidas anteriores en forma humana, fue remontándose cada vez más en el pasado a vidas más arcaicas y civilizaciones más primitivas, hasta llegar a una vida no humana. Dejo en manos del lector sacar sus propias conclusiones.

***

Vanessa tenía una linda cara, pero estaba pasada de peso. Acudió a mí con una casi total ausencia de auto estima, insomnio y problemas conyugales que la tenían al borde del divorcio. Años atrás había trabajado como azafata de una conocida aerolínea internacional. Era un excelente trabajo, viajaba y conocía otros países, ganaba un buen salario. Su marido, era maestro de una escuela superior y vivía rodeado de libros. Asistía a numerosas conferencias, aparentemente para llenar el vacío de la ausencia de su mujer, a la que apenas veía, ya que estaba siempre viajando a diferentes países.

No obstante, su matrimonio continuó, compraron un lindo apartamento y empezaron considerar la idea de tener al menos un hijo. Según Vanessa, Carlos, su marido, era un hombre bueno, comprensivo y no tenía quejas sobre él. Se dedicaba de lleno a su trabajo, no fumaba ni bebía y comprendía que el trabajo de ella la obligaba a disponer de muy poco tiempo para estar juntos. Varias veces, consideraron que ella cambiara de trabajo, para poder tener más tiempo para ellos, y pensar en que ella pudiera embarazarse. Pero justo entonces, algo con lo que no contaban comenzó a cambiar todos los planes.

Vanessa comenzó a engordar. Su carácter también comenzó a cambiar. Se hizo más introvertida y poco comunicativa. Sonreía poco, dormía mal y se sentía siempre cansada. Acudió a los médicos, y éstos no detectaron nada anormal, excepto su presión arterial un poco alta, para lo que comenzó a tomar un medicamento ligero. Su metabolismo no estaba totalmente normal, pero no era nada alarmante. Las pruebas de tiroides y endocrinológicas resultaron prácticamente normales. Pero ella seguía engordando.

Surgieron problemas conyugales, que empeoraron, y la mujer comenzó a sufrir depresiones, insomnio e irritabilidad. Se reconocía culpable de las tensiones en su matrimonio, y aunque traté de descubrir la causa real de su sentimiento de culpa, ella evitaba cuidadosamente referirse al mismo. Daba excusas o mencionaba motivos que claramente no estaban relacionados con la causa real, por lo que comencé a sospechar que había algo mucho más importante que ocultaba y sólo podría descubrir al ponerla bajo hipnosis.

A bordo de los aviones comía muy poco, y en la casa decía ser cuidadosa con su dieta. No disponía de tiempo para ir a un gimnasio, pero compró una estera rodante eléctrica para hacer ejercicio en la casa. Sin embargo, siguió engordando. Y llegó el momento en que su figura sobrepasó los límites de los estándares establecidos por las aerolíneas para el personal de viaje. Pesaba demasiado, y aunque varias veces sus jefes le advirtieron que no podía continuar engordando si quería conservar su trabajo, ella siguió aumentando de peso, hasta que la despidieron de su trabajo como aeromoza.

Obviamente, la pérdida de su trabajo creó un caos económico inicial. Pero Vanessa pareció alegrarse de haber perdido su trabajo, y comenzó a buscar otro trabajo. Lo encontró trabajando en una tienda por departamentos, ganando la cuarta parte de lo que ganaba como aeromoza. Sin embargo, pareció satisfecha con el cambio. Se mantuvo en ese trabajo durante varios meses, pero siguió engordando hasta ver como su cuerpo se deformaba. Trató de comenzar una dieta draconiana, pero cada vez que comenzaba una dieta, la dejaba y entonces comía más que cuando la empezaba.

Esa fue su historia. Con esos antecedentes, antes de tratar de regular su *bulimia* (comer excesiva y descontroladamente) necesitaba saber, en primer lugar, qué la motivaba. La hipnoterapia no trata primariamente los efectos de las enfermedades, sino las causas ocultas, las raíces de las mismas, en lo más profundo del subconsciente. Por supuesto que existen enfermedades genéticas, hereditarias y congénitas, pero de ellas se ocupan los médicos, al igual que de las emergencias extremas se ocupan los cirujanos.

La hipnoterapia no compite con la medicina. El hipnoterapeuta no diagnostica, por el contrario, se basa en el diagnóstico del médico, si ello es posible, para comenzar un tratamiento de apoyo basado en el mismo. Otras veces, el diagnóstico médico nos permite eliminar como causas posibles, traumas, fobias y otros problemas de índole psicológica. Cuando se trata de problemas genéticos o congénitos, la hipnosis no resulta usualmente de utilidad. El hipnoterapeuta siempre aconseja al paciente que siga las instrucciones y consejos de su médico y no descontinúe el uso de ningún medicamento recetado por éste. En los raros casos en que un enfermo rechaza por completo los consejos de su médico, tomar las medicinas recetadas o prescinde totalmente de los métodos convencionales terapéuticos, dejamos en claro que el paciente ha tomado esa decisión bajo su propia responsabilidad, contrariamente a nuestro consejo. En tales casos, consideramos que es mejor prestarle asistencia con la hipnoterapia, antes de que no reciba apoyo o tratamiento de ningún tipo.

Dado que no existía ningún diagnóstico médico que justificara su bulimia, comenzamos el tratamiento de hipnoterapia de Vanessa, del modo usual. No resultó un sujeto fácil, pues requirió tres sesiones para llegar a un nivel cataléptico profundo. Las primeras sesiones sólo lograron relajarla y mejorar su sueño. En la tercera sesión, dio comienzo la terapia propiamente dicha. Una vez efectuada la puesta en trance y profundización de la misma, la sesión se desarrolló de la siguiente manera.

HT - Ahora se encuentra completamente relajada. El tiempo nada significa. (Pausa)
HT - Sabe que tiene varios problemas, ¿cierto?
V - Sí.

HT - También sabe que todos ellos se relacionan con su problema de sobrepeso, ¿correcto?

V - Sí, lo sé.

HT - Muy bien, sabe que ha tratado de controlar lo que come, pero no lo ha hecho.

V - Lo sé.

HT - Muy bien, mi pregunta es: ¿quiere realmente bajar de peso?

V - (Silencio)

HT - Repito mi pregunta. Aunque trató de comer menos, ¿no pudo hacerlo porque en el fondo no deseaba bajar de peso?

V - (Se mueve inquieta en el reclinable, pero no responde)

HT - Muy bien, ahora hablo a su mente subconsciente, no a Vanessa. Si la respuesta es "sí" el dedo índice de la mano derecha se levantará por sí solo, sin que la voluntad de Vanessa tenga nada que ver... Al contar 5, la mente subconsciente de Vanessa funcionará en esta sesión, hasta que la despierte, como una entidad separada del resto de ella.

HT - Uno.., dos.., tres.., cuatro.. y cinco.

HT - Mente subconsciente de Vanessa, responderás mis preguntas haciendo mover el dedo índice de la mano derecha de Vanessa si la respuesta es "sí", y dejándolo inmóvil si la respuesta es "no". ¿De acuerdo?

V - (El dedo índice de su mano derecha se levanta

HT - ¿Es cierto que en realidad Vanessa no quiere bajar de peso?

V - (Nuevamente el dedo índice se levanta un instante)

HT - ¿Existe algún motivo especial para que Vanessa no quiera mencionar la causa de no querer bajar de peso?

V - (Nuevamente se levanta el dedo)

HT - Y sin embargo, ella sabe que todos los otros problemas dependen del sobrepeso, ¿correcto?

V - (Responde "sí" con el dedo)

HT - Eso incluye su matrimonio. ¿Ella quiere realmente terminar su matrimonio y divorciarse?

V - (El dedo no se mueve)

HT - Muy bien, si no baja de peso, eso terminará con su matrimonio y su trabajo. Ella sabe esto, ¿correcto?

V - (El dedo sube un instante)

HT - Entonces, para que nada de eso suceda, tenemos que descubrir por qué Vanessa no quiere bajar de peso, ¿correcto?

V - (Responde afirmativamente con el dedo)

HT - Pero ella no quiere hablar de eso, ¿correcto?

V - (El dedo sube otra vez)

HT - Muy bien, no será necesario que ella diga nada. Será la mente subconsciente de Vanessa la que hablará por ella. ¿De acuerdo?

V - (Sube el dedo)

HT - Muy bien, al contar 5, la mente subconsciente de Vanessa podrá hablar por su boca, sin que Vanessa tenga nada que ver con eso, o lo sepa siquiera.

HT - Uno.., dos.., tres.., cuatro… y cinco.

HT - Mente subconsciente de Vanessa. Dime por qué ella no quiere bajar de peso.

V - (Queda un instante en silencio y luego comienza a hablar con extrema lentitud. Casi arrastrando las palabras)

V - Hace mucho tiempo de eso.

HT - ¿Antes de que ella se casara?

V - No, no, fue después.

HT - ¿Cuál fue la causa de todo? ¿Cómo empezó?

V - (Nuevo silencio, luego): Ella trabajaba de aeromoza.

HT - ¿Y qué pasó?

V - Carlos… Carlos era un buen hombre. No merecía eso.

HT - ¿Qué es lo que no merecía?

V - Lo que pasó. Lo… lo que ella hizo.

HT - ¿Qué hizo?

V - Ella siempre estaba viajando, le gustaba el trabajo. Pero tenían muy poco tiempo para estar juntos.

HT - Muy bien, continúa.

V - El trataba de no reaccionar a eso, se sumergía en sus libros y conferencias. Creo que para no pensar en eso.

HT - ¿Para no pensar en qué?

V - En que ella nunca estaba con él, siempre lejos.

HT - ¿Hablaron de eso?

V   -   Sí, varias veces. Pero ella no quería dejar ese trabajo.

HT -   ¿Por qué?

V   -   Ella decía que porque ganaba mucho… Pero no era por eso. No era eso.

HT -   ¿Era por un motivo diferente al que ella decía?

V   -   Sí… Era por… el estatus, era un trabajo.. distinguido. Viajaba y conocía muchos países. Sus amigas le envidiaban el trabajo.

HT -   Muy bien, ¿y qué sucedió a causa de eso?

V   -   El matrimonio se hizo tenso, extraño. Era como si… como si existiera sólo en los papeles, no en realidad. Ella siempre estaba lejos, y cuando estaba en la casa, siempre estaba haciendo cosas, apenas si… si dormían juntos.

HT -   O sea, no tenían vida sexual, ¿correcto?

V   -   Casi ninguna.., esa es la verdad.

HT -   ¿Y él lo aceptaba?

V   -   Le costaba trabajo aceptarlo, pero hasta eso quería comprender. Era… era un hombre muy bueno. Muy… comprensivo. (Se le escapa un sollozo) No merecía eso. No lo merecía.

HT -   ¿Qué es lo que no merecía?

V   -   Lo que ella le hizo. Ella era egoísta. Era su culpa lo que estaba pasando, pero ella se sentía… desatendida, sentía que ya no le importaba a él. Y no era verdad, y ella lo sabía, pero no quería sentirse culpable.

HT -   ¿Culpable de qué?

V   -   De… de lo que hizo.

HT -   ¿Qué fue lo que hizo?

V   -   Lo engañó… Un día, fue a llevarle café a uno de los pilotos, a la cabina y… el piloto siempre la miraba en un modo… bueno, ella se daba cuenta.., lo sabía.

HT -   ¿Qué sabía?

V   -   Que ella le gustaba.

HT -   Muy bien, ¿qué pasó después?

V   -   Le dijo, le dijo que ella estaba muy guapa, que era muy bonita, y ella se rio.

HT -   Muy bien, ¿y eso fue todo?

V   -   No, no, fue… Fue algo que hizo muy mal. Muy mal

HT -   ¿Muy mal?

V - Sí, él... Él le dijo que por qué no iban a cenar juntos esa noche.

HT - .....

V - Ella... Ella aceptó.

HT - ¿Fueron a cenar juntos?

V - Sí, y tomaron vino y conversaron. Ella estaba alegre y feliz. Se sentía muy bien.

HT - ¿Y qué pasó?

V - Luego fueron a una discoteca. Y bailaron y bebieron, y... estuvieron allí casi hasta el amanecer.

HT - ¿Eso fue todo?

V - No, no fue todo. Ellos... estaban todos en el mismo hotel. Todos los miembros de la tripulación. Tenían habitaciones en el mismo piso.

HT - Muy bien, continúa.

V - Ella, había bebido demasiado. No estaba acostumbrada a beber así.

HT - ¿Estaba borracha?

V - Sí, y demasiado alegre

HT - ¿Sabía lo que hacía?

V - (Queda un instante en silencio)   Bastante... pero no le importaba.

V - Él la invitó a entrar a su habitación del hotel y a descansar, y ella entró y se tendió en la cama, porque estaba mareada.

HT - ¿Durmieron juntos?

V - Sí, durmieron juntos, y cuando ella despertó en la mañana... Se sintió horrorizada por lo que había hecho. Se sintió... sucia.., infame. (Solloza) Carlos no merecía eso. Ya nada podría borrar lo que pasó.

HT - ¿Carlos lo supo?

V - No, no, ella nunca le contó, pero... ella, ella lo sabía.

HT - ¿Y comenzó a comer tanto por tensión?

V - Sí, por angustia y por, ansiedad. ¡Por dolor, dolor en el alma! Y no quería... que nunca pasara algo así otra vez... ¡Nunca!

HT - ¿Y por eso comía?

V - Sí, quería ser un monstruo por fuera, como se sentía que lo era por dentro.

HT -   ¿Quería engordar?

V -   Sí, mucho, para que ningún hombre la mirara. No quería
        parecer bonita sino ser un monstruo, para que nadie la
        deseara.

HT -   ¿Y eso solucionaba algo? ¿Compensaba a Carlos por lo
        sucedido?

V -   No, pero ella se castigaba también. Tenía lo que se
        merecía por ser sucia, no tenía derecho a lucir bien.

En este punto de la sesión decidí despertarla. Las siguientes sesiones fueron para eliminar su complejo de culpa, transmutándolo en algo diferente. Su obesidad no borraba lo sucedido ni en realidad beneficiaba a nadie. En cambio, podría compensar a Carlos si lo hacía feliz y se dedicaba a él, si recuperaba su aspecto atractivo para él. Tres sesiones después, el enfoque de Vanessa había cambiado completamente. Comenzó una dieta que mantuvo. Estabilizó su matrimonio y aunque ya nunca regresó a su trabajo de azafata, ni le contó a Carlos lo que había sucedido aquella vez; mantuvo su trabajo y prosperó en el mismo, recibiendo dos promociones y aumentos de salario. Al llegar a ese punto un par de años más tarde, decidieron que era tiempo de tener hijos. Tuvieron una hermosa niña que les llenó de alegría y recibí una postal de invitación al bautizo. Infelizmente no pude acudir al mismo, pues estaría fuera de la ciudad en esas fechas, pero agradecí la invitación y les deseé de todo corazón la felicidad que merecían.

Para terminar con este libro, amable lector, permítame narrarle algunas anécdotas más ligeras que recuerdo con humor. En una ocasión, estaba tratando a una chica norteamericana que no hablaba español. Como era un excelente sujeto hipnótico y entraba a una gran profundidad sonambúlica, olvidé desconectar los teléfonos, y mientras ella dormía plácidamente en el reclinable, sonó el teléfono. Descolgué el aparato y la persona que llamaba me habló en español, por lo que le contesté igualmente en español y le pedí que dejara su teléfono y yo le llamaría más tarde. Así lo hizo, y yo continué con la terapia de la chica. Pero la mente nos juega a veces malas pasadas y como mi última conversación fue en español, olvidé que ella no entendía nada en ese idioma, olvidé cambiar al inglés y seguí hablándole en español.

Al cabo de algunos minutos, noté que se movía y ladeaba la cabeza, y empezó a salir de su hipnosis espontáneamente, algo muy inusual. Yo no comprendí lo que sucedía, hasta que despertó por completo, con una expresión de total confusión y los ojos muy abiertos mientras me preguntaba:

Enrique, ¿what the hell were you telling me? (Enrique, ¿qué diablos me estabas diciendo?)

Cuando ambos nos dimos cuenta de lo absurdo de la situación, rompimos a reír y le pedí excusas por la confusión.

En otra ocasión, me visitó un sujeto que padecía de insomnio. Por alguna causa que no pude entender, acudió con la esposa, la suegra y un cuñado. Como el espacio de mi oficina era más bien pequeño, los acomodé en el saloncito de espera en un sofá y por cortesía dejé la puerta de la oficina abierta mientras ponía en trance al sujeto en el reclinable en mi oficina. Le pregunté si le molestaba que sus familiares escucharan la sesión, y como me dijo que no, dejé la puerta abierta y comencé la puesta en trance. Usualmente, luego de la puesta en trance siempre dejo al sujeto dormir unos minutos sugiriéndole que su propia respiración le llevará más profundamente en el sueño, y luego principio la terapia. En esta ocasión hice lo mismo, y pensé salir para ofrecerle a los familiares que esperaban en la sala de espera algunas revistas para que se entretuvieran leyendo mientras yo terminaba la sesión, y cuál no sería mi sorpresa cuando me encontré a la suegra, la esposa y el cuñado, dormidos en el sofá, recostado uno sobre el otro como fichas de dominó.

Cuando terminó la sesión, desperté al sujeto y a sus familiares y les dije a éstos en broma que no me resultaba muy rentable continuar el tratamiento. Cuando me preguntaron por qué, les respondí que por el simple hecho de que ¡pagaba uno solo y se dormían los cuatro!

Glosario

Alucinación negativa – La que crea la ilusión de que algo real no existe, y no verlo.

Alucinación positiva – La que crea la ilusión de ver algo que no existe.

Amnesia - Imposibilidad de recordar la propia identidad, nombres, lugares o situaciones. La hipnosis puede ser espontánea o provocada por el terapeuta. La amnesia permanente de ciertos recuerdos traumáticos se utiliza ampliamente en hipnoterapia.

Anestesia de guante – Anestesia hipnótica en la que se crea insensibilidad total en una mano, transfiriendo de allí dicha anestesia a otras partes del cuerpo.

Anorexia Nervosa – Ilusión o sugestión de tener sobrepeso. La anorexia se manifiesta principalmente en las mujeres. La poca alimentación hace perder peso a los anoréxicos hasta extremos tales en que la falta de nutrientes deteriora la salud y puede conducirles a la muerte.

Ansiolítico – Tranquilizante. Medicamento usado para eliminar la ansiedad y la angustia. Tiene efectos depresores en el sistema nervioso central.

Autoscopia – Método de descubrir enfermedades y causas de las mismas en estado de trance, viendo el interior del cuerpo. Usualmente, junto con esta habilidad se manifiesta paralelamente la de indicar la cura de tales enfermedades por medio de remedios naturales o farmacéuticos.

Big Bang – Nombre en inglés del Gran Estallido o momento inicial en el que supuestamente se formó el universo a partir de la nada. Teoría científica de la formación del universo.

Bulimia – Apetito desmedido. Hábito de comer excesivamente, provocado usualmente por la ansiedad. Los bulímicos tratan luego de eliminar el peso ganado con dietas, purgantes u otros métodos que no resultan al final efectivos. Los vómitos frecuentes les producen graves problemas de salud.

Catalepsia (o estado cataléptico) – Segundo estado de la hipnosis en el que el sujeto no puede abrir los ojos o separar las manos, y es capaz de mantener rígido e inmóvil durante horas un brazo o una pierna. La terapia comienza a funcionar a este nivel. La rigidez o catalepsia total del cuerpo ha sido usada por hipnotistas de teatro en demostraciones espectaculares.

Choque Anafiláctico – Reacción alérgica a ciertos productos o substancias que produce una agresiva reacción del sistema inmunitario, síntomas de escozor en la piel, dificultades respiratorias, mareos, y si no se recibe atención de emergencia, puede producir la muerte por paro cardíaco.

Contratransferencia – Sentimientos personales del terapeuta hacia su paciente. Sucede cuando éste se involucra demasiado en el caso y responde a la transferencia de su paciente con una respuesta igualmente personal. Como en el caso de la transferencia, resulta más frecuente en el caso de un terapeuta masculino y una paciente femenina.

Criofobia – Miedo al frío, a los climas fríos, líquidos fríos, al hielo, a la nieve u objetos fríos.

Enuresis – Imposibilidad psicológica de algunos niños que no han aprendido a controlar la orina.

Esquizofrenia – Proviene del griego y significa "mente dividida". La esquizofrenia es una grave enfermedad mental que implica percepciones ilusorias de la realidad, indecisión y distanciamiento del mundo exterior, sentimientos de culpa, y hostilidad en quienes la padecen. Frecuentemente los esquizofrénicos sufren delirios de persecución. Aunque menos frecuentemente, pueden oír voces imaginarias.

Estado de Esdaile – Estado hipnótico en que el sujeto no despierta de la hipnosis porque teme regresar al mundo real. Aunque esto produce alarma en los hipnoterapeutas con poca experiencia, no resulta en realidad peligroso y se puede hacer despertar al sujeto de varias formas. Cuando este estado es inducido por el terapeuta durante períodos de tiempo de larga duración, como por ejemplo para operaciones quirúrgicas usando la hipnosis como anestésico, se le conoce como *Coma de Esdaile.*

Fagocitosis – Proceso por el cual los fagocitos (glóbulos blancos de la sangre) destruyen las bacterias, células enfermas y otros elementos dañinos en el cuerpo. Constituyen la primera línea de defensa del sistema inmunológico.

Grand Mal – Forma grave de la epilepsia, caracterizada por caídas, convulsiones, imposibilidad de controlar los esfínteres, inconsciencia y total amnesia de lo ocurrido durante el ataque. Los epilépticos no deben ser puestos nunca en hipnosis.

Hiperestesia – Sensibilidad exagerada en cualquier parte del cuerpo, principalmente en la piel. Al tocar la parte afectada, se siente dolor difuso o molestia a la presión o al roce. La hiperestesia se puede provocar bajo hipnosis para convertirla en anestesia para procedimientos de exploración médica u operaciones quirúrgicas.

Hipnoide – Primer nivel o estado de la hipnosis en el que se produce relajamiento y un ligero letargo.

Hipnosueño – Sueño fisiológico normal inducido desde el estado hipnótico. El sujeto pasa del sueño hipnótico al sueño normal.

Hipnoterapeuta – Un hipnotista que además ha estudiado elementos de psicología, anatomía, terminología médica y otros. Como tal, puede dar terapia a personas que hayan sido ya diagnosticadas y se encuentren bajo tratamiento médico.

Hipnotista – En términos generales, cualquier persona capacitada para poner a otra en estado hipnótico. Un hipnotista puede ser profesional, como un hipnoterapeuta, o usar la hipnosis dentro de su profesión, como los médicos, dentistas y otros. Un hipnotista puede ser también, simplemente, alguien que ha aprendido a hipnotizar y lo hace como hipnosis de teatro.

Hipotálamo – Sitio profundo en el cerebro humano donde se supone que trabaja y se efectúa principalmente la hipnosis. El hipotálamo parece contener la mayor parte del subconsciente y regula el comportamiento.

Homeostasis – Estado normal de alerta en el que no se produce la intervención de los sistemas simpáticos o parasimpáticos, los cuales se activan por los mecanismos de lucha o huida.

Insensibilización sistemática - Forma de terapia consistente en hacer recordar repetidas veces al paciente la causa inicial de un trauma, hasta lograr que el sujeto reaccione de forma diferente frente a la causa. La premisa básica es que una vez descubierta la causa, los efectos desaparecen. Constituye la base de la terapia de regresión a la infancia, o a vidas pasadas.

Libreto – Práctica común de los terapeutas que consiste en leer a los sujetos las sugerencias que dan a éstos cuando están bajo hipnosis. Tales libretos pueden haber sido creados por ellos mismos o por otros terapeutas y su objetivo es evitar errores u olvidar partes de la terapia.

Lucha y Huida – Instintos básicos de supervivencia en el hombre y los animales.

Marcas de nacimiento – Dícese de las marcas inexplicables que aparecen en el cuerpo de algunas personas sin causa aparente. A diferencia de los estigmas, no tienen relación alguna con la religión o los éxtasis religiosos. Dichas marcas o anomalías semejan cicatrices o formas indicativas de traumatismos o heridas que nunca recibieron, y se supone reflejan las que causaron sus muertes en vidas anteriores.

Memoria celular – Capacidad de las células del cuerpo de mantener memoria en forma independiente del cerebro. Esta teoría ha sido desarrollada últimamente a partir de casos comprobados de personas que han recibido trasplantes de órganos, y han adquirido o recordado aspectos de la vida de los donantes de dichos órganos.

Mesmerismo – Sistema hipnótico antiguo basado en las teorías de Fran Antón Mésmer, quien inicialmente utilizaba imanes y pases magnéticos para la puesta en trance. También se conoce este sistema como *magnetismo animal.*

Palabra clave – La palabra que pone al sujeto en trance hipnótico. Una vez puesto en dicho estado por vez primera, se le condiciona para regresar al estado de hipnosis cada vez que el terapeuta pronuncie dicha palabra. En ocasiones, la palabra puede combinarse con un movimiento, la observación de un objeto o alguna otra cosa que la refuerce.

Paranoia (Propiamente Esquizofrenia Paranoica) La más grave de las manifestaciones de la esquizofrenia. Los que la padecen pueden llegar a convertirse en peligros sociales como los asesinos en serie. Presentes los delirios y las alucinaciones, no solamente oyen voces y experimentan delirios persecutorios, sino son capaces de elaborar complejas teorías para describirlos.

Personalidad hipnótica – La personalidad hipnótica es diferente de lo que normalmente se refiere a las características personales. Consiste en la forma de reaccionar a las sugerencias hipnóticas durante la puesta en trance. El método Kappas divide a los sujetos entre físicos y emotivos, con una sub personalidad definida como analítica o intelectual. Cada una de estas personalidades requiere una forma diferente de puesta en trance.

Petit Mal – Forma menor de epilepsia caracterizada por lapsos en la consciencia de segundos o minutos, y amnesia de lo sucedido al terminar el ataque.

Pirofobia – Miedo irracional al fuego.

Progresión – Distorsión temporal opuesta a la regresión. Mientras la regresión hace retroceder al sujeto hacia el pasado, la progresión lo hace avanzar hacia el futuro. Sobre una base estrictamente empírica, los resultados de la progresión pueden ser discutibles, pero cuando se trata de sugerir bajo hipnosis a un sujeto una situación imaginaria en el futuro en la que ha resuelto su trauma, el método resulta de eficacia comprobada.

Puesta en trance – Inducción, método usado para dormir al sujeto.

Reencarnación – Teoría que mantiene que al morir, el alma reencarna en otros cuerpos en vidas sucesivas.

Regresión – Bajo hipnosis, llevar al sujeto al pasado. La regresión puede ser a la infancia, la adolescencia o cualquier otro momento de su vida.

Regresión de vidas pasadas – Técnica de hacer recordar al sujeto situaciones que en vidas anteriores crearon traumas no resueltos que se reflejan en su vida actual.

Sistema nervioso autónomo – Sistema nervioso básico, que mantiene la vida. Regula el corazón, la parte involuntaria de la respiración, la respuesta de las pupilas a la luz, el funcionamiento automático de los órganos y glándulas del cuerpo. El sistema autónomo se divide en simpático y parasimpático. El primero prepara al cuerpo para enfrentar peligros o situaciones y el segundo restablece el equilibrio normal del cuerpo.

Sistema nervioso central – Sistema nervioso controlado por la voluntad.

Sonambulismo (o estado sonambúlico) – Tercer y último estado de la hipnosis, de gran profundidad, donde más efectiva y de larga duración resulta la terapia. En este estado se produce la amnesia espontánea, el sujeto puede abrir los ojos y hablar, caminar, etc., sin despertar del trance. También se pueden producir alucinaciones, fenómenos auditivos y regresiones. Este estado se asemeja a los de sonámbulos naturales que durante el sueño normal pueden levantarse, caminar con los ojos abiertos y realizar actividades de las que luego nada recuerdan al despertar.

Sugestión Post Hipnótica – La que se le da al sujeto mientras se encuentra en trance hipnótico, para que surta efecto luego de haber despertado de dicho trance.

Trastorno obsesivo-compulsivo – Trastorno mental que produce enorme ansiedad y pensamientos intrusivos repetitivos. Una de las manifestaciones más frecuentes consiste en tener una preocupación desmedida por la limpieza. Muchos de los que sufren de este mal, lavan sus manos varias veces al día, no resisten ver la más mínima muestra de polvo, o que algo esté colocado ligeramente fuera de lugar. Los temas que se fijan en su mente se repiten una y otra vez y esto altera sus conductas profundamente.

Transferencia – Sentimientos de dependencia extremos del paciente hacia el terapeuta que pueden llegar a convertirse en atracción personal, de índole romántica o sensual. Frecuente en el caso de pacientes femeninas y terapeutas masculinos. Más raro en el caso inverso.

Transmigración – Teoría que postula que al morir, el alma humana no solamente puede rencarnarse en personas, sino también en animales.

Unidad de mensaje – Cada uno de los impulsos de información que llegan a la mente procedentes del propio cuerpo o del mundo exterior. Lo que vemos, oímos o sentimos son unidades de mensaje, al igual que todo análisis o proceso mental consciente.

Bibliografía

Abnormal Psychology, por Richard R. Bootzin y Joan R. Acocella
Changes in Heart Transplant Recipients That Parallel the Personalities of Their Donors, por el Dr. Paul Peasall
Clinical Hypnosis With Children, por William C. Wester Ed. D, y Donald J O'Grady, Ph. D.
Death and personal survival, por Robert Almeder
Edgar Cayce, the Sleeping Prophet, por Jess Stearn
El Bardo Thodol, traducción de Juan B. Bergua
El Vagad Gita, tal como es, por Bhaktivedanta Swami Prabhupāda
En Busca del Tiempo Perdido, por Marcel Proust
Handbook of Hypnotic Suggestions and Metaphors, por el Dr. D. Corydon Hammond, Ph.D.
Hypnotherapy, por Dave Elman
Influencia de la mente sobre el cuerpo, por el Dr. Hack Tuke
Journeys out of the body, por Robert A. Monroe
Le Magnetisme Animal, por Robert Amadou.
Los que volvieron del Más Allá, por Patrice Van Ersel
Mesmerism, por George J. Bloch
Modern Hypnosis, por Masud Ansari, Ph. D.
Muchas Vidas, Muchos Sabios, por el Dr. Brian Weiss
New Concepts of Hypnosis, por el Dr. Bernard C. Gindes
Ogilvy y la Publicidad por David Ogilvy
Pathology of the Mind, por el Dr. Henry Maudsley
Patterns of the Hypnotic Techniques of Milton Erickson, MD., por Richard Bander y John Grinder
Percepción Extrasensorial e Hipnosis, por Susy Smith
Poltergeist, por Colin Wilson
Professional Hypnotism Manual, por John G. Kappas, Ph. D.
Psicología de las multitudes, por Gustave Le Bon
Recollection of Death, a Medical Investigation, por el Dr. Michael B. Sabom
Regression Therapy, a handbook for professionals, por la Dra. Winifred Lucas
Suggestive Therapeutics, por el Dr. Hippolyte Bernheim
The Devils of Loudun, por Aldous Huxley

The practice of Hypnotic Suggestion, por el Dr. George C. Kingsbury
Usted ha estado aquí antes, por Edith Fiore
Vida tras Vida, por el Dr. Raymond A. Moody Jr.
Web Copy that Sells, por María Veloso.

www.ingramcontent.com/pod-product-compliance
Lightning Source LLC
Chambersburg PA
CBHW061746250726
48657CB00001B/36